HISTOIRE

DES

JUIFS,

PAR

M^R. BASNAGE.

TOME SECOND.

HISTOIRE
DES
JUIFS,

DEPUIS JESUS-CHRIST
JUSQU'A PRESENT.

POUR SERVIR DE CONTINUATION
A L'HISTOIRE DE JOSEPH.

PAR Mr. BASNAGE.

NOUVELLE EDITION AUGMENTE'E.

TOME PREMIER,

SECONDE PARTIE.

A LA HAYE,
CHEZ HENRI SCHEURLEER.
MDCCXVI.
Avec Privilege de Nos Seigneurs les Etats de Hollande
& de West-Frise.

CHAPITRE XI.

Continuation de la même Matiere.

Réfutation de ce qu'on dit fur Agrippa
Prémier & Second, & fur Bérénice.
Leur Naiffance, leur Religion, &
l'Etenduë de leur Roiaume.

I. *Agrippa I n'eft point Hérode Antipas.*
II. *Preuves qui le confirment.* III. *Témoignage de Strabon.* IV. *Ceux d'Eufebe
& de St. Jérôme.* V. *Trois Médailles produites par le P. Hardouin.* VI. *Saint Luc expliqué.* VII. *Philon & Juftin Martyr éxaminez.* VIII. *Il n'étoit pas Fils de Philippe le Tétrarque.* IX. *S'il étoit Paien.*
X. *Hérodes Paiens, différens d'Agrippa.*
XI. *Sa Perfécution de l'Eglife.* XII. *S'il époufa Hérodias. Ce Mariage expliqué.*
XIII. *Etenduë de fon Roiaume.* XIV. *Difpute contre Hérode le Tétrarque.* XV. *Augmentation faite par Claude.* XVI. *Il devint Roi de la Judée.* XVII. *Il dépendoit des Romains.*

HÉRODE AGRIPPA, *furnommé* LE GRAND.

I. L Es nouvelles Conjectures, qu'on a
faites fur Agrippa, & que nous

L avons

avons rapportées dans le Chapitre précédent, nous obligent d'éxaminer trois choses dans sa Vie ; sa Naissance, sa Religion, & son Roiaume.

Prémiérement, on ne doit pas en faire un Fils du Grand Hérode, ni le confondre avec Hérode le Tétrarque de Galilée ; car, ces deux Hommes sont fort différens. La Mere de l'un étoit une Samaritaine obscure, qui ne pensa jamais à aller à Rome faire sa Cour, ni à s'attirer la faveur de l'Empereur. Mais, la Mere d'Agrippa étoit Bérénice, Niece du Grand Hérode, laquelle contribua considérablement à la Fortune de son Fils, par les Liaisons étroites qu'elle eut avec Antonia, Mere de Drusus, & de l'Empereur Claude. Hérodias, connuë par la Desertion de son Mari, avoit épousé le Hérode Tétrarque, & elle le précipita par son Ambition & par sa Jalousie contre Agrippa ; mais, le dernier avoit pour Femme Cypros, généreuse, tendre, qui sacrifia tout aux Intérêts de son Mari, & engagea ses Biens pour fournir à ses Dépenses éxcessives. On dira que c'est un Imposteur, qui rapporte tous ces Faits, sous le Nom de Joseph ; mais, comment les auroit-il imaginez sans Raison, sans Nécessité ? Pourquoi substituer un faux Agrippa, & masquer le véritable Héro-

Hérode ? Comment déterrer sa Mere, sa
Femme ; distinguer les Actions de l'une &
de l'autre ? L'Imposteur, qui voioit un
Agrippa dans l'Histoire des Juifs, n'avoit
pas besoin de courir après tous ces Faits,
par lesquels il auroit pu se trahir ; il suffisoit de parler de sa Personne, sans lui
donner des Alliances, sans les feindre, ou
les marquer avec tant de Confiance.

N'auroit-il pas été plus facile de prolonguer la Vie & le Regne d'Hérode le Tétrarque de plusieurs Années, que de lui
substituer à ses frais un Homme imaginaire ? On rejette Joseph comme un Imposteur masqué. Mais, cela ne suffit pas ;
il faut que l'Accusation, avant que d'être
reçuë, soit fondée sur quelque Vraisemblance, ou sur des Raisons solides, qui
manquent ici. Du moins, il faut que le
Roman qu'il debite, soit très ancien, &
qu'on ait commencé à l'imaginer dès le
tems de Tibere, où les Evénemens étoient
encore présens.

II. En effet, Joseph n'est pas le seul
qui parle. Nous avons vu Saint Luc, qui,
dans l'Histoire * des Actes, distingue deux
Hérodes : l'un, Tétrarque ; l'autre, Roi
de Jérusalem. Il parle du Tétrarque, après

L 2

avoir

* *Actes, Chap. XII, Vers. 1 ; & Chap. XIII,
Vers. 1.*

avoir parlé du Roi. Il faut donc avouer qu'il y avoit deux Hommes de ce Nom, dont le Caractere & la Dignité étoient très différens. Le Tétrarque, avec qui Ménahem avoit été élevé, méprisa J. Christ, lors que Pilate le lui envoia; & le Roi persécuta l'Eglise assemblée à Jérusalem. Ce Roi étoit Hérode Agrippa, que nous cherchons. Dion le fait connoître, en disant, * *qu'Agrippa étoit petit-Fils d'Hérode; que Tibere l'avoit mis en Prison, & que Caligula lui donna le Roiaume de son grand-Pere.* On ne peut parler plus conformément à Joseph.

I I I. Strabon † s'accorde aussi avec lui. Car, 1, il fait donner au Grand Hérode le Titre de *Roi* par Antoine & par Auguste, & touche le Malheur qu'il eut dans sa Famille; puis qu'une Partie de ses Enfans périt par son Ordre, & l'autre partagea sa Succession. 2, Il donne à Salome une Fille Bérénice, honorée de l'Empereur; & c'est là cette Mere d'Agrippa, dont nous avons parlé. 3, Au lieu de faire des Enfans d'Hérode autant de Rois, il les appelle seulement *Tétrarques*, & remarque, comme Joseph, qu'ils eurent beaucoup de

peine

* *Dio Cassius, Lib. LIX, pag.* 74.
† *Strabo, Geograph. Lib. XVI, pag.* 526, *Edit. Casauboni,*

peine à obtenir le *Tétrarchat*. 4, Il fait mourir Archélaüs en Exil chez les Allobroges, comme Joseph le rapporte. 5, Il y a seulement quelque Différence entre ces Historiens sur la Mort d'Hérode le Tétrarque, qui, dit-il, obtint avec peine son Retour ; au lieu qu'il mourut dans son Exil, & n'obtint que la Liberté de passer en Espagne. Cependant, la Conformité entre l'Historien Païen & le Juif justifie suffisamment le dernier. La grande Différence que nous remarquons entre Hérode & Agrippa, est tirée du Titre de Roi, que ce dernier obtint de Claude, & que l'autre ne posséda jamais. Cette Différence est clairement exprimée par Strabon ; puis qu'il fait d'Hérode un *simple Tétrarque, qui n'obtint cette Dignité qu'avec peine*, au lieu que Caligula & Claude prévinrent Agrippa, le comblerent de Bienfaits, & en firent un véritable Roi.

IV. Eusebe & St. Jérôme * font deux autres Témoins de la Vérité que nous avançons. On rejettera peut-être leur Témoignage, parce qu'ils n'ont pas parlé toujours éxactement sur la Matiere. Mais, leur Ignorance sur quelques Faits n'empêche pas qu'ils n'aient vêcu dans le

L 3 I V Sie-

* *Euseb. Chronicon*, *pag*. 190. *Hieron. Chronicon*, *pag*. 159.

IV Siecle, & qu'ils ne conviennent avec Joseph sur les Articles controversez. Il faut donc que l'Histoire de Joseph ait été supposée à ce Juif avant le IV Siecle, & beaucoup plutôt, puis que les Faits qu'il rapporte, étoient connus de St. Jérôme, d'Eusebe, & même de Strabon, qui vivoit sous Tibere. La principale Faute d'Eusebe, que St. Jérôme a suivie, est de s'être laissé tromper par le Terme de Tétrarque; car, il a cru que ce Titre donné aux Enfans d'Hérode, indiquoit que son Roiaume avoit été partagé en quatre Portions. C'est pourquoi il compte quatre Fils Héritiers de ce Prince, ajoutant Lysanias à ceux que nous avons marquez, parce que ce Lysanias étoit aussi Tétrarque, & que son Tétrarchat fut donné à Agrippa. Il s'est aussi trompé sur la Chronologie de ces Princes; comme si Hérode n'avoit entré dans la Galilée qu'après l'Exil d'Archélaüs. Nous voulons bien remarquer toutes les Fautes d'Eusebe, afin qu'on ne s'imagine pas que nous le suivons aveuglement. Il se trompe, lors qu'il dit qu'Agrippa étoit Fils d'Hérode; car, il n'étoit que son petit-Fils. Il le fait aller à Rome, & Scaliger a dit la même chose après lui, au lieu qu'il y envoia un Ambassadeur. Ce n'étoit point proprement pour accuser

cuſer ſon Oncle ; mais, pour lui diſputer le Titre de Roi, que l'autre prétendoit obtenir. Il ne déchut point de cette Accuſation ; car, il fit bannir ſon Oncle, au lieu d'être jetté dans une Priſon. Enfin, il a mal placé cet Evénement ſous l'Empire de Tibere. Euſebe ſe trompe ſur les Circonſtances ; mais, le Fonds de la Narration eſt toujours véritable ; car, Hérodé & Agrippa, l'Oncle & le Neveu, étoient ſi différens, ſelon Euſebe, qu'ils eurent un Procès à Rome devant l'Empereur, dans lequel Agrippa chargea ſon Oncle de divers Crimes ; comme celui d'être entré dans la Conjuration de Séjan, & d'avoir fait Proviſion d'Armes. Deux Perſonnes, qui plaident avec tant de Chaleur, ſont très différentes l'une de l'autre. Euſebe remarque encore, que Caligula tira Agrippa des Fers de la Priſon, *& qu'il l'envoia pour être Roi des Juifs.* L'Expreſſion n'eſt pas aſſez éxacte, parce qu'Agrippa ne fut pas d'abord Roi ; mais, il le devint dans la ſuite. Cependant, il eſt naturel de donner d'abord à un Homme le Titre le plus honorable qu'il ait poſſédé. Quoi qu'il en ſoit, Euſebe s'accorde avec Joſeph, ſur la Priſon d'Agrippa. Enfin, Euſebe ne compte que ſept Ans de Regne d'Agrippa, comme a fait Joſeph, & lui don-

L 4

ne

ne auſſi un Fils, qui porta le Nom d'Agrippa II. Ainſi, quoi qu'ils varient dans les
Circonſtances, ils s'accordent ſur l'Eſſen-
tiel.

V. Le Pere Hardouïn, qui tire preſque
toutes ſes Preuves des Médailles & des
Inſcriptions, en a produit trois, qu'on ne
peut expliquer qu'en ſuivant Joſeph. Dans
une Inſcription, qu'on a déterrée dans l'Ile
de Cos, Philon déclare qu'il honore *Hérode le Tétrarque ſon Hôte, ſon Ami, Fils
du Roi Hérode* *. Il y a là une Diſtinction de
Dignitez. 1, Le Pere eſt *Roi*, & le Fils
n'eſt que *Tétrarque*. 2, Hérode aiant fait
battre lui-même une Médaille pour Caligula, il ne prend que la même Qualité de
Tétrarque. Cependant, on voit une ſeconde Médaille, battue à l'Honneur de
Claude, dans laquelle paroit *un Hérode,
Roi, & Ami de Claude*. 3, Enfin on
voit une ſeconde Médaille, dans laquelle on lit ces Mots, *le grand Roi Agrippa,
Ami de Claude*. Il n'y a rien de plus facile
que d'expliquer ces Médailles, en ſuivant
notre Sentiment; car, on y voit Hérode
le *Tétrarque*, qui, pour flatter Caligula, &
obtenir de lui le Titre de Roi, fait battre
une Médaille à ſon Honneur; mais, il ne
s'appelle jamais Roi, parce qu'il ne l'a jamais

* *Apud Spon, Miſcell. antiq. Sect. X, pag. 338.*

mais été ; & c'eſt par là qu'on le diſtingue de ſon Pere. On voit, au contraire, dans ces mêmes Médailles *deux Rois, Amis de Claude :* l'un étoit Hérode, Roi de Chalcide ; & l'autre, Agrippa, ſon Frere ; qui, aiant l'un & l'autre reçu leurs Dignitez de la Main de ce Prince, marquoient par là leur Reconnoiſſance & leur Attachement pour lui.   Le P. Hardouïn n'a pas raiſon de dire, que le Roiaume de Chalcide n'é‧toit pas aſſez conſidérable pour donner à celui qui le poſſédoit la Liberté de s'appeller *Ami de Claude* ; car, ce Terme de Civilité marque ſeulement la Reconnoiſſance que l'Amour produit ; & Philon, qui n'étoit qu'un Particulier, ſe diſoit dans le même Sens *Ami* d'Hérode le Tétrarque. D'ailleurs, ſans examiner l'Etendue de ce Roiaume, qui étoit effectivement renfermé dans une Vallée, Dion * aſſure que Claude avoit donné à ce même Hérode les Honneurs de la Préture ; le Droit *d'entrer dans le Sénat, & la Liberté de remercier les Sénateurs en Grec.* Ces Marques de Diſtinction & de Faveur étoient plus que ſuffiſantes pour autoriſer la Liberté de s'appeller *Ami de Claude.* On diſtingue donc dans ces trois Monumens trois Perſonnes différentes par leurs Noms & par leurs Qualitez.

L 5   1, Hé-

* *Dio, Hiſt. Lib. LX, pag. 770.*

1, Hérode le Tétrarque, qui ne fut jamais Roi. 2, Hérode, Roi de Chalcide, Ami de Claude, parce qu'il lui avoit donné le Roiaume. 3, Agrippa, plus connu de l'Empereur fous ce Nom, que fous celui d'Hérode, qui étoit *grand Roi*, *& Ami de Claude*; parce qu'en effet, cet Empereur avoit comblé fa Perfonne & fa Maifon de Bienfaits.

Mais, lors qu'on admet la Généalogie du P. Hardouïn, il faut faire d'Hérode un nouveau Roi, quoi qu'il n'ait jamais été que Tétrarque. Il faut prolonguer fa Vie jufqu'à la troifiéme Année de Claude, quoi qu'il fut éxilé & déjà mort fous Caligula. Il faut anéantir Hérode, Roi de Chalcide, Frere d'Agrippa: il faut enfin renvoier l'Elévation d'Agrippa jufqu'à l'An LI de Jéfus-Chrift, long tems après la Mort de fon Pere & de fon Oncle. Tout ce Derangement ne peut que caufer de grands Embarras à ceux qui le font, & ne s'accorde, ni avec Dion, que nous avons cité, ni avec la Généalogie des Hérodes (*a*).

VI. La grande Raifon qu'on allegue pour transformer Agrippa en Hérode, eft l'Autorité des Ecrivains Sacrez , qui ne

par-

______

(*a*) Le Cardinal Noris apuie ce Sentiment, dans fa *Parænefis ad Harduin.* imprimée après fa Mort. *Voiez la page* 63.

parlent jamais que d'Hérode, & ne le nomment ni Antipas, ni Agrippa. On se fait une Dévotion de parler précisément comme eux ; de bannir les Antipas & les Agrippa, & de ne reconnoître dans toute l'Histoire des Actes qu'un seul Hérode, qui étoit Tétrarque. Je suis ravi de voir un Homme, dont la Religion égale les Traditions à l'Ecriture, n'ôser pas s'écarter des Ecritures, & pousser son Scrupule jusques aux Noms des Personnes. Quand on ajoute, ou qu'on reçoit tant de Dogmes ajoûtez aux Ecrits des Apôtres, le Respect qu'on a pour eux sur de simples Noms, devient suspect. Ce n'est pas alors le Dessein de suivre éxactement les Apôtres ; mais, le Desir de leur prêter nos Imaginations & nos Conjectures, qui nous anime. Le P. Hardouïn avouëra deux choses : l'une, que les Juifs avoient souvent deux Noms ; & ceux qui le nient, doivent s'inscrire en faux contre une infinité de Faits : car, Aléxandre, Fils du vieux Hircan, s'appelloit Jannæus ; Hircan s'appelloit Jean ; Onias s'appelloit Ménélaüs ; St. Matthieu avoit encore le Nom de Lévi, comme Simon celui de Céphas. On réünit souvent ces deux Noms ; mais, on les sépare aussi, & la plupart de ceux qui parlent d'Aléxandre Jannæus, ne lui donnent qu'un des

L 6

deux

deux Noms qu'il portoit. On n'eft éxact que quand on le croit abfolument nécef-faire pour bien diftinguer les Perfonnes. Les deux Hérodes, dont nous parlons, avoient chacun deux Noms : l'Oncle, qui étoit Tétrarque de Galilée, s'appelloit Hérode Antipas ; le Neveu, qui devint Roi, & *grand Roi*, s'appelloit Hérode Agrippa. Il avoit le Nom de fa Famille; &, comme il fit un long Séjour à Rome, il en prit un autre, qui y étoit illuftre. On le connoiffoit plus en Judée par le Nom de fa Famille, comme il étoit plus connu à Rome par celui d'Agrippa. St. Luc, qui n'a fait qu'un Abregé fort court, & qui n'a parlé qu'une feule fois de cet Hé-rode, ne s'eft pas mis en peine de marquer ces deux Noms. Cela n'eft-il pas ordinai-re aux Hiftoriens ? Il l'a fait connoître par le Nom de la Famille, qui avoit déjà pa-ru fi odieux aux Chrétiens, par le Maffa-cre des Enfans de Bethléem, & par la ma-niere dont fon Oncle avoit traité Jéfus-Chrift.

Le Pere Hardouïn ne peut pas con-tefter, que dans la Famille d'Agrippa on n'ait pris le Nom de Julie. Il a produit lui-même une Infcription Grecque, où Bérénice eft appellée *Julie Bérénice*. Ce-pendant, St. Luc qui a parlé de cette Prin-
ceffe,

cesse, ne lui donne point ce Nom. Conclura-t-on de là, qu'il n'y a jamais eu de Julie Bérénice, & que cette Fille est imaginaire, ou doit être confondue avec une autre, parce que St. Luc ne lui a pas donné deux Noms, & sur tout, un Nom qui a été gravé sur le Marbre & sur la Pierre, comme celui de *Julie* ? Se fera-t-on un Scrupule de s'écarter des Apôtres, & de dire que l'Inscription d'Athenes est fausse, parce qu'on y voit une Julie Bérénice, qui n'est point connue de St. Luc, qui l'appelle seulement Bérénice, en faisant parler St. Paul devant son Frere Agrippa ?

VII. On prétend encore, que Philon Juif avoit déjà confondu Agrippa I avec Hérode le Tétrarque, parce qu'en comptant les Rois de cette Race, il met à leur Tête Hérode le Grand, Archélaüs, Hérode, qui regna XLII Ans, & sous le Regne duquel il fut envoié à Rome, *& enfin Agrippa, qui fut le dernier de tous.* Mais, tout le Monde convient aujourd'hui que c'est Annius de Viterbe, qui a fabriqué cet Ouvrage * *des Tems*, & qui s'est couvert du Nom de Philon; ainsi, son Autorité n'est pas considérable. D'ailleurs, cet Imposteur se trompe grossiérement sur la Succession de ces Princes, parce qu'il a

L 7

suivi

---

* *Jedidaus, de Temporibus.*

fuivi Eufebe, préférablement à Jofeph, fur les Années de Regne qu'il leur donne, & fur la Députation de Philon, qui ne put aller à Rome plaider devant Caligula l'An 781; puis qu'il n'étoit pas encore Empereur. Cependant, en gardant le Caraĉtere de Philon, il a du dire qu'Agrippa fut le dernier Roi; puis que ce Juif, qui avoit L X X Ans au tems de fa Députation à Rome, ne vit plus d'autre Chef de fa Nation; car, Agrippa lui furvêcut, & Agrippa II ne fut jamais Roi des Juifs. On cite auffi mal à-propos * Juftin Martyr; car, ce Pere n'a point confondu notre Agrippa avec Hérode le Tétrarque; & la Faute qu'il a commife, confifte en ce qu'il a fait ce Tétrarque Héritier de fon Frere Archélaüs dans le Roiaume de Jérufalem, parce que Pilate lui fit l'Honneur de lui envoier J. Chrift, lors qu'il étoit dans cette Ville, pour célébrer la Fête de Pâques. On ne trouve donc aucune Preuve de ce Renverfement de Généalogie, ni chez les *Impofteurs*; car, les Ouvrages de Juftin Martyr ne font pas moins fuppofez que ceux de Jofeph; ni chez les Ecrivains Sacrez, qui font prefque les feuls que ce Critique rigoureux a épargnés jufqu'à préfent.

VIII.

____

* *Juftin. Dialog. pag.* 331.

VIII. Enfin, on ne peut faire d'A-grippa le Fils de Philippe, à moins qu'on ne produise sa Conjecture pour toute Preuve; car, il ne paroit par aucun Passage d'Historien, ni véritable, ni supposé, que ce troisieme Fils d'Hérode ait laissé des Enfans. Il faut donc reconnoître qu'il étoit Fils d'Aristobule, & descendu de Mariamne, cet illustre Rejetton de la Maison des Asmonéens. C'est pourquoi il ne craint point de dire * ,, que Jérusalem est ,, sa Patrie; que ses Aieuls & ses Bisaieuls ,, en ont été les Rois, & quelques-uns ,, même avoient été Souverains Pontifes: ,, Dignité qu'ils préféroient à l'autre, par-,, ce que le Pontificat est autant élevé au ,, dessus de la Couronne, que Dieu est au ,, dessus de l'Homme. ,, Il n'y a jamais eu personne de la Maison d'Hérode, qui ait éxercé la Souveraine Sacrificature à Jéru-salem. Il n'y avoit même eu qu'un seul Roi de cette Race. Agrippa auroit-il donc ôsé mentir si hardiment en écrivant à son Maître, & compter entre ses Ancêtres tant de Rois & de Sacrificateurs, lors qu'il n'y en avoit aucun? Il disoit la vérité, si, au lieu de le faire Fils de Philippe, ou de le confondre avec le Tétrarque de Galilée, on avouë qu'il étoit descendu des Asmo-néens,

* *Agrippa Ep. apud Philon. de Leg. pag. 796.*

néens, par le côté de Mariamne, qui étoit sa grand-Mere. Mais, il prononçoit autant d'Impostures que de Mots, s'il étoit Fils de Philippe, ou d'Hérode le Tétrarque. Le P. Hardouïn réplique qu'Agrippa chassa Hérode de Césarée, sous Caligula, & que cela paroit par une Médaille; d'où il conclud qu'Hérode n'étoit pas *Fils d'Agrippa ; mais, son Oncle seulement, & Philippe étoit conséquemment son Pere : est-ce là une simple Conjecture* ?* Mais, au contraire, peut-on douter que ce ne soit là une Conjecture sans Preuve, & une Conséquence fausse ? J'ai dit qu'on ne voioit dans aucun Ecrivain, ni supposé, ni véritable, que Philippe eut des Enfans. Le P. Hardouïn est le seul qui lui donne Agrippa. Il produit une Conjecture simple, & sans Preuve, sans Autorité & sans Médaille, puis qu'il n'y en a pas une seule, sur laquelle Agrippa soit appellé Fils de Philippe. Il est vrai qu'Agrippa étoit Néveu d'Hérode : ai-je jamais dit qu'il fut son Pere? &, s'en suit-il de là *conséquemment*, qu'il soit Fils de Philippe ? La Conséquence est mauvaise ; car, Agrippa pouvoit être Fils d'Aristobule, & Néveu d'Hérode, sans être Fils de Philippe, comme nous l'avons prouvé.

IX.

* *Hardouïn, Reponse, pag. 362.*

IX. La Religion des Agrippa ne nous arrêtera pas aussi long-tems que leur Naissance. On a fait de tous ces Hérodes autant de Païens, † „ Disciples de Platon, „ qui ne montoient aux Fêtes de Jérusa- „ lem, que pour adorer un seul Dieu, con- „ formement aux Principes de leur Maî- „ tre, sans observer les Cérémonies de la „ Religion Judaïque, qu'ils regardoient „ comme inutiles. On le prouve par deux „ Passages de l'Ecriture; l'un nous apprend „ qu'Hérode commença à persécuter *quel-* „ *ques-uns de l'Église*, & que voiant que „ *cela étoit agréable aux Juifs*, *il fit arrêter* „ *St. Pierre.* Ce n'étoit point par Zêle „ de Religion qu'Hérode devenoit Persé- „ cuteur; mais, parce qu'il vouloit *plaire* „ *au Peuple:* comme Pilate, qui ne trou- „ vant point de Crime en J. Christ, ne „ laissa pas de le crucifier, par le même Mo- „ tif. „ D'ailleurs, St. Jean reprochoit à cet Hérode, qu'il ne lui étoit pas permis d'épouser la *Veuve de son Frere*; parce qu'é- tant Païen, il ne pouvoit pas jouïr d'un Pri- vilege, que Dieu n'avoit accordé qu'aux Juifs.

X. On ne peut desavouer qu'il n'y ait eu des Hérodes Païens; puis qu'on a trou- vé dans la Voie Appia, proche de Rome,

une

† *Hardouïn*, *pag.* 55.

une Inscription , qui a un Caractere certain de Paganisme :

HÉRODE VOUS A CONSACRÉ CETTE TERRE SAINTE. (*a*)

ὔμμι γὰρ Ἡρωδὴς ἱερὴν ἀνὰ γαῖαν ἔηκε.

Car, ce Nom étoit commun chez les Parthes, chez les Palmyréniens, dans la Syrie, à Rome, & à Athenes. Non seulement Joseph ; mais, Cicéron, Plutarque, Philostrate, Trébellius Pollion, Appien, Justin, & Aulugelle, en ont parlé * ; & un Grec pouvoit avoir laissé ce Monument de sa Dévotion en Italie. Il n'est donc point nécessaire de l'appliquer aux Hérodes, ni à Agrippa. Joseph † soutient que ce Prince étoit si dévot, & tellement attaché à la Religion Judaïque, qu'il ne laissoit pas passer un jour sans offrir des Sacrifices dans le Temple, à l'Imitation de cet Empereur, qui croioit le jour perdu, lors qu'il n'avoit pas fait de Bien. Il
étoit

(*a*) Nous avons parlé de cette Inscription auparavant. Le P. Hardouïn, (*Reponse à Mr. Basnage , pag.* 366.) la croit fausse ; mais, il ne le prouve pas.

* *Ciceron. Ep. Plut. in Vita Anton. Philost. Vit. Sophist. Lib. I, pag.* 536. *Trebell. de Trig. Tyran. cap.* 15. *Appian. in Syriacis, pag.* 83.

† *Joseph. Ant. Lib. XIX, Cap.* 7, *pag.* 577.

étoit auſſi religieux Obſervateur des Coutumes de ſes Ancêtres. On rejettera ſans doute l'Autorité de Joſeph ; mais, pourroit-on rejetter auſſi la Lettre ‡ de Pétronius aux Habitans de Dor, dont la Copie a paſſé juſqu'à nous ? Ces Habitans d'une petite Ville de la Tribu de Manaſſe, ſituée ſur le Bord de la Mer, avoient placé une Statuë de l'Empereur dans leur Synagogue. Il étoit délicat de s'y oppoſer ; car, les Princes, jaloux de cet Honneur, ne ſe mettent pas beaucoup en peine ſi une Religion étrangere reçoit par là quelque Atteinte. Cette Action émut le Zêle d'Agrippa, qui crut que la Religion étoit perdue par cet Attentat. Il en écrivit au Gouverneur de Syrie, qui reçut ſes Plaintes, & fit de grandes Remontrances aux Habitans de Dor. On ne peut donner un Témoignage plus authentique de la Religion & de la Piété d'Agrippa, qui haſardoit à choquer ſon Bienfaiteur, en ſuivant ſi vivement les Mouvemens de ſa Conſcience. Rejettera-t-on auſſi la Lettre * du même Agrippa à l'Empereur Cajus, que Philon a conſervée ? Il s'eſt peint dans la Lettre, où il plaide pour les Juifs ; & on y voit un Atta-

‡ *Petron. Epiſt. apud Joſeph. ibid. Cap. 6, pag.* 575.
* *Agrippæ Epiſt. apud Philon. de Legat. pag.* 697, *&c.*

tachement très ardent pour les *Coutumes de ses Ancêtres*, & pour l'Eglise dans laquelle il avoit été nourri. Cela ne suffisoit-il pas pour prouver le Judaïsme d'Agrippa, & pour le dépouiller d'un prétendu Paganisme, qui n'est fondé que sur deux Conjectures très légeres?

XI. Il est vrai qu'Hérode persécuta St. Pierre, afin *de plaire aux Juifs*. Un Motif humain entre dans son Zêle: mais, s'ensuit-il de là qu'il fut Païen? Ne fait-on jamais les Actes de sa Religion par des Motifs criminels d'Ambition, de vaine Gloire, & d'Envie de s'attirer l'Applaudissement du Clergé & des Peuples? On accuse certain Prince Persécuteur d'avoir eu de semblables Vuës. Le P. Hardouïn & ses Associés, ont eu autant de part aux Cruautez éxercées dans le dernier Siecle, que les Pharisiens & le Peuple en eurent à celle d'Agrippa. On vouloit leur plaire; cependant, celui qui les a commandées, est-il Luthérien, ou Calviniste? D'ailleurs, on abuse des Paroles de St. Luc, afin d'en tirer une fausse Conséquence. Cet Historien Sacré distingue deux Dégrés dans la Persécution d'Hérode Agrippa; le Commencement & la Persévérance. Il commença de son Chef à persécuter l'Eglise, & fit mourir St. Jaques de son pur Mouvevement ; mais, lors qu'il vit que le Peuple prenoit goût au Supplice des Saints, il fit arrêter St. Pierre, afin de *lui plaire* par un second Spectacle. St. Luc marque exactement ces deux choses. Il faudroit donc dire qu'Agrippa étoit Juif, lors qu'il fit mourir St. Jaques, & qu'il devint Païen, lors qu'il arrêta St. Pierre Prisonnier ; puis que ce fut alors qu'il *voulut plaire* ; & que c'est ce Désir de *plaire*, qu'on regarde comme le Caractere de son Paganisme.

XII. Le Mariage d'Hérodias fait une Preuve plus singuliere du Paganisme d'Hérode. On nie que ce Prince l'ait enlevée à son Frere le Tétrarque, parce que la chose ne se feroit pas passée sans Bruit. Cette Difficulté ne nous regarde point ; puis que nous soutenons qu'Hérodias ne quitta qu'un Particulier, qui n'avoit pas assez de Pouvoir, ni d'Autorité, pour faire la Guerre. Cependant, on peut dire que Clovis, le Grand Héros des François, étoit né d'un semblable Mariage. Basine, sa Mere, étoit Femme d'un Roi de Thuringe, chez lequel Childéric se réfugia. Elle passa en France pour y suivre son Amant, qui l'épousa pendant la Vie de son premier Mari, qu'elle avoit abandonné. Il est vrai que le P. le Cointe, jaloux de la Gloire

de

de Clovis, fait ici le même Personnage que le P. Hardouïn. Il décrie Aimoin, qui rapporte le Fait; comme celui-ci décrie Joseph. Il cite une Loi des Allemans contre l'Adultere, rapportée par Tacite; comme celui-ci s'appuie sur une Loi de Moïse. Dans un autre Sens, il prétend que Childéric n'épousa Basine qu'après la Mort du Roi de Thuringe, comme on dit ici qu'Hérode épousa la Veuve de son Frere. Enfin, l'un & l'autre n'ont point d'autre Preuve que leurs Conjectures. Mais, suffit-il d'en faire pour être cru? Il est toujours vrai que le Roi de Thuringe ne fit point la Guerre à Childéric pour ravoir sa Femme (*a*), comme le Mari d'Hérodias n'en

(*a*) Mr. du Pin a rétranché dans l'Edition de Paris tout ce qui regarde Basine. Je ne sçai s'il a cru que cela donnoit quelque Atteinte à la Gloire des Rois de France, & quelque Flêtriſſure à la Nativité de Clovis, qui étoit le Fruit d'un Adultere: mais, c'est être fort délicat sur l'Honneur des Rois, que de faire remonter sa Jalousie pour eux au delà de mille Ans: & que peut-on attendre d'un Historien, qui a une si violente Partialité pour la Race des Rois de sa Nation, dont la prémiere n'a aucune Influence sur la seconde, & encore moins sur la troisieme? Il est vrai que le P. Daniel, dans sa Nouvelle Histoire de France *, regarde ce Fait comme un Récit Romancs-

* *Daniel, Préface Historique, pag. 13.*

n'en fit point à son Frere : &, en effet,
de semblables Femmes méritent qu'on les
aban-

nesque, & soutient que *tout ce que Grégoire de
Tours a écrit là-dessus, n'est point autre chose que
l'Extrait, où l'Abrégé, de quelque Roman, qui
couroit de son tems, & qu'il a pris pour une véritable Histoire du Regne de Childéric.* Mais, qui a
dit au P. Daniel que c'étoit là un Roman, plutot qu'une Histoire ; & que Grégoire de Tours
s'est laissé tromper grossiérement ? A-t-on aujourd'hui quelque Preuve qui nous apprenne que
cela étoit Fabuleux & Romanesque ; & pouvons-
nous être mieux instruits là - dessus, dans un si
grand Eloignement de Siecles, que Grégoire de
Tours, qui rapporte le même Fait * ? L'Original
d'où Grégoire de Tours l'a tiré est perdu. On
ne peut donc juger de sa Sincérité, ni décider si
c'est un Episode Romanesque, dont on a em-
belli l'Histoire de Childéric, ou un Evénement
véritable. En effet, cet Evénement ne renferme
rien qui ait l'Air de Fable. Est-ce qu'un Prince
Païen, comme Childéric, étoit trop religieux
pour se faire un Scrupule de débaucher la Femme de son Hôte ; ou que cette Femme, qui avoit
pris de l'Amour pour Childéric, ne put pas le suivre,
après avoir essuié les Dégouts de l'Absence, &
peut-être les mauvais Traitemens que les Soupçons jaloux de son Mari lui faisoient souffrir.
Il n'y a là rien que de naturel. On peut même remarquer la Différence entre les Anciens Historiens
François & les Nouveaux. Les Anciens, qui pouvoient être mieux instruits, & qui avoient le même

* *Greg. Turonens. Hist. Lib. II, Cap. 12, pag.* 66.

abandonne ; qu'on fente fon Bonheur d'en
être délivré ; & bien fots font les Méné-
las, qui courent après les Hélenes. L'En-
lévement d'Hérodias eft donc réel : éxaminons préfentement la Preuve qu'on en
tire, pour le Paganifme d'Hérode.

On fuppofe que Jean Baptifte s'amufoit
à faire des Remontrances à un Roi Païen ;
ce qui eft contraire à l'Economie de ce
tems-là, où la Vocation des Gentils n'é-
toit pas encore commencée. Quel Intérêt Jean Baptifte avoit-il à condamner ce
Mariage permis par la Loi ; au lieu de
crier contre l'Idolatrie de ce Prince, qui
faifoit un Crime plus énorme ? Vouloit-il
fauver Hérode ? Mais, ce n'étoit point
par là qu'il falloit commencer fa Converfion : il devoit obliger le Tétrarque à abandonner fes Idoles, & le Paganifme, préférablement à Hérodias. D'ailleurs, qui a
dit

me Intérêt que les Modernes à nier le Fait, ont
eu plus de Sincérité, & l'ont rapporté. Grégoire de Tours, Aimoin, Frédégaire, le Moine † Roricon, qui a écrit les Actions des Rois
François ; Belleforêt même, tout nouveau qu'il
eft, ont avoué le Fait. Les Modernes, qui mettent à la Tête de leurs Hiftoires de longues Pré-
faces, pour vanter leur Défintéreffement, le nient,
fans avoir aucune Lumiere nouvelle. N'eft-ce pas
là Partialité ?

† *Apud du Chefne, Hift. Franc. tom. 1.*

dit que le Mariage avec la Veuve d'un Frere fut interdit aux Païens plutot qu'aux Juifs, & que ce qui étoit innocent pour les uns, fût pour les autres un Crime digne de la Damnation, & d'une Cenfure, qui attire le Martyre? Jean Baptifte avoit raifon de condamner Hérode, qui entretenoit une Adultere, & Hérodias craignoit avec Fondement la Diffolution d'un Mariage fi impur, s'il eft vrai, comme nous le foutenons, qu'elle étoit Femme d'un Frere d'Hérode, & qu'elle avoit quitté fon Mari, qui vivoit encore. Mais, le Zéle de Jean Baptifte étoit mal réglé, la Crainte d'Hérodias vaine, & fon Emportement contre le Prédicateur ridicule, fi elle n'avoit rien fait que ce qui fe faifoit tous les jours chez les Juifs, & qui étoit autorifé par leur Loi. D'ailleurs, quand tout ce qu'on fuppofe feroit vrai, cela ne regarde point Agrippa, dont Hérodias étoit la Seur, & ne fut jamais la Femme.

XIII. On trouve de la Difficulté par tout. Nous avons vu la Religion d'Agrippa; examinons l'Etendue de fon Roiaume, la Dépendance dans laquelle il a vêcu, & les Hommages qu'il fut obligé de rendre aux Empereurs.

Agrippa avoit été élevé à Rome, où il n'avoit rien oublié pour gagner les bonnes

M

Gra-

Graces de Drufus, Fils de Tibere, & Héritier préfomptif de l'Empire. Sa Mort précipitée renverfa toutes fes Efpérances ; il s'étoit ruiné pour plaire à Drufus, & après fa Mort il fut réduit à fortir de la Cour, à faire de gros Emprunts pour y retourner ; & toutes ces Démarches ne lui procurerent d'abord qu'une fâcheufe Prifon. Il parut fouhaiter la Mort de Tibere, & l'Elévation de Caligula ; il n'en falut pas d'avantage pour irriter un Prince fouverainement jaloux, qui le tint Prifonnier jufqu'à fa Mort. Caligula fe fouvint qu'il avoit été fon Martyr ; &, après lui avoir rendu fa Liberté, il mit un Diadême fur fa Tête, lui donna le Tétrarchat, vacant par la Mort de fon Oncle, & y ajouta celui d'un nommé Lyfanias, faifant de ces deux Portions un Roiaume. Ce Lyfanias eft celui qu'Eufebe * a fait entrer dans le Partage de la Succeffion du Grand Hérode pour fon Quart, comme s'il avoit été fon quatrieme Fils. Il cite Jofeph pour fon Garand : mais, la feconde Faute eft plus fenfible que la prémiere ; car, Jofeph ne dit rien de femblable. Lyfanias étoit Tétrarque d'Abylene, lors que Jean Baptifte commença fon Miniftere : fes Terres furent réünies au Domaine de l'Empire,

après

* *Eufeb. Hiftor. Lib. I, Cap. 9, pag. 27.*

après sa Mort ; Caligula les en détacha, pour en faire Préfent à Agrippa. Ainsi, les Tétrarchats de Lysanias & de Philippe, réünis en la Personne d'Agrippa avec le Titre de Roi, firent le prémier Dégré de son Elevation ; &, si on veut, son prémier Roiaume, sous Caligula. Il le posséda sept Ans.

XIV. Hérode le Tétrarque, qui vouloit être Roi, comme son Neveu, & que sa Femme poussa par Jalousie à aller demander le Diadême à Rome, aiant été banni sur les Accusations de son Neveu, le même Caligula donna la Galilée & le Tétrarchat d'Hérode à Agrippa ; & ce fut là son second Dégré d'Elévation. Il usa bien de sa Fortune, & n'oublia, ni sa Religion, ni sa Patrie ; car, Caligula aiant ordonné qu'on plaçât sa Statue dans le Temple de Jérusalem, & aiant envoié Pétronius en Judée, pour obliger le Peuple, par la Crainte des Armes, à la recévoir : non seulement Aristobule, Frere d'Agrippa, parut à la Tête de la Députation, qu'on faisoit au Gouverneur de Syrie, qui marchoit dejà avec ses Troupes ; mais, Agrippa parla généreusement à Caligula, & lorsqu'il pouvoit lui demander toute autre chose pour son Elévation, il se contenta de supplier l'Empereur de révoquer l'Edit *de*

la

la Statue, ce que Caligula ne put lui refuser. On s'inscrit en faux contre ce Fait,
parce qu'il renferme une nouvelle Preuve
du Judaïsme d'Agrippa; & on dit que *Ca-*
ligula n'avoit garde de se faire adorer pour
Dieu, puis que le Senat ne l'avoit pas seule-
ment declaré Empereur. En vain oppose-t-on
à cela le Témoignage de Joseph *; puis
qu'on l'accuse de Fausseté; mais, les deux
Raisons qu'on allegue, sont évidemment
fausses. 1, Caligula étoit Auguste, & le
P. Hardouïn a publié des Inscriptions, dont
l'une fut batue par Hérode le Tétrarque,
à l'Honneur de

CAJUS CÉSAR GERMANIQUE, AUGUSTE.

Ainsi, Caligula prenoit le Titre d'Auguste
& de César. Il se déclaroit Empereur; &,
quand le Senat n'y auroit pas consenti, il
suffit que ce Prince s'en soit approprié les
Droits & les Honneurs, ou qu'il les ait
reçus de la Main des Princes Vassaux de
l'Empire. 2, Tacite † rapporte aussi que
Caligula voulut placer sa Statue dans le Tem-
ple; ce qui obligea les Juifs à prendre les Ar-
mes. Ainsi, le second Fait, contesté par

le

* *Joseph. Lib. XVIII, Cap. 11, p. 643. Harduin. ib.*
† *Tacit. Hist. Lib. V.*

le P. Hardouïn, est prouvé par un Auteur
Païen; à moins qu'on ne dise que l'Histoi-
re de Tacite est supposée, comme celle de
Joseph.

XV. L'Empereur Claude augmenta considérablement le Roiaume d'Agrippa, qui
étoit fort avant dans sa Faveur. Il lui
avoit conseillé de mépriser les Remontrances du Sénat, qui auroit bien voulu l'empêcher de s'approprier l'Empire, & Claude se crut obligé de reconnoître un Avis
qui lui avoit été donné dans un tems où
la Démarche du Sénat ébranloit ses plus fideles Amis. On rit de voir un Roi étranger, Ministre député du Sénat de Rome,
pour donner des Conseils à Claude, lors
qu'il balançoit à se déterminer; & on met
encore cette Histoire au Rang des Fables
que Joseph * a contées: mais, il ne suffit pas de nier ce Fait; car, on ne peut
rien opposer de certain à l'Autorité de Joseph. Voici le Fait.

Le Sénat se trouva dans un grand Trouble, après la Mort de Caligula. Les uns
s'absentoient; les autres faisoient des Cabales pour eux-mêmes. Les Avis étoient
partagés; comme il arrive dans un Interregne imprévu; sur tout, dans les Lieux
où l'on croit avoir encore quelque Ombre

M 3

de

* *Joseph. Ant. Lib. XIX, Cap. 3, pag. 671.*

de Liberté, & trouver le Moien de la recouvrer entiérement. Le Sénat apprenant qu'Agrippa se distinguoit à la Cour naissante de Claude, le cita devant lui : il comparut, il parla, & se fit nommer avec les Députez du Sénat, comme un Ami de Claude, qui pouvoit beaucoup auprès de lui. Il n'y a rien dans cette Conduite qui ne soit ordinaire à des Gens embarrassés, & flottans entre la Crainte & l'Espérance: car, on emploie alors tout ce qui peut aider à déterminer celui qu'on a dessein de séduire, ou de fléchir; & Agrippa, distingué par son Genie, & sur tout, par la Faveur du nouveau Prince, faisoit assez de Figure à Rome, pour n'être pas négligé dans cette Occasion. Claude le récompensa de ses Avis, qui l'affermirent dans la Résolution de se saisir de l'Empire, & lui donna *la Judée & Samarie :* c'est ainsi qu'il rentra dans le Roiaume de son grand-Pere. Il devint véritablement *grand Roi*; c'est pourquoi il ne prend ce Titre que dans les Médailles battuës sous Claude.

XVI. Il n'avoit eu aucune Autorité à Jérusalem pendant la Vie de Caligula, lors que l'Empereur voulut faire placer sa Statue dans le Temple ; car, alors, au lieu de s'opposer à cette Nouveauté dans son Roiaume, il agit en Suppliant pour

les

les Juifs. Mais, il posséda cette Ville sous
Claude, non seulement puis que Joseph
l'assûre ; mais, parce que Dion, qui ne
peut être suspect, dépose aussi qu'il eut
le Roiaume de son grand-Pere, dont Jérusalem & Samarie faisoient la plus belle Partie. Enfin, il paroît par l'Histoire des Actes, qu'il fit sentir son Autorité dans cette grande Ville, en y persécutant des Chrétiens. En effet, la Persécution sembloit héréditaire dans cette Maison, & celui-ci ne
voulut pas dégénérer.

Ascalonita necat Pueros ; Antipa Joannem ;
Agrippas Jacobum , mittitque in Carcere
    Petrum.

On dit qu'il ne persécuta que quelques
Apôtres, comme St. Jacques & St. Pierre, qui, étant Galiléens, dépendoient de
sa Juridiction, en quelque Lieu qu'ils se
trouvassent. Mais, 1, on oublie que St.
Luc nomme non seulement St. Jacques &
St. Pierre ; mais, *quelques-uns de l'Eglise.*
Tous ces Saints persécutez étoient-ils donc
Platoniciens comme Agrippa, & Galiléens
d'Origine ? Pourquoi ne veut-on pas qu'il
y en eut quelques-uns de Jérusalem, ou
des autres Villes de la Judée ? On suppose
que la Persécution se borna à deux Apô-
M 4   tres ;

tres ; mais, Saint Luc dit le contraire.
2, Il n'eſt point vrai que les Galiléens
dépendiſſent d'Agrippa, en quelque Lieu
qu'ils ſe trouvaſſent.　Les Princes ne peuvent faire Juſtice de leurs Sujets, que dans
les Lieux où leur Juridiction eſt reconnue.
Pilate n'envoia J. Chriſt à Hérode le Tétrarque de Galilée, que pour lui faire Honneur ; & cette Civilité ſurprit ce Prince,
qui ſe réconcilia avec l'Intendant Romain;
c'eſt pourquoi, l'Evangéliſte dit qu'ils *devinrent Amis.* 3, Hérode avoit voulu faire mourir Jéſus - Chriſt pendant qu'il prêchoit en Galilée : mais, on lui donna
Avis de ſe retirer dans quelque autre Lieu,
pour ſe garantir de la Perſécution.　Il
n'ôſa le condamner à Jéruſalem ; & , au
lieu d'agir contre Jéſus - Chriſt avec Autorité, il le renvoia à ſon Juge naturel.
Mais, Agrippa parle, & agit en Maître :
il perſécute les Saints ; il fait trancher la
Tête à un Apôtre ; il arrête l'autre Priſonnier ; &, lors que par un Miracle, St.
Pierre échapa à ſa Fureur, il fit punir
du dernier Supplice les Gardes qu'il lui
avoit donnez.. Tous ces Gardes étoient-
ils Galiléens, de la Juridiction du Tétrarque ? Il y en avoit peut-être quelqu'un
de Jéruſalem, ou des Lieux voiſins ; cependant, Hérode Agrippa les punit tous
égale-

également, & fit voir qu'il avoit le Droit de Vie & de Mort à Jérusalem, comme en Galilée.

XVII. Ce Prince, ce *grand Roi*, ne laissoit pas de vivre dans la Dépendance des Empereurs Romains. Car, il n'obtint les Provinces, qui lui furent assignées, que par les Libéralitez de Caligula & de Claude, qui voulurent le recompenser par là de l'Attachement qu'il avoit pour eux, & des Services qu'il leur avoit rendus ; ainsi, le Roiaume étoit un Don gratuit. Il n'hérita d'aucun de ses Oncles, & il falut que le Sceau du Prince fut apposé, pour pouvoir entrer en Possession de leurs Tétrarchats. Quelque Faveur qu'il eut auprès de Claude, dès le Moment que ce Prince eut Avis qu'il faisoit rebâtir les Murailles de Jérusalem, il lui donna l'Ordre d'interrompre cet Ouvrage, qui rendoit sa Fidélité suspecte, & il fut obligé d'obéïr. Enfin, Marsus, Gouverneur de Syrie, s'étant rendu à Béryte, où il y avoit une grande Assemblée de Rois, venus pour rendre Visite à Agrippa, ce Prince fut obligé de sortir de la Ville, & d'aller fort loin pour le recevoir, afin *de garder le Respect qui étoit dû aux Romains.* C'est Joseph *, Historien

M 5

* *Joseph. Antiq. Lib. XIX, Cap. 7, pag. 677.*

torien fort jaloux de la Gloire de sa Nation, qui rend ce Témoignage. Marsus
fit un autre Acte d'Autorité ; car, redou-
tant l'Union de tous ces Princes assemblez , il leur ordonna de se séparer ; ce
qui mortifia fort Agrippa : mais, il falut
digérer son Chagrin. On ne peut pas douter que les plus grands Rois de Judée ne
fussent Vassaux, & dans la Dépendance ;
puis qu'ils plioient devant les Gouverneurs Romains.

CHA-

CHAPITRE XII.

Réfutation des Objections du Pere Hardouïn, sur la Naissance, la Religion, & le Roiaume d'Agrippa Prémier, & d'Hérode Roi de Chalcide.

I. Noms différens donnez à Agrippa. II. Cette Difficulté regarde le P. Hardouin comme nous. III. Agrippa appellé Jules dans une Inscription. Véritable, & ensuite rejettée comme fausse. IV. Agrippa étoit petit-Fils d'Hérode le Grand, ou de Zénodore. V. Exemples de Rois, qui ont porté deux Noms, & qui ont pris ceux des Romains, autorisez par le P. Hardouin. VI. Si on a frappé des Médailles sous des Noms différens. VII. Hérode, Roi de Chalcide. Situation de ce Roiaume, prouvée par les Géographes. VIII. Médailles de ce Prince, qui prouvent qu'il éxistoit sous l'Empire de Claude. IX. Claudia Cæsarea. Diverses Conjectures sur cette Ville. X. Si on doit rejetter le Roiaume de Chalcide, à cause de sa petite Etendue. XI. Si on a bien traduit le Titre de Φιλοκλαυδίϴ par Ami de Claude. XII. Différens Ordres des Amis des Empereurs. Les Particuliers pouvoient l'être. Monumens anciens

M 6.　　　　　*qui*

qui le prouvent. XIII. *Exemples de plusieurs petits Rois, qui ont pris ce Titre.*
XIV. *Faute du P. Hardouin sur les Hérodes. Zénodore n'alloit point de Pair avec
les Empereurs.* XV. *La Religion d'Hérode Agrippa défendue.* XVI. *Tems de
sa Mort.* XVII. *Réfutation du Sentiment
du P. Hardouin sur le tems de cette Mort.*

I. **L**A Différence des Noms qu'on a
donnez à Agrippa paroit une Difficulté si considérable au Pere Hardouïn,
qu'elle lui suffit pour détruire tout ce que
nous venons d'avancer. Il croit * qu'il est
impossible que Saint Luc ait donné le Nom
d'*Hérode* à Agrippa, quoi que ce fut celui de sa Maison; ou même, qu'un Hérode ait pris le Titre d'Agrippa sur ses
Médailles; puis qu'un Prince d'Angleterre, qui fait un long Sejour dans une Ville, ne prendra pas, par exemple, le Nom
du Prince de Condé, au lieu de Stuart;
& que d'ailleurs, il n'y avoit en ce tems-
là personne qui portât à Rome le Nom
d'Agrippa, & qui y fut célebre.

II. Prémiérement, nous ne sommes
pas obligés de deviner les Raisons, qui
ont obligé Hérode à prendre le Nom d'A-
grippa. Il peut en avoir eu quelqu'une que

le

* *Hardouïn, Repons à Mr. Basnage, pag. 361.*

le tems nous a dérobée.   Si nous difions
que ce Nom lui avoit été donné, parce que
fa Mere l'enfanta & l'éleva avec beaucoup
de peine , nous ne ferions que fuivre Pline *, Solin †, qui l'a copié, & Aulugelle, qui s'accorde avec eux fur l'Etymologie de ce Nom. Mais, nous ne voulons pas abufer de la Simplicité de ces
Auteurs, qui ont donné une Etymologie
Latine à un Mot Grec. Pline, qui affuroit
que le Grand Agrippa n'avoit eu ce Nom
qu'à caufe de la peine que fa Mere avoit
eue à le mettre au Monde , étoit peut-
être embarraffé de fçavoir comment un
Romain prenoit un Nom Grec. C'eft encore une Difficulté que nous pourrions
faire: car, fi Agrippa Romain a pu prendre un Nom étranger à fa Famille, &
à fon Païs; pourquoi, Hérode n'a-t-il pas
pu faire la même chofe ? Mais, il fuffit
que les Juifs & les Romains aient pu prendre deux Noms, & que Saint Luc ait eu
la Liberté de conferver à Agrippa celui
de fon grand-Pere & de fon Oncle, qui
étoit Hérode, pour lever toute la Difficulté. D'ailleurs le P. Hardouïn eft obligé de nous dire pourquoi le Fils de Philippe , & petit-Fils de Zénodore , s'ap-
M 7   pelloit

* *Plin. Lib. VII, Cap. 8, pag. 22.*
† *Solin. Cap. I, pag. 5..*

pelloit Agrippa. Il doit nous dire, si ce
Prince avoit été adopté dans une Famille
d'Agrippa, quelle étoit cette Famille, qui
étoit la Personne illustre, qui portoit ce
Nom à Rome en ce tems-là : car, il n'é-
toit pas naturel que le Fils d'un Tétrarque de la Traconite eut pris le Nom d'A-
grippa, qui étoit celui d'une Maison Romaine. Le P. Hardouïn devoit prévoir naturellement que je lui ferois les mêmes Difficultez qu'il me fait, & que je puis les
résoudre par les mêmes Réponses qu'il
imaginera pour se tirer d'Embarras ; puis
que c'est précisément la même chose, &
que le petit-Fils d'Hérode le Grand a pu
prendre le Nom d'Agrippa comme le petit-Fils de Zénodore.

III. J'avois cité une Inscription Athé-
nienne, dans laquelle Agrippa est appellé
Jules ; & sa Fille, *Bérénice Julie*. Voilà
deux Noms Romains ajoutez à ceux de
Bérénice & d'Agrippa. Le Pere Hardouïn
leve cette Difficulté, en rejettant comme
fausse une Inscription dont il tiroit auparavant * de grands Avantages. Il prouvoit
par là que Bérénice ne pouvoit être Fille
d'Agrippa Prémier. Il faisoit voir, par le
Nom de Jules, qu'Agrippa devoit être Fils
de Philippe plutot que d'Hérode. Il ne
trou-

* *Editio prior*, *pag.* 92.

trouvoit point alors de Difficulté que les Perſonnes de cette Famille euſſent des Noms différens, & qu'ils les empruntaſſent des Maiſons les plus illuſtres de Rome, comme celle de Jules. Il vouloit bien même que Philippe eut porté auſſi le même Nom de Jules, quoi que l'Inſcription n'en parlât pas : mais, à préſent, qu'il découvre la Conſéquence avantageuſe que tous ſes Raiſonnemens me fourniſſent , il paſſe ſur tout cela auſſi légérement que s'il n'en avoit jamais parlé. Il avoit avancé ce Sentiment long-tems auparavant dans ſon Commentaire ſur Pline *, qui eſt ſon Chef-d'Oeuvre, & il y perſévéroit encore, malgré ſon Inconſtance , lorsque j'ai compoſé mon Hiſtoire des Juifs. Il faut au moins qu'il me rende Juſtice, & qu'il avoue que je n'avois pas tort de donner pluſieurs Noms à Agrippa, avant qu'il eut rejetté l'ancien Monument d'Athenes. J'étois alors en droit de m'appuier ſur cette Inſcription, qu'il n'avoit ni proſcrite , ni expliquée. S'il dit aujourd'hui que Bérénice a été adoptée dans la Famille des Jules, il faudroit auſſi qu'Agrippa, qui eſt appellé *Jules* dans la même Inſcription, eut été adopté dans la même Maiſon. Il faudroit même qu'il eut porté deux Noms , ſans que le P. Hardouïn

---

* *Hard. in Plin. Lib. V, tom. 1 , pag. 97.*

douïn put en rendre de raiſon. Mais, c'eſt
beaucoup que de voir le petit-Fils de Zénodore aller chercher à Rome le Nom de
Jules, ſans qu'on puiſſe en deviner le
Motif. Car, pourquoi n'y aura-t-il point
pris le Nom d'Agrippa, auſſi bien que celui de Jules? N'y avoit-il pas des Agrippa, alliés d'Auguſte? Comme le Pere Hardouïn, en ſuppoſant l'Inſcription véritable, ne peut rendre aucune raiſon de ce
qu'Agrippa eſt appellé Jules, & Bérénice
Julie; il ne doit point être ſurpris de ce
que nous diſons qu'un Hérode a pris le
Nom d'Agrippa, quoi qu'on n'en déve-
loppe pas le Motif.

I V. On ſoutient qu'Hérode Agrippa n'é-
toit pas le Fils d'Hérode Prémier : & pourquoi donc en auroit-il porté le Nom? C'eſt
là une ſeconde Injuſtice, dont je me
plains : car, le P. Hardouïn avoit placé
Agrippa au Rang des Deſcendans d'Hérode
le Grand ; & le faiſant ſon petit-Fils par
Philippe, j'avois raiſon de croire qu'il avoit
retenu le Nom de ſon Aieul, & que St.
Luc pouvoit le lui donner. S'il change
aujourd'hui de Sentiment, ce n'eſt pas
ma Faute. S'il vouloit qu'on ne s'égarât
jamais, il devroit développer tout d'un
coup ſon Syſtême ; alors, on profiteroit
de ſes Lumieres à coup ſur. Il varie d'une

ma-

maniere étrange : car , du petit-Fils d'Hérode le Grand , il en fait le petit-Fils de
Zénodore. Mais , il étoit impoſſible de
raiſonner comme lui avant qu'on le ſut.
Il nait même un Soupçon fâcheux de cette Variation : c'eſt que le P. Hardouïn n'a
changé la Généalogie d'Agrippa , après l'a-
voir défendue ſi long tems , que parce qu'il
s'eſt trouvé trop preſſé : c'eſt dans cette
Vue qu'il efface de cette Généalogie le
Nom des Hérodes qui l'incommode , & qui
fait une Preuve démonſtrative contre lui.

V. Le P. Hardouïn a produit ailleurs deux
Exemples parfaitement ſemblables à celui
qu'il combat avec tant de Chaleur : l'un
eſt une Médaille du Roi Sauromate , avec
le Titre de *Jules Sauromate* : l'autre eſt celle
d'Abgarus , qui prend ſur ſes Médailles
ces Titres , *Ælius Septimius Abgarus*. On
dit qu'Auguſte avoit donné celui de Jules
à Sauromate , & Sévere ceux d'Ælius Septimius à Abgarus. Je le veux : mais , au
moins , voilà des Rois qui vont mendier
des Noms à Rome : c'eſt-à-dire, *des Stuarts
qui prennent le Nom de Condé*. Les Exemples n'en ſont donc pas inouïs , comme on
le ſuppoſe. Au contraire , ils ſont fréquens ; puis qu'outre cet Abgarus , un de
ſes Prédeceſſeurs avoit déjà pris le Titre
de Lucius , à cauſe de Lucius Verus , qui

se trouve gravé sur sa Médaille, comme l'illustre Mr. de Spanheim * l'a remarqué. D'ailleurs, ces Rois, qui prennent les Noms des Familles Romaines, n'avoient point été adoptez dans la Maison des Empereurs : car, Sauromate ne le fut point par Auguste, ni Abgarus par Sévere. On suppose seulement qu'ils reçureut ces Noms par Donation, quoi qu'on ne le sache pas. Je le veux : mais, il n'est point nécessaire qu'Hérode ait été adopté par un Agrippa, pour prendre son Nom à Rome ; & il a pu le tirer d'une Source, qui nous est inconue ; ou se l'approprier, comme Sauromate celui de Jules. Le P. Hardouïn croit que Philippe étoit celui qui avoit introduit le Nom de Jules dans sa Maison, préférablement à son Frere Hérode, parce qu'il avoit bati Césarée à l'Honneur d'Auguste. Mais, au moins, Philippe n'avoit point été adopté dans la Maison des Jules, dont il prenoit le Nom. Il ne paroit point qu'Auguste le lui eut donné, non plus qu'à son Frere Hérode. Pourquoi le Pere Hardouïn donne-t-il si libéralement le Nom de Jules, & fait-il de si grandes Difficultez sur celui d'Agrippa. Il est vrai qu'il a effacé tout cela dans l'Edition qu'il a'

jointe

* *Spanhem. de Prœstant. Numismat. Edit. fol. pag.* 537.

jointe à la Réponſe qu'il me fait : mais, les Médailles qu'il a produites, & ſur leſquelles je fais plus de fonds que ſur une Autorité qui chancele ſouvent, ſubſiſtent, & je puis toujours également en tirer les Preuves contre lui, juſqu'à ce qu'il les ait déclarées fauſſes ; ce qu'il fera apparemment bientot. Enfin, d'où eſt venu le Septimius Voroda qu'on trouve dans les Inſcriptions de Palmyre ? Etoit-ce Sévere qui l'avoit donné, ou qui avoit adopté cet Etranger dans ſa Famille ? Julius Aurélius Palmes, qui ſe trouve dans la même Inſcription, n'étoit-il pas auſſi un Etranger *, qui avoit joint des Noms Romains au ſien ? Pourquoi donc eſt-ce un Monſtre ſi affreux de voir un Hérode qui prend le Nom d'Agrippa ?

V I. Il eſt vrai que ce ſeroit une Bizarrerie peu connue ſi Agrippa avoit changé de Nom ſur les Médailles, & qu'on l'y appellât tantot Agrippa, & tantot Hérode : mais, nous ſoutenons qu'il eſt appellé Hérode par Saint Luc, auquel ce Nom de Famille étoit plus connu que celui d'Agrippa, & qu'il a trouvé bon de le préférer à l'autre : mais, que ſur toutes les Médailles on ne voit conſtamment que le Nom d'Agrippa, & que celles ſur leſquelles

* *Antiquities of Palmyra, Appendix, pag.* 166.

quelles on lit ces Mots, *Hérode, Roi, Ami de Claude*, font d'un Hérode, Roi de Chalcide, Frere d'Agrippa, c'eft ce que nous allons prouver, parce qu'on contefte fon Roiaume, fa Perfonne, & fon Titre d'*Ami de Claude.*

VII. Prémiérement, il n'eft pas auffi ridicule de parler de l'ancien Roiaume de Chalcide, qu'il le feroit * *aujourd'hui de parler d'un Roi de la Vallée de Montmorenci, ou de Vau-Girard.* Le Pere Hardouïn foutient que ce Roiaume n'eft fondé que fur ce que les Critiques aiant trouvé un *Hérode Roi*, gravé fur des Médailles d'Airain, on l'a appellé, en badinant, *Roi de Chalcide*, c'eft-à-dire, *Roi de Cuivre, ou d'Airain.* Les Savans ont été affez fots pour croire, à la faveur de cette Pointe ridicule, qu'Hérode n'étoit pas feulement Roi fur une Médaille d'Airain ou de Cuivre; mais, d'un Païs appellé Chalcide. Ainfi, nous fommes redévables de ce Roiaume à la Raillerie de quelque Pédant. Je ne fçai comment on peut raifonner ainfi: car, outre la Chalcide, que Pline a placée proche du Mont Bélus, & qui étoit à 1173. Pas de Pérée, il y en avoit une autre dans la Vallée que formoient le Liban & l'Antiliban. Ce ne font point les Secta-

* *Hardouïn, Reponfe à Mr. Bafnage, pag.* 361.

tateurs de Joseph qui ont pris ce Parti, afin de le juſtifier ; c’eſt Strabon (*a*), plus ancien que l’Hiſtorien Juif, qui nous y force : car, il dit nettement deux choſes : l’une, *que Chalcide étoit la Citadelle de Marſyas après Macra :* l’autre, *qu’elle étoit ſoumiſe à Ptolomée, Fils de Mennæus,* qui étoit *le Maitre auſſi de Marſyas & de l’Iturée.* Ce Mennæus s’étoit révolté contre les Seleucides, & s’étoit fait une Principauté, dont Chalcide étoit la Capitale. Il ſe rendit ſi redoutable, qu’Aléxandra, qui gouvernoit la Judée après la Mort de ſon Mari, envoia Ariſtobule avec une Armée vers Damas, pour s’oppoſer à ſes Entrepriſes. Ptolomée, ſon Fils, lui ſuccéda ; & c’eſt lui dont parle Strabon. Voilà donc une Chalcide qui étoit une Principauté avant Hérode ; puis que Ptolomée y dominoit : & dès le Moment qu’elle a fait une Souveraineté, il n’eſt point étonnant que ceux qui l’ont poſſédée ſe ſoient érigés en Rois, ou qu’ils aient reçu le Titre des Empereurs.

(*a*) *Strabo, Lib. XVI, pag.* 518. & 519. καὶ Χαλκὶς ὑπὸ Πτολεμαίῳ τῷ Μεννάιυ τῷ τὴν Μαρσίαν κατέχοντι, &c. *Et Chalcis ſub Ptolemæo.* Le Jéſuite Adrichomius place auſſi Chalcis entre le Liban & l’Antiliban, comme nous faiſons. *Voiez* Noris, Epochæ Syro - Macedonum. Diſſertat. III, pag. 516, & *les Médailles de Chalcide,* pag. 520. Adrichom. Theatr. Terræ Sanctæ, pag. 105.

reurs. Les Ecrivains Sacrez qui n'avoient point deffein de flatter les Princes, ont bien appellé *Rois*, des Gens, qui n'étoient que Tétrarques, parce que c'étoit l'Ufage du Tems & du Païs. Pourquoi donc nier fi ouvertement qu'Hérode, Frere du Roi Agrippa, ait véritablement pris le Titre de Roi de Chalcide, fans être redevable de ce Nom, ni à une Médaille de Cuivre, ni à la Raillerie d'un Pédant? Ce Roiaume, quoi que très petit, fe conferva jufques fous Domitien, qui le réünit tout-à-fait à l'Empire ; & c'eft pourquoi cette Ville, au lieu de faire graver le Titre de Roi fur fes Médailles, comme on avoit fait jufques là, prit le Nom de Flavia, qui étoit la Famille de l'Empereur, & fe fit une Ære nouvelle, comme l'a remarqué le favant Cardinal de Noris, qui a rapporté plufieurs de ces Médailles, qui furent frappées fous Trajan & fous Adrien. Il faut voir préfentement s'il y a eu un Hérode, Roi de Chalcide : c'eft la feconde chofe qu'on contefte.

VIII. Comme on voit un *Hérode, Roi,* fous l'Empire de Claude, il femble qu'il n'y ait aucune Difficulté à reconnoitre un Frere d'Agrippa, Roi de Chalcide ; puis qu'Hérode le Tétrarque étoit mort plufieurs Années auparavant. Scaliger avoit
pro-

produit déjà une Médaille de cet Hérode, *Ami de Claude :* Mr. de Spanheim * en produit une autre, qui eſt dans le Cabinet du Roi de France, ſur laquelle on voit un Autel, avec la Flamme qui brule, & ces Mots, *le Roi Hérode.* Sur le Revers eſt un Caſque, que quelques-uns prennent pour la Tiare d'un Sacrificateur. Cette Médaille ne peut convenir à Hérode le Tétrarque, qui n'a jamais été Roi de Judée, ni de Samarie, & qui, de l'Aveu du P. Hardouïn, n'a jamais eu aucune Autorité ſur le Temple de Jéruſalem : mais, elle convient parfaitement à Hérode, Roi de Chalcide, qui avoit l'Intendance du Temple, laquelle fut conſervée dans la Famille d'Agrippa, juſqu'à ce qu'il fut entierement ruiné : &, il ne faut pas s'étonner de ce qu'on lui confioit ce Droit, quoi que ſon Roiaume fut éloigné de Jéruſalem, parce qu'étant Juif, il lui appartenoit préférablement aux Intendans Païens, dans un tems où l'on ménageoit encore les Privileges & la Religion des Juifs. En effet, cet Hérode fit connoitre ſon Pouvoir, en dépoſant le Souverain Sacrificateur. Le P. Hardouïn, qui a commencé à parler de cette Médaille, depuis que Mr. de Spanheim

* *Spanhemius de Præſtantia Numiſmatum, Edit. Fol. pag. 522.*

heim la lui a indiquée, paffe fur cette Circonftance, & ne parle ni de l'Autel, ni du Feu, pour s'arrêter à une Lettre, qui lui fuffit pour donner cette Médaille à Hérode le Tétrarque, parce qu'il fuppofe que le T, étant la prémiere Lettre de Tibérias, indique cette Ville, & qu'étant de la Juridiction d'Hérode le Tétrarque, elle prouve qu'on doit lui reftituer ce Monument: mais, il ne fuffit pas de faire une Conjecture fi hardie, fans la prouver. L'illuftre Mr. de Spanheim méritoit qu'on fit quelque mention de fon Sentiment, & qu'on le réfutât, au lieu de décider fans Preuve que le T fignifie Tibérias. Si on vouloit negliger ce grand Antiquaire, on devoit au moins nous apprendre s'il y avoit un Temple à Tibérias, & un Autel, fur lequel bruloit un Feu facré, comme la Médaille l'indique. Jufqu'à ce qu'on ait inftruit le Public de la Signification de cet Autel à Tibérias, il eft permis de foutenir qu'Hérode, Roi de Chalcide, marquoit par là l'Autorité qu'il avoit fur le Temple de Jérufalem.

IX. On objecte une autre Médaille, qui a fort embaraffé les Antiquaires, fur laquelle on voit Hérode, Roi, & une Ville appellée *Claudia Cæfarea*, parce qu'on ne déterre pas cette Ville. Le P. Hardouïn,

qui

qui profite de cet Embarras, décide que c'é-
toit Céfarée de Paleftine, à laquelle Hérode
le Tétrarque donna le Nom de l'Empereur
Claude; d'où il conclud qu'il vivoit encore
fous cet Empereur, & qu'il étoit Roi,
bien loin d'avoir été banni par Caligula:
mais, il eft abfolument impoffible que cette Médaille appartienne au Tétrarque. Je
fuppofe qu'il ait vêcu jufques fous l'Empire de Claude. Je fuppofe encore qu'il
ait été créé Roi par ce Prince. Du moins,
on avouë qu'il n'a jamais été Roi de Judée, ni de Samarie: comment donc auroit-il confacré à Claude une Ville qui
ne lui appartenoit pas? Il ne pouvoit donner à Céfarée le Nom de *Claudia*, puis
qu'elle n'étoit point dans fon Domaine,
& qu'elle dépendoit des Romains, ou plutot d'Agrippa. Il faut donc néceffairement
chercher un autre Hérode, qui ait été Roi,
& qui ait confacré à Claude la Ville de
Céfarée. Il y avoit deux Villes de ce Nom
dans la Paleftine: l'une, confacrée à
Augufte, par Hérode le Grand, qui porta
depuis le Nom de Flavia, à caufe de Vefpafien; l'autre étoit Céfarée de Philippe.
Le P. Hardouïn foutient que *Claudia Cæfarea* étoit l'ancienne Tour de Straton,
qu'on voioit fur les Frontieres de Samarie. Mais, comme ni Hérode le Tétrar-

que, ni ſon Neveu, Hérode de Chalcide, n'avoient là aucune Autorité, & que cette Ville ne fut jamais appellée *Claudia*; du moins, on n'en voit aucun Monument; il n'y a pas d'Apparence que ce ſoit elle qui eſt indiquée par cette Médaille. C'eſt pourquoi on ſe détermine * plutot pour Céſarée de Philippe, que Claude put donner à Hérode, après la Mort de ſon Frere Agrippa. Cependant, comme il ne paroit point que cette Donation lui ait été faite, ne peut-on pas dire que *Claudia Cæſarea*, qui n'eſt connue que par cette ſeule Médaille, étoit quelque Ville qu'Hérode avoit bâtie dans ſon petit Roiaumē, laquelle ne fut pas aſſez conſidérable, ni par ſa Durée, ni par ſa Grandeur, pour faire beaucoup de Bruit, comme l'a cru un Cardinal ſouvérainement habile en ces Matieres †? En effet, combien y a-t-il de Villes anciennes, dont le Nom n'a pas paſſé juſqu'à nous?

X. Le peu d'Etendue & de Réputation que nous donnons au Roiaume de Chalcide, fait la troiſieme Difficulté: car, un petit Roi ſe feroit-il appellé *Ami de Claude*, ou porté d'Inclination à lui rendre Service? Cette Familiarité ne conviendroit gueres

---

* *Spanhem. Diſſertat. VIII, pag. 529.*
† *Noris, Diſſertat. IV, pag. 445.*

gueres à des Gens que Claude auroit élevez à la Roiauté, quoi qu'ils ne fuſſent
de leur Eſtoc que petit-Fils d'un petit-
Fils de Valet de Prêtre. Les Hérodes,
dit-on, étoient de meilleure Maiſon qu'on
ne penſe. Ils étoient de Race à pouvoir
aſpirer à la Roiauté, & à ſe meſurer avec
l'une des plus anciennes Familles de Rome. Ils étoient Souverains dans un aſſez
grand Païs, *pour aller de Pair, en quelque
façon, avec les Empereurs mêmes, & pour
prendre le Titre d'Affectionnés à les ſervir.*

XI. J'ai parlé de deux Rois qui ont gravé
ſur leurs Médailles le Titre d'*Amis de Claude*. On m'accuſe d'avoir mal traduit ce Mot,
& d'avoir bâti ſur cette fauſſe Traduction
une Fable : c'eſt la Donation du Roiaume
à Hérode par Claude. Cependant, je n'y
voi aucune Difficulté à traduire Φιλοκλαύδιℴ, *Ami de Claude*; ſur tout, puis que
j'ajoute que l'un & l'autre de ces Rois
aiant reçu leurs Dignitez de la Main de
l'Empereur, marquoient *par là leur Reconnoiſſance & leur Attachement pour lui.* Je le
ſoutiens : c'eſt là préciſement ce que ſigni-
fie le Titre de Φιλοκλαύδιℴ. Il eſt vrai que
j'ai dit ailleurs que Claude aimoit Agrippa, *& qu'il avoit comblé ſa Maiſon de Bienfaits*; mais, cela eſt véritable, & l'un n'empêche point l'autre. Au contraire, ce ſont

les

les Préfens de Claude, & deux Roiaumes accordez à *cette Maifon*, qui excitent la Reconnoiffance des deux Princes, & qui leur font dire qu'ils font Amis & inviolablement attachés à Claude. Ils font *aimez* de l'Empereur, & enfuite ils fe deçlarent *fes Amis*, fur les Monumens qu'ils font battre pour marquer leur Reconnoiffance. C'eft le P. Hardouïn qui a traduit mal, & qui ne garde pas même les Bienféances, lorfqu'il fait dire à ces deux Rois qu'ils ont de *l'inclination à rendre Service*, ou *qu'ils font affectionnez à fervir* l'Empereur. C'eft là le Langage d'un Souverain qui écrit à fon Inférieur : mais, les Hérodes n'étoient point en état d'aller de Pair avec les Empereurs, bien loin d'être élevez au deffus d'eux. Le Titre d'*Ami de Claude* fignifie donc toute autre chofe. Mais, ne nous arrétons pas d'avantage à cette Minutie. Le Pere Hardouïn a peut-être voulu fe juftifier par cette Remarque, du Reproche qu'on lui fait d'ignorer parfaitement le Grec. C'eft par la même raifon qu'il veut apprendre aux Savans que *Philothée a une toute autre Signification que Théophile : le prémier fignifie* qui aime Dieu ; *& le fecond*, qui eft cheri de Dieu : mais, l'une de fes Remarques eft fauffe, & l'autre eft d'un Ecôlier qui fort du College.

XII. On

XII. On fait * affez ce que fignifioit ce *Titre d'Ami des Romains & des Empereurs*. C'étoient des Rois vaffaux & dépendans, ou même des Particuliers qui s'attachoient aux Princes régnans. En effet, nous avons produit le Monument d'un fimple Particulier, qui s'appelloit *Ami* de ce même Hérode, Roi, & qu'on fait aller en quelque façon de Pair avec les Empereurs. Lampridius † rapporte qu'un Scélérat étant entré dans la Milice, à la Sollicitation *des Rois Amis* de Sévere, fut furpris en faifant un Vol. Sévere fit ces Rois Juges du Voleur qu'ils avoient protégé, & ils furent obligés de le condamner eux-même à être crucifié. Ce même Prince avoit auffi des *Amis* entre les Particuliers : il les diftinguoit en différens Ordres ; car, il alloit rendre Vifite non feulement aux *Amis* du prémier & du fecond Rang ; mais, à ceux qui étoient *d'un Ordre inférieur*, lors qu'ils tomboient malades. Voilà, à la Cour de l'Empereur, des Rois *Amis*, qui follicitent des Charges pour un Voleur, qu'on foumet à la Néceffité de le juger & de

N 3　　　　le

---

* *Voiez* Spanhem. de Præftant. Numifmat. *qui traite amplement cette Matiere*, Differt. VIII. pag. 525. Edit. poft. Salmaf. in Aug. Hiftor. Scriptor.

† *Lamp. in Alex. Severo, pag.* 123 *&* 120.

le punir. On rejettera peut-être le Témoignage de cet Historien : mais, que dira-t-
on contre l'Inscription qu'on a trouvée
à Milan?

Q. SENTIO SEVERO QUADRATO CV COS AMICO ET COM. AUG. N. *

On voit dans le Code Théodosien † une
Constitution de l'Empereur Constantin, qui
est addressée à tous les *Juges*, *Comtes*, &
Amis. Enfin, les Actes du Martyre de St.
Clément ‡ portent que ce Pape ne craignoit
point Sisinnius, *Ami* de l'Empereur Ner-
va, parce qu'il avoit rendu sa Femme
Chrétienne. Je ne cautionne pas la vérité
de ces Actes; mais, la Dévotion du P.
Hardouïn me persuade qu'on peut les lui
citer, & qu'il ne les rejettera pas avec la
même Fierté qu'il fait Joseph; puis qu'en
les rejettant, il commenceroit à ébranler la
Dévotion des Peuples sur le Nombre des
Martyrs.

XIII. Quoi qu'il en soit, il est aisé de
juger

---

　* *Apud Salmas. Not. in Æl. Spartian. pag.* 47.
Vide ibi plura.

　† *Cod. Theodos. Lib. IX, tit. I. Lib. IV.*

　‡ *Apud Salmas. in Lamprid. pag.* 239.

juger qu'il ne falloit pas être d'une si grande Maison, ni aller en quelque façon de
Pair avec les Empereurs, pour ôser leur dire qu'on étoit leur *Ami*, ou *affectionné à
les servir*. Strabon parle du Roi des *Rham-
buéens*, qui étoit *Ami* des Romains, & qui
demeuroit au deçà de l'Euphrate : cependant, ce petit Roi des Nomades est peu
connu. Abgare, Roi d'Edesse, qui n'étoit
pas considérable, & qui ne pouvoit en aucune façon aller de Pair avec les Empereurs, quoi qu'il porte quelquefois le Titre de Grand sur ses Médailles, ne laissoit pas d'être *Ami* de Sévere : pourquoi veut-
on donc que Hérode n'ait pu être *Roi* de
Chalcide, & *Ami* de Claude ? Combien
voioit-on d'autres petits Rois dans le Monde, dont l'Empire se bornoit à une Ville, &
à son Territoire, qui étoient *Amis* des Romains ? Le P. Hardouïn avouoit autrefois,
lors qu'il écrivoit sur Pline *, qu'*un Tétrarchat n'étoit qu'un médiocre Domaine, tellement que chaque Ville, avec son petit Territoire en faisoit un*. C'est pourquoi les Empereurs en donnoient quelquefois plusieurs à
une même Personne. Cependant, ces Tétrarques, qui ne s'égaloient point aux meilleures Maisons de Rome, prenoient souvent le Titre d'*Amis* des Empereurs.

N 4   XIV.

* *Hard. in Plin. Lib. V, Cap. 18, pag. 571.*

XIV. Au reste, je ne sçai pourquoi on met les Hérodes dans un assez haut Rang pour devenir Rois, & aller de Pair avec les Empereurs : car, il ne s'agit pas proprement d'eux. Au contraire, on les abîme, & on ne veut pas qu'Hérode, Roi de Chalcide, ait ôsé prendre le Titre d'*Ami* de Claude, quoi que son Bisaieul eut déjà été Gouverneur de l'Idumée, & son grand-Pere, Roi. Le P. Hardouïn a oublié que ce sont les Enfans de Zénodore qu'il prend en sa Protection, dont il devoit relever le Rang & la Noblesse, afin de faire voir qu'ils étoient en Droit de prétendre à la Couronne, & de s'égaler aux meilleures Maisons de Rome. Car, dans son Systême, Agrippa, *Roi* & *Ami* de Claude, étoit Fils de Philippe, qui ne fut jamais qu'un très petit Seigneur, Tétrarque de la Traconite & d'Iturée, lequel craignoit tellement les Romains, qu'il bâtit une Citadelle dans ses Terres, avant même qu'on le lui demandât, & qui donna par là à Auguste un Gage de sa Dépendance & de sa Fidélité. Ce Philippe étoit, selon le P. Hardouïn, Fils de Zénodore, autre Tétrarque. Il y a même beaucoup d'apparence que ce Zénodore étoit le même, dont parle Strabon *, que les Romains chassé-

---

* *Strabo, Lib. XVI, pag. 520.*

chaſſérent, & qui n'étoit qu'un Chef de Voleurs, lequel s'étoit emparé de ce Païs-là, & qui troubla la Tranquillité publique, juſqu'à ce qu'on le lui eut ôté. Il eſt vrai que ce Zénodore doit avoir eu un autre Fils, nommé Hérode ; mais, ce Nom étoit étranger dans ſa Famille, & ce Tétrarque de Galilée, dont le Pere s'appelloit Zénodore, ne fait pas la prémiere Tige de la Maiſon. On n'y penſoit donc pas, lors qu'on a dit que les Hérodes étoient de Race à pouvoir aſpirer à la Roiauté ; car, il ne s'agit point d'eux. D'ailleurs, nous verrons un Fils de cette même Famille dégradé par le Pere Hardouïn de leur Nobleſſe, & devenir *ſi petit* qu'il n'ôſoit pas ſe meſurer avec Veſpaſien, ni mettre ſa Tête ſur une Médaille : n'eſt-ce pas là hauſſer & baiſſer le Degré d'une Maiſon, comme on le veut ? Pour nous, nous ſommes en droit de ſoutenir que les Deſcendans d'Hérode Prémier, Roi de Judée, pouvoient prendre ce Nom, qui étoit glorieux à leur Maiſon, par le Rang qu'elle avoit tenu ; & que ces petits-Fils, qui avoient le Titre de Rois, pouvoient s'appeller *Amis de Claude*, plutot que ceux de Zénodore, lequel n'eſt preſque pas connu.

XV. Je dirai peu de choſe ſur la Religion d'Agrippa, qui n'avoit pas abandon-

N 5

né

né celle de ses Peres & de sa Famille. Le
Pere Hardouïn, qui en fait un Roi
Païen, abandonne une Partie de ses Preuves, & dissimule celles que j'avois produites contre lui. En effet, il ne parle
plus des Remontrances de Jean Baptiste
sur le Mariage d'Hérodias, qu'il avoit re-
gardées comme une Preuve démonstrative
du Paganisme de ce Prince. Il en a senti
le Foible & la Fausseté. C'est beaucoup
pour un Critique fort entêté de ses Sentimens. Il dissimule aussi la Preuve qu'on tire d'une Médaille, sur laquelle on voit
un Autel, & le Feu sacré qui brule. Cependant, tout est Juif dans cette Médaille, &
on ne voit point là de Figure humaine, ni
aucune Trace de Paganisme. La Lettre
d'Agrippa à Caligula en Faveur de sa Religion, prouve incontestablement le Zêle
qu'il avoit pour elle. Ce n'est point Joseph qui l'a conservée; c'est Philon qui la
rapporte, & qui n'avoit aucun Intérêt à sup-
poser cette Piece. Il est vrai que le P. Hardouïn ne la rejette pas ouvertement; mais,
il lui oppose le Témoignage de St. Luc.
*Je ne m'en embarrasse pas: car, je fais Pro-
fession de rejetter comme Mensonge tout ce qui
est opposé à la Vérité; c'est-à-dire, tout Témoignage humain, qui est contraire à l'Ecriture.*
Ne diroit-on pas que St. Luc & Philon se
con-

contredisent, & que l'un prouve auffi clairement qu'Hérode Agrippa étoit Païen, que l'autre montre qu'il étoit Juif; que l'Hiftorien Sacré produit un Ecrit de la Main d'Hérode, violent pour la Confervation de l'Idolatrie Païenne, comme l'Auteur prophane rapporte une Lettre originale, pleine de Zéle pour la Défenfe du Judaïfme. Cependant, il n'y a rien de femblable; & le Témoignage divin qu'on oppofe au Témoignage humain, confifte dans ces Paroles, qu'Hérode voiant que l'Emprifonnement de St. Jacques *plaifoit aux Juifs*, &c. Voilà toute la Preuve de Paganifme qu'on oppofe à la propre Lettre d'Hérode Agrippa, défendant vivement fa Religion Judaïque. On conclud * que celui qui vouloit plaire aux Juifs, n'étoit pas Juif: comme fi on difoit que le Roi Très Chrétien veut faire plaifir aux Chrétiens, on concluroit qu'il n'eft pas Chrétien. On ajoute, qu'Hérode ignoroit fi les Juifs trouveroient bon qu'il perfécutât les Chrétiens, parce qu'ils étoient de la même Nation, & qu'il craignoit d'exciter une Sédition, & de fe faire lapider à Jérufalem. Quel Raifonnement? Eft-ce qu'Hérode, qui avoit vu l'Acharnement des Juifs, fans en excepter tout le Corps Ecclésiaftique, contre

N 6 le

* *Reponfe à Mr. Bafnage, pag. 367.*

le Fils de Dieu, forti de la Maifon de
David, & qui avoit vu lapider Saint Etien-
ne, pouvoit ignorer la Difpofition des
Juifs contre les Chrétiens, & craindre qu'on
ne le lapidât, s'il les mettoit en Prifon?
Perfonne n'a jamais ignoré la Haine de
cette Nation contre l'Eglife. Si on difoit
que le Roi Louïs XIV a continué la
Perfécution, parce qu'il a remarqué que cela *faifoit Plaifir aux Catholiques*, un Critique auroit-il raifon de dire, 1700 Ans
après, que ce Prince n'étoit point *Catho-*
lique, & qu'il craignoit que cette Partie
de fes Sujets ne le lapidât à Paris, s'il
mettoit quelques Miniftres en Prifon? Le
Roi doit-il être Turc, parce qu'il remarque que ce qu'il fait, plait à fes Sujets, ou
aux François? Il y avoit trois Ordres de
Perfonnes dans la Judée: les Païens, les
Juifs, & les Chrétiens. Les Païens ne firent aucune Attention à la Perfécution
d'Hérode contre les Apôtres; mais, les
Juifs, qui les haïffoient mortellement, s'en
réjouïrent. Hérode vit que cela leur plaifoit;
& l'Hiftorien Sacré remarque cet Effet
de leur Paffion; & cette Remarque prouve plutot qu'Hérode étoit Juif; puis qu'il
étoit plus naturel de faire Plaifir à ceux de
fa Religion qu'aux autres. Il entroit dans
leurs Mouvemens de Haine, comme il
avoit

avoit leurs Préjugés contre les Chrétiens, qu'on n'aimoit pas dans fa Famille, depuis le Maffacre de Bethléem.

Il eft vrai qu'on voit quelques Médailles d'Agrippa, fur lefquelles on a gravé une Figure humaine, ce qui paroit tout-à-fait oppofé à fes Sentimens: mais, ces Médailles ont été battues fans fon Approbation, par des Flateurs Païens, qui étoient fous fa Domination, comme les Habitans de Céfarée, qui étoient Grecs ou Latins, comme nous le prouverons en parlant d'Agrippa Second. D'ailleurs, les Princes tolerent fouvent des Monumens, où la Flatterie eft pouffée jufqu'à l'Excès, de faire un *Homme immortel*. Il ne faut pas accufer le Prince d'avoir autorifé ces Excès: mais, il les tolere, tout fcandaleux qu'ils font. Mais, ceux qui aiment véritablement la Religion, craignent qu'on ne faffe des Rois autant de Dieux fur la Terre, & repriment ces Abus.

XVI. Hérode Agrippa Prémier, mourut la quatrieme Année de l'Empire de Claude, frappé par l'Ange, Dieu le puniffant de ce qu'il s'étoit approprié une Gloire qui ne lui étoit pas duë, en permettant aux Idolâtres de crier, *Voix de Dieu, & non pas d'Homme*. Le Crime n'auroit pas été fi énorme dans l'Ame d'un Païen, accou-

N 7

tumé

tumé non feulement à entendre dire qu'il étoit Dieu ; mais, à en recevoir les Hommages & les Adorations , & à fouffrir qu'on lui élevât des Autels , comme on avoit fait à Augufte & à Caligula. Mais, un Juif, élevé dans la Connoiffance du vrai Dieu, & qui en profeffoit l'Unité, étoit doublement coupable de fouffrir un femblable Titre. C'eft pourquoi, fa Peine fut éxemplaire & prompte.

XVII. On contefte le tems de fa Mort: car, qu'eft-ce qu'on ne contefte pas? & on le fait par une Médaille, qu'on prétend avoir été batue l'An xiv de Néron ; d'où on conclud * qu'il ne pouvoit être mort fous l'Empire de Claude. On voit fur la Médaille une Tête avec le Diadême, & ces Mots, *Agrippa, Grand Roi, Ami de Claude.* Sur le Revers eft une Divinité, avec la Corne d'Abondance, & un Aviron, avec cette Legende, *M. Céfarée, Augufte des Auguftes.* On remarque aifément que cette Médaille fut battue fous l'Empire de Claude; puis qu'Agrippa s'appelle *Ami* de ce Prince. D'où vient donc qu'on veut qu'elle ait été frappée l'An xiv de Néron? Eft-ce qu'on y lit le Nom de ce dernier Empereur? Point du tout. Eft-ce que l'Année de fon Empire y eft marquée? Encore

* *Reponfe à Mr. Bafnage, pag.* 360.

Encore moins. Y a-t-il donc quelque Caractere, qui force un Critique à la faire
battre cette Année-là ? Au contraire, on
lit le Nom de *Claude*, qui marque qu'on
l'avoit fait frapper pour ce Prince. La
Conjecture du Pere Hardouïn roule uniquement fur ce qu'il a trouvé la Ville de
Céfarée fur une autre Médaille, qui fut
frappée effectivement l'An XIV de Néron. C'eft la même Figure ; c'eft la même Légende qu'on voit fur le Revers. Je
le veux : mais, le Nom d'Agrippa ne s'y
trouve pas ; & cela fuffit pour prouver
qu'elle ne doit pas être confonduë avec la
prémiere, qui porte fon Nom & celui de
Claude ; au lieu qu'on voit celui de Néron fur la derniere. C'eft la Ville de Céfarée, qui a fait battre l'une & l'autre de
ces Médailles : ainfi, elle fe repréfente toujours fous la même Figure. Pour montrer l'Abondance que fon Port produifoit,
elle y fit graver fon Image & fes Titres.
Elle fit frapper la prémiere fous Claude,
pendant qu'Agrippa étoit *Grand Roi* de la
Judée, ce qui confirme la Remarque que
nous avons faite, que c'étoient les Villes
Païennes qui mettoient des Figures humaines fur les Médailles de leurs Princes, quoi que Juifs. Mais, comme, après
la Mort d'Agrippa, arrivée fous Claude,

la

la Judée fut réduite en Province, & qu'elle n'avoit plus de Roi, la Ville de Céfarée ne mit plus fur les Médailles que le Nom de Néron, qui étoit fon unique Souverain. Cette Explication des deux Médailles eft fi naturelle, qu'elle ne laiffe pas la moindre Difficulté ; & s'il en refte, nous l'éclaircirons encore dans la fuite.

CHAPITRE XIII.

Hiftoire d'Agrippa II & de Bérénice.

I. *S'il fucceda au Roiaume de fon Pere. II. Réfutation des Larmes qu'on lui attribuë. III. Preuves qu'il étoit Juif. IV. Etats de Grandeur qu'il obtint des Romains. V. Explication d'une Médaille, où on voit un Vaiffeau. Elle étoit de Tibérias. VI. Il n'étoit pas Souvérain à Jérufalem. VII. Explication des Droits qu'il avoit dans cette Ville. Son Palais ; la Garde du Temple ; le Soin des Affaires Eccléfiaftiques. VIII. Comment il dépofa Ananus le Pontife. IX. Récit d'Hégéfippe fur cette Dégradation, éxaminé. X. Son Zéle pour fa Nation. XI. Vefpafien le favorife. XII. Il fe déclare pour les Romains, & affiege Gamala. XIII. Ses Troupes vont au Siege de Jérufalem. XIV. La Durée de fon Regne.*

gne. *XV. Tems de sa Mort, difficile à fixer. XVI. Médailles qui augmentent la Difficulté. XVII. Il a vécu jusqu'à l'An XCIV de Jésus-Christ. XVIII. Trois Epoques du Regne d'Agrippa. XIX. Explication d'une Médaille, où les Années de ce Prince diminuent. Seconde Epoque de son Regne. XX. Explication de la troisieme Epoque. XXI. Bérénice, Fille d'Agrippa le Grand. XXII. Auteurs Paiens qui l'assurent. XXIII. Satire de Juvénal contre elle. XXIV. Sa Dévotion & ses Débauches. XXV. Elle ne fut jamais Reine, quoi qu'elle en ait porté le Titre. XXVI. Prospérité de cette Famille, & son Etenduë en divers Lieux. XXVII. Réfléxions sur le Regne de ces Princes en Judée.*

I. AGrippa Prémier laissa, après sa Mort *, un Fils unique de XVII Ans, lequel portoit le même Nom que lui. Eusebe † assûre que Claude lui donna le Roiaume de son Pere. Tacite ‡ soutient au contraire que la Judée fut soumise aux Gouverneurs de Syrie, *Judæa Syriæ addita.*

* Anno Christi XLIX, Claud. IV, Ætat. LIV, *après avoir régné à Iturée, &c. sept Ans; dans la Galilée quatre Ans, & à Jérusalem trois Ans.*

† *Euseb. Chronicon, pag.* 160.

‡ *Tacit. Ann. Lib XII, pag.* 155.

addita. Ils se trompent l'un & l'autre ; car, Claude eut bien le Dessein de faire succéder Agrippa II à son Pere ; mais, ses Ministres l'aiant trouvé trop jeune pour conduire un Roiaume si remuant , & déchiré par tant de Factions différentes , lui firent changer d'Avis , & il ne posséda jamais ce Roiaume entier. D'ailleurs, la Judée * ne fut point jointe à la Syrie ; mais, on en fit une Province particuliere, qui dépendoit de l'Empereur ; à moins qu'on ne veuille soutenir que les Gouverneurs de la Judée dépendoient de ceux de la Syrie. C'étoit encore un nouveau Dégré de Dépendance plus sensible, que d'être absolument soumis à des Gouverneurs idolâtres, dont l'Avarice & les Violences excitérent enfin ce pauvre Peuple à prendre des Armes.

I I. Les Juifs content, qu'Agrippa II entendant lire ces Paroles du Deuteronome †, *Vous n'établirez point sur vous un Roi qui soit Etranger , & qui ne soit point votre Frere* , pleura amérement , parce qu'il se croioit exclus par là de la Couronne. Mais, les Juifs, qui le virent fondre en Larmes, & qui l'aimoient, s'écriérent, *Ne craignez point, ô Agrippa! Vous êtes notre Frere.* Quelques-

---

* *Joseph. Lib. XIX, Cap.* 7 , *pag.* 680.
† *Deuteronome , Chap. XV, Vers.* 17.

ques-uns appliquent cet Incident à Agrippa I, mais, les Rabbins, & la plupart des Chrétiens, le font tomber beaucoup plus mal à-propos fur le Fils. En effet, on eft fort embarraffé à deviner d'où pouvoit naitre ce Doute dans l'Efprit d'Agrippa; puis que fon Bifaieul étoit déjà Juif. Les Critiques cherchent fcrupuleufement comment les Juifs pouvoient répondre à Agrippa, qu'il étoit leur Frere, & ils remarquent que, felon la Maxime conftante des Thalmudiftes *, *ce font les Meres qui donnent à leurs Enfans le Droit à l'Alliance de Dieu, & l'Honneur d'être Juif.* En fuivant cette Maxime, ils prétendent qu'Ariftobule étoit Juif, parce qu'il étoit forti de Mariamne. Mais, Agrippa I n'avoit pas le même Avantage, parce que Bérénice, fa Mere, étoit Fille de Salome, & petite-Fille d'une Cypros, Arabe. Enfin, Agrippa II fut plus heureux que fon Pere, qui avoit époufé une petite-Fille de Mariamne, & qui, par conféquent, étoit Juive de Naiffance : il étoit donc le Frere des Juifs. Que de Subtilitez perduës ! En effet, la Maxime des Thalmudiftes eft fauffe; car, la plupart des anciens Rois de la Judée étoient fortis de Femmes idolâtres ; & Roboam,

* *Voiez Selden. de Jure Nat. Lib. V, Cap. 22, pag. 690.*

boam, Succeffeur de Salomon, étoit de
ce Nombre. D'ailleurs, Salome, Sœur du
Grand Hérode, étoit ou Profélite, ou plutot Juive de Naiffance, comme lui. Bérénice, fa Fille, l'étoit à plus forte raifon;
& Agrippa I, qui fortit de ce Mariage, ne
pouvoit être regardé comme Etranger. Il
n'eft point non plus vraifemblable qu'Agrippa I I ait douté de fa Naiffance. D'où feroit
venu le Doute; puis qu'il devoit connoitre fa Mere? Ses Larmes ont été imagi-
nées par les Juifs, Ennemis de la Maifon
des Hérodes, qui n'ont confervé d'Affection que pour le dernier de cette Race,
parce qu'il prit beaucoup de part à leurs
Malheurs : & cette Conjecture eft d'autant mieux fondée, qu'Agrippa I I ne pouvoit pas pleurer fur l'Impuiffance de conduire ce Roiaume; car, il ne dépendoit
point des Juifs de le donner; ils recevoient
celui que Rome leur envoioit. L'Empereur Romain ne donna jamais Jérufalem,
ni la Judée, à Agrippa I I : pourquoi donc auroit-il pleuré pour un Roiaume qu'il n'a-
voit pas?

I I I. Il paroit au moins par ce Récit,
que les Juifs ont toujours cru qu'Agrippa
I I étoit de leur Religion; & en effet, St.
Paul, qui plaida devant lui *, lui rendit

ce

* *Actes, Chap. XXVI, Verf. 2 & fuiv.*

ce Témoignage, *qu'il étoit instruit de tou-*
tes les Coutumes & de toutes les Questions des
Juifs. D'ailleurs, il parle *de nos douze*
Tribus, de l'Espérance de nos Peres : il s'af-
socioit avec ce Prince dans une même Religion. Enfin, St. Paul lui crie, *ô Roi*
Agrippa, crois-tu aux Prophetes ? Je sai que
tu y crois ; & il y croioit si fortement, que
peu s'en falut qu'il ne devint Chrétien. Ce
fut la Jalousie d'un mauvais Esprit, dit Baronius, qui empêcha le Coup, en obligeant le Roi à rompre brusquement l'Assemblée. Dieu ne le voulut pas, & la
Conquête d'un Incestueux, qui avoit avec
lui sur le Tribunal Bérénice, sa Sœur &
sa Concubine, n'auroit pas été si honorable à l'Eglise, que Baronius entêté des
Couronnes le croioit. Cependant, on nie
qu'il fut Juif, & on en fait encore un
Païen par une Médaille qu'il fit frapper,
& sur laquelle on voit une Figure d'une
Femme avec un Croissant, qui est l'Image de Vénus, tenant une Corne d'Abondance, parce qu'elle étoit la Déesse des
Générations. Mais, cette Médaille ne
prouve pas ce qu'on prétend ; car, sans
remarquer que les Chrétiens ont emprun-
té souvent des Figures symboliques du Paganisme, sans embrasser leur Religion, la
Corne d'Abondance marque là la Judée,

que

que le même Agrippa a repréſentée par trois Epics, dans les autres Médailles que le P. Hardouïn a publiées; & la Femme, qui tient cette Corne, a un Croiſſant ſur la Tête, pour indiquer la Lune, qu'on a cru depuis tant de Siecles avoir beaucoup d'Influence ſur les Moiſſons, & ſur la Fécondité de la Terre. Ce Simbole innocent n'eſt donc point une Marque de Paganiſme, qui puiſſe prévaloir contre le Témoignage de St. Paul.

IV. On lui conteſte ſon Roiaume, auſſi bien que ſa Religion, & ſa Seur; & on en fait un Commandant des Troupes Romaines, avec le Titre de Roi ſans Terre. Mais, il faut remarquer quatre choſes : 1, Agrippa n'eut point de Roiaume, juſqu'à la Mort de ſon Oncle, Roi de Chalcide, arrivée l'An XLVIII de l'Ære Chrétienne. Baronius a placé dans la même Année le commencement du Regne d'Agrippa II; mais, un ſavant Critique * l'a relevé, en faiſant voir que le Roiaume de Chalcide ne lui fut donné que l'Année ſuivante. La Chalcide étoit une Ville & une Vallée entre le Mont Liban & l'Antiliban. Strabon dit † que Marſyas étoit une Chaine de Collines, où de Montagnes,

entre

---

* *Pagi Crit. ad Ann. XLVIII.*
† *Strabo, Geogr. Lib. XVI.*

entre lesquelles étoit la Chalcide ; mais, Polybe * en fait une Vallée , & paroit avoir plus de raison. 2 , Quatre Ans † après , ce Roiaume lui fut ôté par le même Empereur qui le lui avoit donné; mais, il l'en récompensa ‡ avantageusement, en lui conférant le Tétrarchat de Philippe, son grand-Oncle, & en y ajoûtant celui de Lysanias. 3 , Néron augmenta ce Roiaume d'une Partie de la Galilée ; il lui donna Tibérias avec plusieurs Villes, & quelques Bourgs au delà du Jordain. 4 , Un Roiaume de cette nature n'est pas si difficile à trouver ┼, & ceux qui veulent bien le voir, ne le cherchent pas inutilement

V. Le P. Hardouïn, qui ôte la Galilée au jeune Agrippa, pour la donner au Pere, n'a pas pris garde qu'il produisoit une Médaille qui renverse son Sentiment, & qui confirme le nôtre. Cette Médaille fut battue l'An LXX. On y voit Domitien ; & sur le Revers est une Galere, qui est le Simbole de Tibérias , à cause de son Port. C'est ainsi qu'elle prend un Aviron, une Proue , ou une Ancre , pour l'indiquer. Cette Médaille n'est donc pas le Sim-

---

* *Polyb. Hist. Lib. V , pag.* 390.
† *Ann. LII.*
‡ *Joseph. Lib. XX, Cap.* 5. *pag.* 693.
┼ *Id. pag.* 693.

Simbole de la Galilée entiere, qui n'é-
toit pas toute maritime; mais, de la feule Ville de Tibérias, que Néron avoit donnée au jeune Agrippa. Et, en effet, fon
Pere étoit mort long-tems avant l'An L x x.

VI. Cependant, Agrippa II n'eut jamais l'Autorité Roiale à Jérufalem : le
feul Procès de St. Paul en eft une Preuve
évidente. On l'avoit commencé devant Félix, qui étoit Gouverneur de la Judée : ce
fut lui qui fit les Informations ; qui donna
les Ordres ; & il auroit relâché l'Accufé,
fi les Chrétiens avoient voulu racheter la
Liberté de leur Miniftre par quelque Som-
me d'Argent. Après la Révocation de Félix, Feftus étant *entré dans la Province*,
en Qualité de Gouverneur, on continua
à porter devant lui les Accufations de St.
Paul * : il déclara qu'il étoit devant le *Tribunal de Céfar*, & qu'il en appelloit à l'Empereur. Agrippa vint avec fa Sœur Bérénice, rendre fes Hommages au nouveau
Gouverneur, qui eut la Complaifance de
lui faire entendre St. Paul, lors qu'il n'y
avoit plus rien à juger, & que fur l'Appel
on avoit renvoié l'Affaire à Rome. Agrippa plioit donc fous le Gouverneur à qui il
faifoit fes Civilitez, & n'avoit aucun Droit
d'écouter, ni de juger ceux qui étoient
accufez

* *Actes, Chap. XXIV & XXV.*

accufez pour Caufe de Religion. Les Juifs, qui étoient les Parties de St. Paul, n'auroient jamais ôfé récufer leur Roi, fi Agrippa l'avoit été. Non feulement, l'Obéïffance, qui lui étoit due, les y obligeoit; mais, ils devoient plutot attendre de lui la Condamnation d'un Homme qui prêchoit l'Anéantiffement de la Loi, que d'un Juge Païen, peu verfé dans ces Matieres, & Ennemi de leur Religion. Ils ne plaiderent devant Feftus, que parce qu'ils ne pouvoient s'en difpenfer, & qu'Agrippa n'avoit aucune Autorité fur eux.

VII. Cependant, il fit quatre chofes confidérables, qu'il ne faut pas confondre avec les Actes de la Souvéraineté. 1, Il bâtit à Jérufalem un Palais, dans le même Lieu où étoit autrefois celui des Afmonéens : la Vuë en étoit fouvérainement agréable; car, on découvroit de là non feulement la Ville, mais, ce qui fe *faifoit dans le Temple*. Ce Bâtiment émut les Juifs, qui crurent que c'étoit profaner leurs Myfteres & leurs *Sacrifices*, que d'en laiffer voir la Célébration; &, pour l'empêcher, ils éleverent une haute Muraille, qui fermoit la Vue du Palais. Agrippa, foutenu de l'Autorité de Feftus, Gouverneur de la Judée, ordonna que la Muraille fut abatue; mais, les Bourgeois aiant

O   député

députe à Néron, ce Prince jugea qu'elle
fubfifteroit. Il ne faut pas conclure de ce
qu'Agrippa avoit un Palais à Jérufalem,
qu'il en fut le Roi; puis que fa Liberté
étoit tellement bornée à cet égard, que le
Peuple lui ôta la Vue de fa Maifon , &
qu'il fut obligé de ceder à l'Ordre du Prince qui appuia l'Intérêt des Dévots. 2, Il
avoit la Garde du Temple, & le Droit de
nommer les Souverains Sacrificateurs, ou
de les dépofer ; car, il l'exerça plufieurs
fois.   Il femble que ce foit là un Acte de
Souveraineté ; mais, fon Oncle Hérode,
Roi de Chalcide, avoit obtenu de Claude
ce Privilege, & le fit paffer à fa Famille,
Le Roi de Chalcide étoit bien éloigné d'ê-
tre Maitre à Jérufalem: on ne peut donc
pas en faire une Preuve pour Agrippa I I.
3, Agrippa changea les Habits des Chan-
tres, ou du moins il leur permit de quitter
leur Habit ordinaire, & de prendre celui
de Lin, comme les Prêtres ; & à même tems
il augmenta le Nombre de ces Chanteurs
d'Hymnes, en permettant à un Partie des
Lévites, qui étoient occupez au Miniftere
du Temple, d'apprendre à chanter comme les autres. Il croioit fignaler fon Gouvernement par là ; mais, il fe trompa. Ces
Changemens fcandaliferent le Peuple, qui
n'aime pas toujours les Innovations en Matiere

tiere de Religion. Cependant, on fut obligé de les fouffrir, parce qu'Agrippa, Maître de dépofer les Souverains Pontifes, avoit par là une grande Influence fur toutes les chofes qui regardoient le Temple & la Religion. D'ailleurs *, on lui avoit beaucoup d'Obligation, parce que c'étoit lui qui avoit obtenu de Claude pour les Sacrificateurs le Privilege de garder la Robe Pontificale, qu'on enfermoit ordinairement dans la Citadelle où il y avoit Garnifon Romaine. Comme on regardoit cette Robe, fur laquelle étoit attaché le Pectoral, chargé de douze Pierres pretieufes, comme un Gage de la Fidélité des Juifs, qui ne pouvoient célébrer fans elle leurs plus auguftes Ceremonies, les Romains avoient eu fouvent la précaution de la prendre, & de l'enfermer. On la leur avoit rendue, lors qu'il n'y avoit rien à craindre; mais, Fadus, Gouverneur de la Judée, en XLV, aiant voulu la leur ôter, on députa à Rome, & le jeune Agrippa, qui fe trouva là, foutint fi fortement la Requête de fes Compatriotes, qu'on les renvoia contens. 4, Enfin, il eut foin d'achever le Bâtiment du Temple, & d'y faire de nouveaux Ouvrages, aufquels dix-huit mille Ouvriers étoient emploiés. Il

O 2 auroit

---

* *Jofeph. Antiquitât. Lib.* XX, *pag.* 699.

auroit pu réparer la Galerie de Salomon, qui menaçoit ruïne ; mais, il n'ôsa, & les Ouvriers furent emploiés à paver la Ville. Agrippa n'agiſſoit que ſous les Ordres de Claude, qui lui avoit confié ce Soin. D'ailleurs, tout ce qu'il faiſoit * à Jéruſalem, ne regardoit que le Temple & la Religion ; on ne peut tirer de là une Conſéquence pour le Pouvoir ſouverain.

VIII. On pourroit encore s'imaginer qu'Agrippa étoit Maître à Jéruſalem ; car, lors que le Souverain Sacrificateur Ananus eut condamné St. Jacques, & quelques autres Chrétiens, à la Mort ; les Juifs, qui deſaprouvérent cette Action, députérent vers ce Prince, auſſi bien qu'à Albinus, Gouverneur de la Judée, pour ſe plaindre de la Cruauté de ce Prêtre Sadducéen ; &, ſur les Avis qu'Agrippa reçut, il lui ôta la Souveraine Sacrificature. Mais, il ſuffit de remarquer la maniere dont Joſeph † rapporte le Fait, pour être convaincu qu'Agrippa n'agiſſoit pas en Maître ; car, les Juifs modérez firent deux choſes. 1, Ils avertirent Agrippa de la Dureté du Sacrificateur, & ce Prince lui ôta le Pontificat : cela étoit du Reſſort de ſa Juridiction ; puis qu'il avoit hérité de ſon
Oncle

---

* *Joſeph. Ant. Lib. XX, Cap. 8, pag. 699.*
† *Joſeph. Ant. Lib. XX, pag. 698.*

Oncle le Droit de choisir & de dépoler les Pontifes. 2, Le Gouverneur de la Judée en ula autrement; car, les Députez lui repréfentant qu'on avoit profité de fon Abfence, & qu'il n'étoit pas permis au Pontife de condamner à la Mort un Criminel, fans fa Permiffion, Albinus convaincu de fon Droit, menaça le Pontife de le punir, parce qu'il l'avoit violé. On demanda donc à Agrippa la Dépofition du Souverain Sacrificateur, qui dépendoit de lui; mais, on repréfenta à Albinus, qu'on avoit puni de Mort les Accufez contre les Loix, parce qu'on l'avoit fait fans fa Permiffion : ainfi, le Droit de Vie & de Mort le regardoit, parce que c'étoit lui qui repréfentoit la Perfonne du Souverain. Jofeph condamne l'Action cruelle du Souverain Sacrificateur, & à même tems il affure, que ceux qu'il avoit fait mourir, *étoient convaincus d'Impiété*, ou plutot *d'avoir violé les Loix*. Il ne regardoit pas St. Jacques comme Orthodoxe, & ne rendoit pas un Témoignage avantageux à la Religion Chrétienne; mais, à même tems, il étoit Ennemi de la Perfécution, & il donna un autre Exemple de fa Tolérance, lors que deux Officiers du Roi Agrippa étant venus dans fon Gouvernement, & que le Peuple voulut les faire circoncir,

 il

il s'y oppofa fortement , parce qu'il ne croioit pas qu'on dut contraindre perfonne fur la Religion.

IX. Hégéfippe a rapporté l'Action d'Ananus & des Juifs d'une maniere fort différente ; mais, fon Récit eft fi romanefque, que, tout Chrétien qu'étoit cet Hiftoriographe, on aime autant fe tenir à la Narration fimple & naturelle du Juif. On cherche ce qu'il a voulu dire par l'Interrogation qu'on fit à Saint Jaeques, *Quelle étoit la Porte de* Jéfus-Chrift ? Mr. de Valois, qui conjecture que la Pénitence étoit la Porte de Jean Baptifle, & la Trinité celle de Jéfus-Chrift, eft trop fubtil : mais, il vaut mieux dire que c'étoit une Expreffion Juive, fort ordinaire aux Rabbins, qui parlent fouvent de la Porte des Cieux, ou de la Vie, & qui entendent par là l'Explication d'une Doctrine. La *Porte de* Jéfus-Chrift étoit donc l'Explication de la Religion Chrétienne. Mais, il y a bien d'autres Difficultez fur cette Matiere, & la Chute de St. Jacques du haut du Temple, fans fe tuer, eft un des Prodiges qu'on n'ôfe croire fur l'Autorité d'un Homme auffi crédule que l'étoit Hégéfippe. Jofeph dit fimplement que St. Jacques fut lapidé, & cela eft infiniment plus vraifemblable, puis que c'étoit le Supplice qu'on infligeoit à

ceux

) ceux qu'on accuſoit de changer la Reli-
) gion. Revenons à Agrippa.

X. Ce Prince étoit bienfaiſant & libé-
ral. Il aima ſur tout la Ville de Bérythe,
Colonie Romaine, où ſon Pere avoit bâti
un ſuperbe Amphithéatre ; il y fit de grandes Profuſions. Il étoit tendre & zélé pour
ſa Nation ; & , s'il entra * dans le Parti
des Romains contre elle, ce ne fut qu'a-
près qu'elle eut mépriſé des Conſeils qui
auroient empêché ſa Ruïne. En effet, Néa-
politain, qu'on envoioit dans la Judée, aiant
trouvé ce Prince à Jamnia avec pluſieurs
Perſonnes de Qualité, qui venoient le féliciter à ſon Retour d'Egypte, ils allerent
tous enſemble à Jéruſalem , pour tâcher
de porter le Peuple à l'Obéïſſance. Agrippa harangua ſi patétiquement, qu'on releva
auſſi-tôt les Galeries qui joignoient le Temple à la Citadelle , & qu'on leva le Reſte du
Tribut qu'on devoit paier aux Romains.
Mais, s'étant oppoſé à la Députation qu'on
vouloit faire, parce qu'il n'eſpéroit rien
de Néron : & voulant qu'on obéït à Florus, en attendant que ce Gouverneur cruel
eut été changé, le Peuple rentra dans ſes
prémiers Mouvemens ; & ce Prince s'é-
tant retiré, les Mutins aſſommerent la Garniſon de Maſſada , Château qu'on avoit

O 4

for-

. * L'An LXVI.

fortifié proche de Jérusalem. On renversa ses Palais, & ceux de sa Sœur Bérénice : les Mutins brulerent le Greffe, afin que tous ceux dont ils acquitoient les Dettes par cet Incendie, entrassent dans leur Parti. Les Troupes qu'Agrippa avoit laissées, se retirerent dans le haut Palais ; on les y força, & elles sortirent sur la Parole qu'on leur avoit donnée : mais, pour les Romains, qui resisterent encore quelques jours dans trois Tours, & qui avoient stipulé de sortir sans Armes & sans Bagage, ils furent immolez à la Fureur du Peuple, un jour de Sabath ; & Métilius, qui les commandoit, se sauva seul, parce qu'il demanda Grace, & promit de se faire Juif.

Agrippa étant allé trouver Cestius à Antioche, ils partirent de là avec bon Nombre de Troupes qu'on y avoit rassemblées. En marchant vers Jérusalem, on pilla & on tua quelques Habitans de Lyde, qui étoient restez, pendant que le Reste étoit allé au Temple célébrer la Fête des Tabernacles. Une Troupe de Rebelles les arrêta à Gabaon, & fondirent sur eux avec tant d'Impétuosité, que l'Armée s'ébranla, & fut sur le Point de se rompre ; mais, Agrippa, toujours incliné vers la Paix, envoia faire des Propositions, qui les diviserent,

rent, & qui donnerent lieu à Ceſtius de les pouſſer, & de les pourſuivre juſqu'à Jéruſalem. Il aſſiégea la Ville; mais, il fut obligé d'en lever le Siege, & de ſe retirer, pourſuivi par les Juifs, qui l'aiant atteint au delà de Gabaon, lui tuerent quatre mille Fantaſſins, & quatre cens Chevaux. Ils auroient défait entiérement cette Armée, s'il ne les avoit trompez, en ſacrifiant quatre cens Hommes qu'il plaça dans Béthoron, pour couvrir ſa Marche, & dont aucun n'échappa.

XI. Veſpaſien étant envoié * pour réparer la Perte que Ceſtius venoit de faire, & pour ſoumettre les Rebelles, Agrippa s'avança juſqu'à Antioche pour le recevoir, & l'accompagna juſqu'à Tyr, dont les Habitans ſe plaignirent ouvertement de lui. Ils l'accuſerent d'être Ennemi des Romains, & de favoriſer ſa Nation : ils ſoutenoient que Philippe, Général de ſes Troupes, avoit livré la Citadelle Antonia, & abandonné les Legions à la Fureur des Rebelles. Veſpaſien n'écouta point ces Plaintes ; il impoſa Silence à des Bourgeois qui manquoient de Reſpect pour un Roi fidele : &, aiant reçu les Troupes que ce Prince lui avoit amenées, il entra avec une Armée de ſoixante mille Hommes 'en Galilée, dont

O 5

il

* L'An LXVII.

il affiégea & prit les Villes fortes. Jotapata fe défendit long-tems, par la Conduite & la vigoureufe Réfiftance de Jofeph, qui y commandoit. Tibérias voulut faire la même chofe; & joignant l'Infulte à la Ré-volte, elle chargea de Coups l'Officier qui venoit lui offrir la Paix. Elle en auroit bientot porté la Peine, fi Agrippa, à qui cette Ville appartenoit, n'avoit obtenu de Vefpafien, qu'au lieu de maffacrer tous fes Habitans, comme il l'avoit réfolu, il fe contentât d'abbatre quelques Pans de Muraille.

XII. Gamala étoit une autre Ville, fi-tuée au delà du Jordain, qui appartenoit à Agrippa, & qui étoit entrée dans le Parti des Rebelles. Ce Prince la fit affiéger par fes Troupes, qui ne purent la prendre. Vefpafien s'y rendit avec lui, afin de finir un Siege qui avoit déjà duré fept mois. On lui offrit la Paix fans pouvoir l'obtenir. Agrippa, qui s'étoit avancé pour fervir de Médiateur, y reçut un Coup de Fronde. Vefpafien y courut un grand Péril; & fes Troupes, qui avoient déjà forcé la Ville, en furent chaffées avec Perte: mais, une Tour étant tombée, & les Romains pro-fitant d'un Vent impétueux, qui contri-buoit à la Rapidité de leurs Traits, ils s'en rendirent les Maîtres, tuërent quatre mille
Per-

Perſonnes, en comptant les Enfans, qui ne furent pas épargnés. Cinq mille s'étoient précipitez, pour ne tomber pas entre les mains de l'Ennemi.

XIII. Enfin, Agrippa fut obligé d'envoier * ſes Troupes au Siege de Jéruſalem, & d'y venir en Perſonne, à la ſuite de Tite. C'étoit une étrange Condition que celle de ce Prince, qui ſe voioit contraint non ſeulement d'être le Témoin; mais, de ſervir à la Ruïne de ſes Compatriotes & de Jéruſalem, révoltée contre les Romains. Veſpaſien lui ſçut bon Gré des Services qu'il avoit rendus dans une ſi triſte Occaſion, & de ſa Fidélité inviolable pour l'Empire; c'eſt pourquoi il augmenta ſes Etats, & lui donna les Honneurs de la Préture. Cela eſt bien éloigné de ce que diſent les Juifs, que Veſpaſien, obligé de s'en retourner à Rome avant que la Guerre fut finie, & ſoupçonnant que ce Prince avoit des Intelligences avec les Aſſiégés, le fit tuër lui & ſon Fils *Monebat*. Il y a une double Faute: car, Monebat eſt un Nom inconnu: Agrippa n'eut jamais de Fils; il ſurvécut à la Ruïne de Jéruſalem, & demeuroit à Rome avec ſa Seur, peu de tems avant la Mort de Veſpaſien.

O 6　　　XIV.

* *L'An LXX.*

XIV. Eufebe a cru que le Regne d'A-
grippa II avoit commencé à la Mort de
fon Pere, & fini à la Ruïne de Jérufalem.
C'eſt pourquoi il lui donne vingt-ſix Ans
de Regne, qui ne peuvent ſe compter que
depuis la Mort d'Agrippa II; & il ſoutient * qu'après cela Veſpaſien abolit *le
Roiaume de ces Etrangers*. Mais, il ſe trompe; car, Agrippa ne devint Roi qu'après
la Mort de ſon Oncle, Hérode de Chalcide. Il ne régna jamais à Jérufalem: ainſi,
il ne perdit à la Ruïne de cette Ville que
l'Intendance du Temple, & le Droit de nommer les Souverains Sacrificateurs. Enfin,
il ſurvêcut long tems à la Ruïne de ſa Patrie. Agrippa fit battre une Médaille pour
Veſpaſien, après la Priſe de la Ville, qui
prouve ce que nous avançons; car, on y
lit ces Mots, *L'Empereur Veſpaſien, Céfar, le Judaïque, l'Elliaque, l'An* xxi
d'Agrippa. C'eſt ainſi que le P. Pagi † a
traduit cette Médaille, qu'il avoit luë en
Grec dans Uſſerius. Mais, cela fait voir
que cet excellent Critique n'entendoit pas
le Grec, & qu'il ne faut pas ſe fier pour
les Traductions à ceux qui paroiſſent les
plus habiles. Tout ſembloit l'avertir qu'il
faiſoit

* *Euſeb. Chr. Gr. Ann. LXXI, pag.* 192.
† *Pagi Critic. Ann. LXXI, pag.* 67. *Uſſer. Ann.*
  pag. 687.

faifoit une Faute ; car, il voioit une Femme pleurante fous une Palme, qui repréfentoit fenfiblement la Judée, après fa Prife. Il ne pouvoit deviner ce que vouloit dire ce Titre d'Elliacus qu'on donnoit à Vefpafien. Il étoit aifé de voir qu'il y avoit dans l'Original, à *l'Empereur Vefpafien, Céfar*, après *la Prife de la Judée, l'An* xxi *d'Agrippa*. Ce Terme du Regne d'Agrippa, marqué dans la Médaille, fait voir la Faute d'Eufebe : car, s'il n'avoit régné que xxi Ans, lors que Jérufalem fut prife ; & que ce même Regne ait duré xxvi Ans, comme le dit Eufebe, il faut, felon fon propre Calcul, que ce Prince ait furvécu à la Ruïne de la Judée, & qu'il ait confervé cinq Ans après le Titre de Roi. C'eft encore mal à-propos qu'Eufebe continuë à en faire un Etranger ; puis que fon Pere & fon grand-Pere étoient Juifs.

XV. On eft fort embarraffé à fixer l'Année de fa Mort ; & voici en quoi confifte la Difficulté. Jufte de Tibériade écrivit l'Hiftoire de la Guerre des Juifs, dont il avoit été le Témoin, & Jofeph l'accufa d'avoir inféré plufieurs Faits contraires aux Mémoires de Tite, & de n'avoir ôfé la publier que vingt Ans après l'avoir compofée, lors que Tite & Agrippa, qui au-

roient

roient pu le convaincre de Faute, étoient déjà morts. Il falloit donc qu'Agrippa fut mort, lors que Joseph écrivoit sa Vie ; &, comme il la dédia à Epaphrodite, Favori de Néron, que Domitien fit mourir l'An x c v de l'Eglife Chrétienne, on conclut qu'Agrippa étoit mort quelque tems auparavant. Cependant, ce même Jufte de Tibériade avoit fait une Chronique des Rois de Judée, qu'il finiffoit à la Mort d'Agrippa. Il finit cette Chronique, l'An troifieme de Trajan. On a donc lieu de croire qu'Agrippa avoit vêcu jufques-là ; & Photius le dit * en Termes formels. Le favant Péarfon †, foutenu d'un Difciple très habile, a tâché de lever la Difficulté, en corrigeant le Texte de Photius ; mais, on demeure d'accord que la Correction eft fauffe, & qu'il faudroit y fubftituer le Nom de Tite, au lieu de celui de Vefpafien, qu'il a indiqué. Mais, ni l'une, ni l'autre, de ces Corrections ne peut fubfifter, qu'en abrégeant l'Hiftoire de Jufte de Tibériade, auffi bien que la Vie d'Agrippa ; ce qui eft très incommode.

XVI. La Difficulté augmente confidérablement par les Médailles. Scaliger *,

* *Phot. Bibl. Cod. XXXIII.*
† *Pearfon Oper. Poft. & Dodwel. pag. 173.*

ger *, & l'illuſtre Mr. de Spanheim, en ont publié quelques-unes, dans leſquelles non ſeulement on donne à Agrippa vingt-neuf Ans de Regne; mais, on y voit le Viſage & le Nom de Domitien: ce qui fait préſumer qu'il a vêcu ſous ce Prince. On répond qu'il y a eu des Villes, qui, pour flatter Agrippa, avançoient les Années de ſon Regne, comme a fait Euſebe, & qui les comptoient dès la Mort de ſon Pere. Suivant ce Calcul, la vingt-neuvieme Année de ſon Regne tomberoit à l'An LXXII de J. Chriſt. Mais, quel Fondement auroient eu les Villes pour faire d'un Particulier un Roi; ſur tout, puis qu'A-grippa n'hérita jamais du Roiaume de ſon Pere? Comme Euſebe ne l'a fait que par Ignorance, il faudroit charger du même Crime les Villes qui batoient les Médailles; ce qu'on ne peut faire ſans Témerité. D'ailleurs, on ne leve que la Moitié de la Difficulté; puis qu'on voit Domitien ſur ces anciens Monumens. On dit, à la vérité, que Domitien y eſt repréſenté fort jeune, & qu'on ne lui donne point le Titre d'Auguſte; ainſi, ces Médailles pourroient avoir été batuës ſous le Regne de

ſon

* *Scalig. Not. in Chron. Fuſeb. pag. 182. Spanheim. de Praſt. Num. Diſſert. IX, pag. 864. Dodwel. ibid.*

son Pere & de son Frere. Mais, on se trompe; car, sans éxaminer si un Visage gravé sur une Médaille indique surement l'Age des Personnes, le P. Hardouïn a publié d'autres Médailles d'Agrippa, sur lesquelles Domitien porte le Titre d'Auguste; ce qui ne permet plus de douter qu'il n'ait vêcu sous son Empire.

XVII. Ne pourroit-on pas dire qu'Agrippa II ne mourut que l'An xciv de Jésus-Christ, & le quatorziéme de l'Empire de Domitien? En effet, on est obligé de prolonger jusques-là la Vie de ce Prince; puis qu'on voit une Médaille, dans laquelle cette Année est marquée, & Agrippa la fit battre pour féliciter Domitien, qui avoit vaincu cette Année les Parthes & les Arabes. L'Empereur reçut un grand Nombre de Félicitations sur les Avantages qu'il avoit remportez; plusieurs Villes s'y distinguerent, & Agrippa ne s'oublia pas. Joseph pouvoit cette même Année avoir publié sa Vie, & la dédier au Favori de Néron, qui ne fut condamné au Supplice que l'Année suivante. Cela s'accorde avec sa propre Chronologie; car, aiant achevé ses Antiquitez l'An xciii, il eut besoin d'un An pour composer *ses Mémoires*; & dans cet Intervalle, Agrippa mourut: ainsi, il devoit en parler comme d'un Hom-

Homme qui n'étoit plus. Il n'est pas nécessaire de corriger Juste de Tibériade ; car,
d'un côté, il pouvoit finir sa Chronique
à la Mort d'Agrippa, arrivée en xciv, &
achever la Composition de son Ouvrage la
troisieme Année de Trajan ; c'est-à-dire,
quatre ou cinq Ans après. On a confondu la Mort d'Agrippa, où finit la Chronique, avec la Composition de l'Ouvrage,
qui ne fut achevé que quelques Années
après. En effet, il n'y a pas lieu de croire que Juste finissoit son Ouvrage , préci-
sement au moment qu'Agrippa finissoit sa
Vie ; mais, aiant parlé de ces deux choses
comme de deux Termes, on les a confondus l'un avec l'autre ; ce qui est assez ordinaire.

XVIII. Il ne faut pourtant pas dissi-
muler qu'il reste dans les Médailles du P.
Hardouïn une Circonstance embarrassante.
Il est bon de l'expliquer, afin que les Critiques y fassent leurs Conjectures. 1, Il
y a une de ces Médailles , frappée la prémiere Année de Tite, qui donne xxix
Années de Regne à Agrippa. 2, On en
trouve une autre, * batuë l'An vi de Domitien , dans laquelle Agrippa compte
xxvi Années, *ex Senatusconsulto.* 3, Enfin , il y en a quatre autres , dans lesquelles

* *Ann. Christ. LXXXXVI.*

quelles les Années d'Agrippa fe comptent
précifement comme celles de Domitien :
dans l'une * eft un Pavillon , avec trois
Epics qui fortent d'un feul Tuiau ; Simbole ordinaire de la Fertilité de la Judée ;
& on y compte cinq Ans. Les trois Epics
reparoiffent fur une autre de la vi Année,
& fur une de la ix Année ; & enfin, on
voit la Victoire fur un Bouclier, la xiv
Année d'Agrippa & de Domitien. C'eft
là le Fondement fur lequel on s'appuie,
pour faire vivre Agrippa I jufqu'au commencement de l'Empire de Domitien , &
pour lui en fubftituer un fecond, qui ait
commandé les Troupes, depuis ce tems-là,
jufqu'à la prémiere ou à la troifieme Année de Trajan, où Scaliger & Mr. Spanheim font mourir le jeune Agrippa.

Mais, puis que nous avons déjà ren-
verfé la Conjecture de ces Critiques, ajou-
tons qu'Agrippa avoit trois Epoques différentes de fon Regne, qui font marquées
fur ces Médailles. La prémiere, qui eft
inconteftable , commençoit l'An xlix de
l'Ære Chrétienne, parce qu'il reçut alors
le Roiaume de Chalcide. Cette Epoque
s'accorde avec la Médaille frappée fous
Vefpafien , qui lui donne xxvi Ans de
Regne, & avec celle qui fut batuë trois
Ans

* *Hardouïn, pag. 18, &c.*

Ans après, fous Tite, dans laquelle on lui donne vingt - neuf, l'An de Jéfus - Chrift LXXIX.

XIX. La feconde Médaille, qui eft celle de Domitien, eft plus embarraffante: parce qu'au lieu d'augmenter le Nombre des Années d'Agrippa, on les diminuë, & on ne lui donne que vingt - fix Ans de Regne, lors qu'on devroit en compter trente-fix. On pourroit foupçonner qu'il y a une A dans cette Médaille, qui feroit le Nombre de trente; & on ne donne par là aucune Atteinte au Savoir, ni à la Fidélité de celui qui l'a produit, parce que fouvent une Lettre eft à demi effacée. On n'en voit qu'une Portion, fur laquelle on forme fa Conjecture; il faut avoir des Microfcopes pour déchifrer, & l'Erreur eft facile. Toute la Difficulté s'évanouïroit, fi cette Conjecture étoit fondée; car, Agrippa avoit alors régné trente-fix Ans. Mais, fans nous y arrêter, *le Decret du Senat, ex Senatufconfulto*, qui eft gravé fur cette Médaille, découvre qu'Agrippa avoit reçu une Grace particuliere du Sénat, & qu'il avoit commencé à compter de là les Années de fon Regne par une nouvelle Epoque, afin de plaire à ce Corps illuftre. Je ne doute point que le Sénat n'eut alors confirmé tous les Dons, qui lui avoient

été

été faits par Claude & par Néron : car, quoi qu'il eut perdu beaucoup de son Autorité, sous des Princes vitieux & violens, il ne laiſſoit pas d'en conſerver un reſte ; &, comme Auguſte conduiſit le Grand Hérode au Capitole, afin qu'il reçut de la Main du Sénat le Roiaume de la Judée, Agrippa put en obtenir la Confirmation par un ſemblable Décret. Quoi qu'il en ſoit, ce Terme, *ex Senatuſconſulto*, marque une Circonſtance ſinguliere de la Vie d'Agrippa. Le P. Hardouïn en eſt embarraſſé lui-même, & obligé d'imaginer je ne ſai quel Commandement dans la Paleſtine, donné en ce tems-là à Agrippa : mais, puis que ce Commandement de la Paleſtine n'eſt appuié que ſur des Conjectures, & demeure parfaitement inconnu ; & qu'au contraire la Roiauté d'Agrippa eſt inconteſtable ; il eſt beaucoup plus naturel de dire, que le Sénat ratifia la Roiauté de ce Prince dans la Galilée, que d'imaginer un nouveau Commandement, dont perſonne n'a jamais parlé.

XX. La Difficulté, qui nait de ce qu'Agrippa compte les Années de ſon Regne avec celles de Domitien, n'eſt pas conſidérable ; car, il étoit ordinaire aux Particuliers & aux Villes, qui vouloient flatter un Prince, de commencer une nouvelle

le Epoque du jour de leur Elevation. Ils leur faifoient Honneur par là, comme fi l'on n'avoit commencé d'être & de régner, que depuis que ce nouveau Prince étoit devenu le Maître. C'eft ainfi qu'Hérode le Tétrarque compta fes Années du Regne de Caligula. C'eft encore ainfi que la Ville de Samarie commença une Ære nouvelle au Regne de Domitien. On foupçonne la Ville de Gaza d'avoir fait une nouvelle Epoque au tems qu'Adrien y paffa. Agrippa fit la même chofe; il commença à compter tout de nouveau les Années de fon Regne par celui de Domitien. Il ne faut donc point être furpris de ce que dans toutes ces Médailles, où l'on voit les Epics & la Victoire, on ne donne que fix Ans, & quatorze à ce Prince; puis qu'il confondoit le tems de fon Regne avec celui de l'Empereur, qu'il vouloit honorer par là. Si ces Explications ne font pas affez folides, je me foumettrai avec Plaifir à celles qui paroîtront plus évidentes. Mais, il eft toujours vrai qu'Agrippa II commença de regner l'An XLIX, & mourut l'An XCIV de J. Chrift, & qu'il ne fut jamais Roi de toute la Judée : c'eft ce que nous nous étions engagés de prouver.

II,

II. BÉRÉNICE, *Grande Reine.*

Dans une Inscription d'Athenes.

XXI. Nous ferions obligés de finir ici le Catalogue des Rois des Juifs, & de la Poftérité d'Hérode, fi on n'avoit déterré une nouvelle Reine, nommée Bérénice, Fille d'Agrippa II, que les Athéniens appellerent *la grande Reine* dans une de leurs Infcriptions. Son Pere n'étoit mort qu'au commencement de l'Empire de Trajan. Si cette Conjecture étoit fondée, il faudroit avouër que le Roiaume a fubfifté dans la Judée beaucoup plus long-tems qu'on ne le croit ordinairement.

Je ne fai pourquoi on n'a point cité la Chronique d'Eufebe, pour appuier ce Sentiment : car, fi d'un côté, il fait finir le Regne des Hérodes immédiatement après la Prife de Jérufalem ; de l'autre, il infinuë qu'Agrippa étoit Pere de Bérénice. Alors, dit-il *, mourut *Agrippa Roi,* & *de Bérénice* ; il faut foufentendre fon Pere, ou fon Mari. St. Chryfoftome a fuivi le dernier Parti ; cependant, Agrippa ne fut proprement, ni l'un, ni l'autre. On accufe Scaliger d'avoir prêté à Eufebe ces Paroles, qu'il

---

* *Eufeb. Chron. pag.* 192. ὁ τῆς Βερενίκης.

qu'il avoit tirées de la Chronique d'Aléxandrie, & il ne feroit pas furprenant que l'Auteur de cette Chronique, qui a fait tant de Fautes, eut encore commis celleci. Mais, foit qu'on la mettre fur le Compte d'Eufebe, ou fur celui d'un Hiftorien beaucoup plus moderne, il étoit toujours vrai que Bérénice étoit la Seur d'Agrippa II, avec lequel elle fut accufée affez publiquement de commettre Incefte.

XXII. Nous ne citerons point Jofeph, pour prouver l'un & l'autre de ces Faits; car, quoi qu'il ne puiffe s'être trompé fur des Perfonnes qu'il avoit connuës, & avec lefquelles il entretenoit Commerce, on ne laiffe pas de le recufer comme fufpect, & comme ignorant: mais, voici des Auteurs étrangers. Xiphilin, qui a fait l'Abrégé de Dion, appelle * Bérénice *la Seur d'Agrippa*, & rapporte qu'étant venus enfemble à Rome, Tite, qui en étoit amoureux, la fit loger dans le Palais, & qu'il fut obligé de la renvoier, à caufe des Murmures du Peuple Romain, qui craignoit qu'on ne plaçât une Juive fur le Trône. Bérénice étoit donc connuë à Rome pour la Seur d'Agrippa, & c'eft le Titre que lui donnent les Hiftoriens Romains,

XXIII,

* *Xiphilin, in Vefpaf. pag.* 222.

XXIII. Juvénal * confirme la chofe, & eſt à même tems Garent de l'Accuſation d'Inceſte, qu'on a intentée contre elle depuis tant de Siecles, & qu'on s'aviſe de conteſter aujourd'hui.

*Deinde Adamas notiſſimus, & Berenices
In Digito faɛtus pretioſior : hunc dedit olim
Barbarus; inceſtæ dedit hunc Agrippa Sorori.
Obſervant ubi feſta mero pede Sabbata Reges,
Et vetus indulget ſenibus Clementia Porcis.*

Le P. Hardouïn † avoit prévenu ſes Lecteurs ſur cet Endroit de Juvénal, dès le tems qu'il travailloit pour Monſeigneur le Dauphin; car, il ſoutient que ce *Diamant*, donné à Bérénice, étoit la Topaze dont Pline a parlé, & qui fut envoiée à la Femme de Ptolémée Lagus. Mais, ne voiton pas que Juvénal parle de la Judée, *où l'on célébroit les Sabbats, & où l'on ne mangeoit point les Pourceaux*? Il faut donc transformer la Judée en Egypte, ſans aucun Fondement; mais, il faut encore changer le Diamant enchaſſé, & qu'on *portoit au Doit*, en une Topaze ſi grande & ſi belle, qu'on en fit une Statuë haute de

quatre

* *Juven. Sat, V I, Verſ.* 156.
† *Harduin. in Plin. Lib. XXXVII, Cap.* 8, *t.* 5, *pag.* 392.

quatre Pieds , & qui fut placée dans le Temple d'Or.   Tout cela ne suffit pas ; car, il faut transformer Agrippa, Juif, en Philémon, Gouverneur de l'Ile Topaze ; car, on prétend que ce fut lui qui donna cette Pierre à Bérénice , Femme de.Ptolémée ; cependant , Juvénal nomme Agrippa.   Voilà beaucoup de Métamorphoses faites sans Preuve, & sans Nécessité.

Cependant , il est vrai que Juvénal accuse Agrippa d'avoir commis Inceste avec sa Seur Bérénice, & de lui avoir donné un Diamant. Le Scandale, que causoit cet Inceste, obligea Agrippa II à la marier une seconde fois ; car, elle avoit épousé en prémieres Noces son Oncle Hérode , Roi de Chalcide ; mais, ennuiée de ce second Mari, elle l'abandonna pour vivre avec son Frere, comme elle avoit fait auparavant. Pour lui, il ne se maria point ; & ceux qui lui donnent Mariamne pour Femme, n'ont pas pris garde qu'elle étoit aussi sa Seur, & qu'il la donna en Mariage à Archélaüs, à qui elle avoit été promise pendant la Vie de son Pere.

XXIV. Bérénice ne laissoit pas de faire la Dévote.   On dit que les Femmes , qui ont le Cœur tendre pour les Hommes, le tournent plus facilement du côté de Dieu. Bérénice, dont toutes les Passions étoient

P

fort

fort vives, se fit raser; elle alla rendre ses Veux à Jérusalem avec une Dévotion très apparente, touchée de Compassion pour les Habitans de cette Ville, que Florus traitoit cruellement; elle alla nuds pieds solliciter Grace pour eux; mais, les Gardes de ce Gouverneur la repoussérent insolemment, & peu s'en fallut qu'en éxécution des Ordres que leur Maitre avoit donnez contre tous ceux qui voudroient approcher de lui, elle ne fut maltraitée. Elle se tourna ensuite du côté de ses Compatriotes, pour tâcher de les fléchir, & de les ramener à l'Obéissance. Mais, ses Exhortations & ses Larmes étant inutiles, elle passa dans le Parti des Romains; ce qui la rendit odieuse, & exposa ses Terres au Pillage. En effet, elle étoit riche, & plusieurs gros Bourgs de la Galilée lui appartenoient. Joseph tira de ces Bourgs une grande Abondance de Blé, & d'autres Provisions, pour nourrir les Troupes qu'il avoit assemblées; mais, elle fut recompensée de ce qu'elle perdoit de ce côté-là; car, Vespasien, adouci par ses Présens, la trouva si habile, qu'il la consulta dans les Affaires d'Etat; & son Fils Titus, plus charmé de sa Beauté, ne put se résoudre à l'abandonner. Elle crut que la Mort de Vespasien donneroit à ce Conquerant la
Liberté

Liberté de l'épouser; mais, Titus, devenu Maître de l'Empire, oublia les Amours & les Plaisirs de Titus particulier : il la renvoia chez son Frere, sans vouloir rentrer dans ses Liens.

XXV. On dit qu'elle devint Reine de la Judée, après la Mort d'Agrippa II, parce que les Athéniens l'appellent *Grande Reine*, & *Fille d'Agrippa* ; mais, il n'y a rien de particulier dans cette Inscription Attique, que Mr. Spon a déterrée ; car, tous les Auteurs Païens, sans exception, lui donnent le Titre de *Reine*. Elle étoit Fille d'Agrippa Prémier, comme on le voit dans l'Inscription : elle étoit aussi *Reine*; car, elle avoit épousé Hérode, Roi de Chalcide; & en secondes Noces, Polémon, Roi d'une Partie de la Cilicie, ou du Pont : elle conserva dans son Veuvage le Titre qu'elle avoit porté pendant la Vie de son Epoux. Enfin, elle faisoit assez de Bruit dans le Monde, pour être appellée *Grande Reine*, par des Gens qui vouloient la flatter. Les Grecs n'épargnoient pas les Louanges, & il échappe aux plus Sages de les prodiguer dans les Monumens publics qu'ils érigent à certaines Personnes. Il n'étoit donc pas nécessaire qu'elle fut Reine de la Galilée, pour être appellée *Grande Reine*. D'ailleurs, la Galilée, déserte en ce tems-là, & ravagée par les Romains, ne faifoit pas un grand Roiaume. Enfin, elle ne la poſſéda pas, & l'Inſcription, qui eſt l'unique Preuve qu'on allegue, ne ſuffit pas pour la lui donner ; puis qu'on n'y voit point le Titre de Reine de Galilée, ni cette Province gravée ſur ſes Médailles, comme on la trouve ſur celles d'Agrippa I, qui en avoit été le Roi.

XXVI. Ainſi finit la Maiſon Roiale des Hérodes en Judée, après y avoir régné plus de cent trente Ans. On dit qu'il y avoit là un Jugement éxemplaire de Dieu : comme ſi cette Maiſon n'avoit paru que comme une belle Fleur, pendant un petit Eſpace de tems, & que Dieu l'eût fauchée pour la punir de ſes Crimes. Mais, il y a eu peu de Familles dans l'Empire, ſans en excepter celle de Conſtantin, qui aient régné plus long tems. D'ailleurs, les Rois de cette Maiſon ſurvêcurent à leur Roiaume, & la Nation étoit détruite pendant qu'Agrippa II vivoit encore à Rome. Enfin, la Famille d'Hérode ne fut pas abſolument éteinte. Il y en avoit deux autres Branches puiſſantes en Arménie ; car, Hérode le Grand * avoit eu deux Enfans de Mariamne ; Ariſtobule, de qui Agrippa I, & Hérode de Chalcide deſcendaient ; &
Aléxan-

* *Noldius de Vita & Geſt. Herod.*

Aléxandre, lequel eut deux Enfans, Tigranes, Roi d'Arménie, tué par Tibere,
& Aléxandre, lequel laiſſa Tigranes II,
nommé par Néron pour ſuccéder à ſon Oncle. Mais, cette Branche, ſortie des Aſmonéens par Hérode, eut deux Malheurs;
l'un, qu'elle abandonna ſa Religion, &
que mêlée avec les Païens elle embraſſa
leur Culte; l'autre, qu'elle finit malheureu-
ſement : car, le jeune Tigranes ne put ſe
maintenir ſur le Trône; il fut battu par
Tiridate, & obligé de céder un Empire
qu'il ne pouvoit plus diſputer. Ariſtobule, .
Fils d'Hérode de Chalcide, fut plus heureux ; car, Néron le plaça dans la petite
Arménie, avec le Titre de Roi, afin qu'il
aidât ſon Couſin & quelques Princes à tenir les Parthes en bride. Il ſe maintint
dans ce Roiaume qu'on lui avoit donné.
Il ſemble même qu'il ait ſuccédé à ſon Pere ; car, Joſeph l'appelle Roi de *Chalcide*.
On diſtingue Chalcis & Chalcide comme
deux Lieux différens, quoi que voiſins, &
peut-être contigus l'un à l'autre ; & il ſemble que Strabon † l'a fait : mais, Claude
aiant ôté la Chalcide à Agrippa, lors qu'il
étoit en Faveur, il eſt très apparent qu'il
ne l'en dépouilla que pour la donner au
Fils d'Hérode, & Couſin germain d'A-
P 3 grippa.

* *Strabo, Lib. XVI.*

grippa. Cet Ariſtobule régna même après les Conquêtes de Tite, & laiſſa trois Enfans après lui, Hérode, Agrippa, Ariſtobule, dont Joſeph * ne nous a rapporté que les Noms, parce qu'il n'a pas pouſſé ſon Hiſtoire au delà de la Ruïne de Jéruſalem. Il ne faut donc pas déclamer contre une Maiſon qui a ſubſiſté ſi long tems. Heureuſe la Nation Judaïque, ſi elle avoit profité des Conſeils qu'Agrippa lui donnoit !

XXVII. Il vaut mieux remarquer trois choſes ſur le Regne des Hérodes. 1, Ils ne pouvoient réparer le Defaut de leur Naiſſance ; ils étoient Juifs de Religion, & nez dans le Païs. On leur diſpute mal à-propos ces Avantages, en les appellant, comme font les Thalmudiſtes, & quelques Chrétiens après eux, *Proſélytes*, *Etrangers*, *Eſclaves* ; mais, il eſt toujours vrai, que ſortis originairement d'Aſcalon, ou de l'Idumée, & du Sein du Paganiſme, ils ne deſcendoient point de Jacob, & n'étoient point de la véritable Tige des anciens Juifs. On dit d'Hérode le Grand, qu'il voulut faire bruler les Généalogies, afin de cacher la ſienne. Cela n'eſt pas fort apparent ; car, quand tous les Livres auroient été brulez, auroit-on oublié qu'il venoit

* *Joſeph. Ant. Lib. XVIII, Cap. 7, pag. 628.*

venoit de s'enter dans la Famille des Afmonéens ? D'ailleurs, Hérode ne ménageoit pas affez les Juifs, pour demander à
fortir de leurs Ancêtres ; & ce n'étoit
point de fa Naiffance, mais, de fa Valeur, & de la Donation d'Antoine &
d'Augufte, qu'il tiroit fon Droit à la
Couronne. Il eft donc vrai que l'Oracle
de Jacob s'accompliffoit, & que le Sceptre qui devoit être entre les mains de fa
Poftérité, en fortit pour paffer dans une
autre Famille.

Il faut remarquer principalement, qu'il
n'y eut aucun Roi dans la Judée, pendant
la Vie de Jéfus-Chrift. Les Evangéliftes
parlent fi fouvent des Enfans d'Hérode,
comme d'autant de Rois, qu'on eft accou-
tumé à croire qu'ils l'étoient effectivement. L'Erreur eft ancienne ; puis qu'Eufebe, qui vivoit à Céfarée, & qui avoit
copié d'anciens Monumens, y eft tombé : mais, c'eft une pure Inadvertence.
Hérode le Grand, qui régnoit effectivement, mourut la même Année que Jéfus-Chrift vint au Monde, après avoir
fait la fanglante & cruelle Exécution des
Enfans de Bethléem. Archélaüs, fon
Fils, ne fut jamais Roi ; il étoit feulement Ethnarque : &, après avoir poffédé
cette Dignité neuf ou dix Ans, il la per-

dit,

dit, & laiffa Jérufalem & toute la Judée
fous le Gouvernement des Romains ; &
elle y étoit encore, lors que Jéfus-Chrift
mourut. Les autres Enfans d'Hérode n'é-
toient que Tétrarques de l'Iturée & de la
Galilée, & n'avoient aucune Autorité dans
le Territoire de Jérufalem & de Samarie.
Agrippa le Grand ne régna que trois Ans
à Jérufalem, Dieu l'aiant frappé par un
Ange, & arraché fa Vie par un Châtiment
éxemplaire. D'ailleurs , Jéfus-Chrift
étoit mort fous Tibere, long-tems avant
qu'Agrippa eut obtenu de Claude le
Roiaume de la Judée. Les Rois difpa-
roiffoient à Jérufalem , pendant que celui qu'on y attendoit depuis fi long-tems
y faifoit fon Entrée ; & le Peuple devoit
reconnoitre évidemment par l'Efclavage
fous lequel ils gémiffoient, que le Sceptre étoit forti de Juda. Enfin , le Regne
des Hérodes fut defavantageux à la Nation Judaïque ; parce que n'aiant qu'une
Ombre d'Autorité, & dépendant toujours
des Empereurs Romains, qui changeoient,
qui établiffoient, & dépofoient ces Rois,
felon leur bon-Plaifir , ils étoient obligés de tenir le Peuple dans une Dépendance fervile. Ils étoient les Sangfuës,
qui tiroient la Subftance de cette pauvre
Nation, pour enrichir les Favoris de leur
Maître.

Maître. Il falloit élever des Villes & des Citadelles à l'Honneur de leurs Bienfaiteurs ; adoucir , par des Préfens & des Sommes exceffives ceux qui paroiffoient irritez. Il falloit de plus fournir à leurs Plaifirs , à leurs Dépenfes , & porter le Fais de la Roiauté, fans en avoir les Avantages ; puis qu'on ne laiffoit pas de gémir encore fous le Joug des Romains : cependant, ce n'étoit pas là le plus grand Malheur des Juifs. Nous finirions ici ce qui regarde la Famille des Hérodes ; puis que la Branche , qui s'étoit établie dans la Judée , finit à Agrippa Second : mais , nous fommes obligez de réfuter le Pere Hardouïn , qui a fait un Syftême nouveau fur la Religion & le Roïaume de ce Prince , auffi bien que fur la Perfonne de Bérénice , fa Scur.

 CHA-

CHAPITRE XIV.

Réfléxions sur Agrippa Second & sur Bérénice, contre le P. Hardouïn.

I. *Médaille d'Agrippa II, qui indique une Fête des Tabernacles.* II. *Cette Explication de Mr. de Spanheim réfutée.* III. *Harangue de St. Paul, qui prouve le Judaïsme d'Agrippa.* IV. *Si un Roi Paien étoit instruit des Controverses des Juifs.* V. *S'il pouvoit croire aux Prophéties.* VI. *Commencemens de la Conversion d'Agrippa au Christianisme, expliqués.* VII. *Médailles, avec une Tente & des Epics.* VIII. *Description des autres Médailles d'Agrippa.* IX. *Fécondité de la Judée, prouvée par les Médailles.* X. *Tibérias, marquée sur une Médaille, par une Galere.* XI. *Si on pouvoit graver l'Image de l'Empereur sur des Médailles.* XII. *Interprétation d'un Autel sur les Médailles d'Agrippa.* XIII. *Bérénice detronée par le P. Hardouin.* XIV. *Son Sentiment sur l'Aréopage.* XV. *Sa Vérité prouvée.* XVI. *S'il jugea St. Paul sur la Religion.* XVII. *On jugeoit dans un Lieu découvert.* XVIII. *Denis l'Aréopagite étoit Sénateur.* XIX. *Explication du Passage des Actes.*

I. La

I. LA prémiere de mes Réfléxions regarde la Religion d'Agrippa Second. On pourroit tirer une Preuve de son Judaïsme, en soutenant que la Tente, qui paroit sur les Médailles, & qu'on prend pour celle d'un Général, qui commandoit les Armées Romaines en Judée, étoit un Tabernacle; qu'elle représentoit cette Fête si solemnelle chez les Juifs; & que les Epics, qu'on y remarque, indiquent les Prémices des Fruits qu'on offroit à Dieu, à la Fête de la Pentecôte. C'est le Sentiment de Monsieur Bochart & de l'illustre Mr. de Spanheim *. En effet, on lit dans la Misnah, que le Soùverain Sacrificateur présenta à Agrippa II le Livre de la Loi, le second jour de la Fête des Tabernacles, & qu'il le lut au Peuple. Voilà le Roi Agrippa qui célebre la Fête des Tabernacles, en lisant la Loi au Peuple dans le Temple.

II. Mais, je ne me repose pas absolument sur l'Autorité des Juifs, ni même sur celle des Médailles; parce qu'on peut les expliquer très différemment: & les Preuves qu'on en tire sont assez incertaines ; car, si celles où l'on voit un Pavillon avoient été frappées pour la Fête des Tabernacles, on y

P 6

distin-

---

* *Spanhem. de Prast. Numism. Edit. in fol. p. 531.*

diftingueroit des Branches de Palmes, ou quelque autre Marque, qui la defigneroit plus particulierement. Mais, Agrippa aiant commandé la plus grande Partie de fa Vie fes propres Troupes, foit pour foumettre la Galilée avec Vefpafien, foit pour affifter Tite au Siege de Jérufalem, il n'eft point étonnant qu'on ait gravé fur fes Médailles une Tente, fans qu'il foit befoin d'avoir Recours à un Généralat de Troupes Romaines pour défendre les Frontieres de la Judée, dont perfonne n'avoit parlé avant le Pere Hardouïn. Les Epics, qu'on voit fur ces Médailles, font le Simbole de la Fertilité du Roiaume d'Agrippa, comme on l'a remarqué dans une Médaille d'Apamée, & dans une autre de Céfarée en Cappadoce : & cette Explication paroit d'autant plus naturelle, que ce n'étoit pas l'Ufage des Juifs de repréfenter leurs Fêtes fur des Médailles.

III. Mais, la Religion de ce Prince nous oblige à reparler de la Harangue que St. Paul fit au Roi Agrippa II. L'Apotre fe trouvoit heureux de parler devant ce Prince, parce qu'il étoit inftruit de toutes *les Coutumes & Queftions des Juifs.* Il l'affure, que pendant qu'il étoit Juif, il avoit vêcu felon la Secte la plus exquife *de notre Religion.* Il lui parle des Promeffes faites *à nos Peres.*

Eft

(*Eſt-ce une choſe incroiable chez vous*, lui
» dit-il, *que Dieu reſuſcite les Morts?* La
) Queſtion feroit impertinente, ſi elle ſe fai-
t ſoit à un Païen, Athénien d'Origine, lequel
; l'auroit traité de Fou, comme avoient
fait ſes Concitoiens, parce qu'il avoit prêché la Reſurrection des Morts. Enfin, il
lui demande, *Crois-tu aux Prophêtes?* & il
ſe répond lui-même, *Je ſçai que tu y crois.*

IV. Le P. Hardouïn remarque ſur cette
Harangue de St. Paul, qu'Agrippa étoit
comme les Princes Proteſtans, qui font in-
ſtruits de toutes les Controverſes que les
Réformez ont avec l'Egliſe Romaine.
Mais, ôſeroit-on dire que les Païens con-
nuſſent auſſi bien toutes les Cérémonies &
les Queſtions Judaïques qu'on connoit aujourd'hui les Controverſes? D'où venoit
à St. Paul cette Aſſurance qu'un Prince
Païen étoit inſtruit de toute la Religion Judaïque, pour ſe faire un ſujet de Bonheur d'avoir à plaider devant lui ſur
cette Matiere? D'où vient que St. Paul le
diſtingue de Félix, auquel il ne fait aucun
Compliment ſur ſa Connoiſſance de la Religion Judaïque. Eſt-ce que le Savoir des
Controverſes étoit alors réſervé aux Rois?
Cela n'eſt pas ordinaire. Il y a même
peu de Laïques, qui ſachent toutes les Cérémonies & les Controverſes d'une l'Egli-

ſe

se dont ils ne sont pas Membres? On ajoute que St. Paul a pu dire, en plaidant sa Cause, *notre Religion & nos Peres* ; comme quand un Frere plaide contre son Frere devant un Juge, il peut bien dire, *Notre Pere nous a laissé tant de Bien.* L'Expression seroit un peu familiere à l'Audience d'un Roi : mais, St. Paul n'étoit point alors le *Frere* des Juifs : car, au contraire, il les regardoit comme des Ennemis cruels, qui en vouloient à sa Vie. Il ne leur addressoit point la Parole ; mais, il parloit au Roi, qu'il avoit uniquement en vuë, comme un Juge plus desintéressé & moins partial contre sa Religion ; parce que la même Passion de Haine & de Vengeance ne l'animoit pas.

V. On dit que * ,, St. Paul, en deman-
,, dant au Roi Agrippa, *Crois-tu aux Pro-*
,, *phéties* , auroit manqué de Respect ; &
,, c'est comme si un Préditateur en Chai-
,, re s'avisoit d'apostropher un Roi Chré-
,, tien, & de lui dire, *Sire, croiez-vous*
,, *l'Evangile?* Il lui diroit plutot, *Sire, ne*
,, *croions-nous pas tous l'Evangile?* Agrippa,
,, sans être Juif, pouvoit faire cas des Pro-
,, phêtes, parce qu'ils avoient prédit beau-
,, coup de choses avant l'Evénement ; &
,, St. Paul, profitant de cet Avantage,
　　　　　　　　　　　　　　　　　　　　,, lui

* *Reponse à Mr. Basnage, pag. 368.*

„ lui en faisoit Compliment. „ Je ne voi pas que cela justifie bien St. Paul de son Incivilité : car, soit qu'Agrippa ait été Païen, ou Juif, l'Interrogation est toujours la même, & se fait également à un Roi, à qui on doit du Respect. *Crois-tu aux Prophéties ?* Il n'y point là de *Compliment.* On y remarque au contraire la Hardiesse & le Stile vif d'un Apôtre, qui defend sa Cause, & qui, sans menager l'Autorité Roiale, se sert de toutes les Preuves qu'il a en main. Saint Paul auroit pu adoucir ses Dogmes du Christianisme & ses Expressions, s'il avoit étudié dans certaines Ecôles : mais, il ne le fait pas, & nous devons prendre son Interrogation telle qu'il l'a faite. D'où sçait-on qu'un Roi Païen connoissoit les Prophêtes ? D'où sçavoit-il qu'ils avoient prédit les choses avant l'Evénement? L'Ecriture le dit-elle ? Y a-t-il des Médailles qui en fournissent la Preuve ? Pourquoi Saint Paul se répond-il à lui-même ; *Je sçai que tu crois les Prophéties ?* Etoit-ce là un simple Compliment par lequel l'Apôtre flattoit par un Mensonge la Vanité de ce Prince? Mais, ce n'est pas l'Apostrophe *du Predicateur*, ou la Demande peu civile de St. Paul, qui fait notre principale Preuve : nous nous fondons sur la Connoissance que cet Apôtre

avoit

avoit de la Foi d'Agrippa ; ce qu'il n'auroit pu dire , s'il l'avoit cru Païen. Il ne lui donne pas une simple Connoissance; mais , la Foi: *Crois-tu aux Prophéties? Je sçai que tu y crois.* Un Roi Païen avoit-il la Foi aux Oracles des Prophêtes?

VI. La Reponse qu'on attribue à ce Prince est fort singuliere. ,, Paul, disoit ,, Agrippa, ce que vous sçavez du Cas que ,, je fais de vos Prophêtes, parce qu'ils ,, ont prédit bien des choses comme elles ,, sont arrivées, *c'est trop peu de chose pour* ,, *me faire Chrétien.* Sur quoi Saint Paul ,, répliqua fort à propos, Plut à Dieu que ,, sur cet Article, qui vous paroit de peu ,, de Conséquence, vous devinssiés tel que ,, je suis!,, *Voilà le vrai Sens de cet Endroit, que Mr. Basnage, & beaucoup d'autres, n'ont pas entendu.* J'avoue le Fait ; je n'ai jamais donné une pareille Torture à l'Ecriture Sainte ; &, qui plus est, je ne l'entendrai jamais de cette Maniere. Je ne croirai jamais que ce soit *peu de chose* pour devenir Chrétien, que de croire que les Prophêtes ont prédit la Venuë de J. Christ, & que leurs Oracles ont eu leur Accomplissement : car, dès le moment qu'on reconnoit cette Vérité, on a fait une grande partie du Chemin pour croire que J. Christ est le Messie promis par les Prophêtes. Ce n'est point aussi là le

Sens

Sens d'Agrippa, ni celui de Saint Paul. Agrippa paroit ébranlé par les Raisonnemens que St. Paul lui avoit faits sur ces Oracles, & qui avoient un si grand Rapport aux Evénemens qui lui étoient connus. Il lui dit, *Peu s'en faut que tu ne me fasses Chrétien.* St. Paul, qui voit que ce n'étoit là qu'un Commencement de Foi, souhaite qu'elle devienne aussi parfaite & aussi éclairée que la sienne ; & ce Desir ne regarde pas seulement Agrippa ; mais, tous ses Auditeurs Juifs, qui lisoient comme lui les Prophêtes. Si Agrippa avoit avancé cette Proposition évidemment fausse, que c'étoit une chose de peu de Conséquence que de croire aux Prophêtes, il auroit raisonné en Païen. Mais, il se feroit contredit lui-même, en disant qu'il croioit aux Prophêtes : car, les Païens n'ajoutoient aucune Foi aux Oracles des Juifs. Comment auroient-ils pu se persuader que Moïse, Isaïe, & David, étoient des Hommes, inspirez de Dieu, & n'abjurer pas le Paganisme pour se faire Juifs? En effet, on voit la Différence de ces deux Juges; dont l'un, qui étoit Païen, traite Saint Paul de Fou, parce qu'il citoit les Oracles des anciens Prophêtes, pour prouver que Jésus-Christ avoit souffert ; & l'autre, qui croioit aux Prophêtes, parce qu'il avoit été élevé

dans

dans une Religion, où on les regardoit comme divinement inſpirez, ſe laiſſe ébranler par cet Accompliſſement des anciens Oracles; & *peu s'en faut*, que de Juif, il ne ſe faſſe Chrétien: comme une Infinité d'autres ſe convertirent, *en conférant les Ecritures* *, & en éxaminant les Prophéties.

VII. L'Objection la plus éblouïſſante contre la Religion d'Agrippa eſt tirée des Médailles, ſur leſquelles on prétend remarquer diverſes Traces de Paganiſme, comme un Autel & des Veux faits pour le Salut des Empereurs. Afin de ne prolonger pas cette Diſpute, & d'expliquer cette Matiere en peu de mots, nous diſtinguerons trois ſortes de Médailles frappées ſous Agrippa. Les † unes, qui ſont en grand Nombre, n'ont aucune Figure humaine. On y voit une Tente & trois Epics qui ſortent d'un même Tuiau. Le Nom d'*Agrippa Roi* s'y lit. Ainſi, je ne ſçai pourquoi on le reduit à la ſimple Qualité de Commandant des Troupes Romaines, ſur les Frontieres de la Judée. *Ce petit Prince*, dit ‡ le Pere Hardouïn, *n'avoit peut-être pas ſervi les Empereurs dans la Guerre contre les Juifs,*

&

---

* *Actes, Chap. XVII, Verſ.* 11.
† *Harduin. de Nummis Herodiadum,* pag. 332.
‡ *Reponſe à Mr. Baſnage,* pag. 369.

& *Vespasien l'avoit reduit jusqu'à n'ôser mettre sur sa Monnoie d'autre Visage que celle de l'Empereur, ou de ses deux Fils.* Le Fait est faux : car, Joseph & Tacite * assurent qu'il mena ses Troupes à Vespasien, pour la Conquête de la Judée. Mais, en supposant la chose, comment l'Empereur pouvoit - il lui confier la Garde de la Judée? Un petit Prince qu'on a terrassé, & qui avoit déjà montré son mauvais Cœur contre l'Empire, en Faveur des Juifs, n'étoit pas propre à y commander en Chef, ni à empêcher les Mouvemens des Séditieux. Quoi qu'il en soit, il n'y a aucune Difficulté sur ce prémier Ordre de Médailles; puis qu'on n'y voit aucune Figure humaine : au contraire, il semble qu'il y ait une Affectation Juive, à graver des Epics & une Tente dans tous les Monumens qu'Agrippa fit battre pour lui - même, indépendemment des Empereurs.

VIII. Le second Ordre des Médailles, qu'Agrippa doit avoir frappées, portent le Visage des Empereurs, & particuliérement celui de Domitien ; & sur le Revers, on voit une Victoire, qui écrit quelque chose sur un Bouclier ; une Corne d'Abondance ; la Lune avec son Croissant, qui tient cette Corne d'une Main, & des Epics

de

* *Tacit. Hist. Lib. V, Cap. 1, pag. 526.*

de l'autre.　On y voit des Palmes, un Caducée, & une Galere.　Je ne puis m'empêcher de faire trois Remarques sur ces Médailles.

IX. Prémierement, les Epics, & la Corne d'Abondance, qu'on y remarque presque toujours, prouvent demonstrativement que la Judée étoit fort fertile.　On s'est fait un Honneur d'opposer Strabon à Moïse sur cette Matiere, & d'ébranler l'Autorité de l'Ecrivain Sacré par le Témoignage d'un Païen.　On voudroit qu'on s'attachât à tous les Passages, où Moïse parle de l'Abondance & de la Fertilité de la Canaân.　Le Texte de Strabon la représente comme un Terroir pierreux & stérile ; & ce Commentaire paroit beaucoup plus juste que les fausses Descriptions d'Hécatée & d'Aristée, dont on se sert ordinairement pour expliquer Moïse. Strabon s'accordant parfaitement avec les Voiageurs modernes, sur la Stérilité de la Judée, on conclud qu'il faut prendre les Idées que Moïse en donnoit à ceux qui le suivoient, comme autant d'Exagerations artificieuses pour encourager le Peuple à la Conquête de ce Païs-là.

Mais, toutes les Médailles qu'on frappoit renversent ce Commentaire, & le Témoignage de Strabon. En effet, ce ne sont
plus

plus des Ouvrages fuppofez & faux que nous attachons au Texte de Moïfe, pour confirmer ce qu'il dit de la Fertilité de la Terre Sainte. C'eft Tacite, qui en parle * prefque auffi avantageufement que Moïfe. Ce font les Monumens Publics que les Princes faifoient battre, lors qu'elle étoit proche de fa Ruïne. On y voit par tout des Epics, pour marquer l'Abondance de fes Bleds, comme on en voit dans ceux d'Apamée & de Céfarée. On y voit une Corne d'Abondance. En un mot, Strabon eft le feul qui ait dementi l'Hiftorien Sacré, pendant que d'autres Auteurs prophanes, & toutes les Médailles, confirment ce que Moïfe a dit de la Fertilité de ce Païs. S'il eft devenu ftérile depuis, je ne dirai pas avec un Critique fameux †, que c'eft par une Malediction de Dieu, qui a voulu vanger la Mort de fon Fils jufques fur la Terre, où il a été maltraité. Mais, il eft arrivé à la Judée, ce qui arriva à la Grece, & à l'Afie Mineure, qui étoient les plus beaux Païs du Monde, & qui font devenus fi ingrats & fi ftériles par la Défertion, la Mifere, & la Négligence des Habitans qu'on ne les-reconnoit plus; pendant que des Provinces, qui paroiffoient

des

* *Tacit. Hift. Lib. V.*
† *Le Moine, Varia Sacra.*

des Déserts affreux, font devenus le Jardin de l'Europe. Nous ne touchons qu'en paſſant cette Matiere, ſur laquelle on peut voir * ailleurs des Réfléxions beaucoup plus étendues.

X. La ſeconde choſe que je remarque ſur les Médailles d'Agrippa Second, eſt une † Galere ; d'où je concluds qu'Agrippa poſſédoit encore Tibérias l'An LXXXIX de l'Ære Chrétienne, & l'An XXIX de ſon Regne : car, ce fut alors qu'on frappa cette Médaille, qui eſt dans le Cabinet de Mr. Foucault. Le P. Hardouïn ſoutient que la Galilée ne ſe voit point ſur les Médailles d'Agrippa le Fils, comme ſur celles du Pere. Un ſavant Homme ‡ m'écrivit que je m'étois trompé, & qu'il n'avoit jamais vu la Galilée ſur aucune Médaille d'Agrippa, ſoit le Pere ou le Fils : & il avoit raiſon ; puis qu'une *Galere* n'étoit pas le Simbole de la Galilée, mais de Tibérias, conſidérable par ſon Port. Ce n'étoit pourtant pas ma Faute ; mais, celle du P. Hardouïn, dont je rapportois le Sentiment. Cependant, puis que ce Jéſuïte prend une Galere pour le Simbole de la Galilée ; & que cette même Galere ſe trouve ſur une Médaille d'Agrippa le Fils qu'il a rapportée, il doit avouer que le Fils

poſ-

* *Baſnage, Antiq. Judaïques, Liv. I, Chap. III.*
† *Apud Harduin.* ‡ *Mr. Cuper.*

possédoit la Galilée; aussi bien que son Pere. Mais, il y a là une double Erreur : car, les deux Médailles, sur lesquelles on remarque une Galere, sont également d'Agrippa Second : car, Agrippa Prémier n'a point regné xxix Ans; & la Galere ne représente point la Galilée, mais la seule Ville de Tibérias, que Néron avoit ajoutée au Domaine du Second Agrippa, comme nous l'avons remarqué.

XI. Enfin, on voit sur cet Ordre de Médailles la Figure de Domitien; & c'est ce qui commence à faire la Difficulté pour la Religion d'Agrippa, parce que les Juifs ne mettoient point de semblables Figures dans leurs Monumens. Mais, cette Difficulté se leve par les Paroles de J. Christ, auquel on montra, pour le tenter, une Piece de Monnoie, sur laquelle il remarqua la Tête d'un Homme *. *De qui est cette Image & cette Inscription?* dit-il. Il y avoit donc en Judée une Monnoie courante, sur laquelle étoit l'Image du Prince régnant; & on ne se faisoit point un Scrupule de lui donner Cours, parce que la Religion ne condamne que l'Usage religieux des Figures humaines. Les Thalmudistes, qui ont vécu parmi les Chrétiens, & qui conservoient l'Horreur pour la Croix, n'ont pas laissé de décider, *que la Monnoie*

* *St. Matth. Chap. XXII, Vers. 20, 21.*

noie des Princes , sur laquelle la Marque du Culte étranger est gravée, doit avoir Cours *.
Lors donc qu'Agrippa Second faisoit battre Monnoie, ou frapper une Médaille à l'Honneur du Prince régnant, il n'est point étonnant qu'il ait suivi l'Usage ordinaire chez les Romains d'y mettre la Tête de l'Empereur.   Quelques Superstitieux pouvoient condamner cet Usage; mais, il est certain que les autres interprétoient mieux la Foi. C'est ainsi que les Reformez , aussi grands Ennemis des Images que les Juifs, ne laissent pas de faire faire les Portraits des Princes régnans , ou morts, & de graver des Figures humaines sur leur Monnoie.   Ainsi , ce second Ordre de Médailles ne donne pas plus d'Atteinte à la Religion du Roi Agrippa que le précédent.

XII. Il reste un troisieme Ordre de Médailles : car, on en produit deux , sur lesquelles l'on voit un Autel avec ces Paroles, *Pour le Salut des Empereurs*. Les Chrétiens ont souffert le Martire , plutot que de faire quelque chose de semblable ; &, quoi que le Temple de Jérusalem fut detruit, & la Religion fort corrompue ; cependant , il n'y a pas d'apparence qu'Agrippa, s'il étoit né Juif, eut tellement degénéré

* *Joseph Avoda Zara.*

généré de la Religion de ses Peres qu'il eut élevé des Autels pour le Salut des Empereurs.

Cette Difficulté, qui fait que le P. Hardouïn triomphe de moi avec tant de Fierté, se leve par une seule Remarque. C'est que la Légende de ce dernier Ordre de Médailles est différente des autres. On y lit seulement qu'elles ont été frappées sous Agrippa.

ΕΠΙ. ΒΑ. ΑΓΡΙΠ.

Ce qui fait voir que ce n'est pas ce Prince qui a fait frapper la Médaille ; mais, quelque Païen, lequel a pu mettre sur l'Exergue & le Revers ce qu'il a voulu. En effet, ce n'est pas là une Monnoie ; puis qu'on n'auroit pas souffert qu'Agrippa, *ce petit Prince, réduit par Vespasien, & à qui Domitien avoit tout ôté*, eut battu Monnoie dans Rome. Cependant, on convient que la prémiere de ces deux Médailles fut frappée à Rome, & la seconde à Césarée, qui étoit devenue entiérement Païenne, depuis que Vespasien y avoit mené une Colonie, & que Jérusalem avoit été détruite. Il ne faut donc pas attribuer à Agrippa ces deux Médailles : mais, elles ont été battues dans des Villes Païennes,

Q

pen-

pendant qu'il avoit encore le Titre de *Roi*.

XIII. Comme le Roiaume que Bérénice dut gouverner, après la Désolation entiere de la Judée, étoit chimérique, il s'est évanouï; & le P. Hardouïn, qui avoit couronné de ses Mains cette *Grande Reine*, lui arrache son Sceptre & sa Couronne. L'Inscription que la Ville d'Athenes avoit fait graver à l'Honneur de Bérénice, lui paroit fausse, par deux Raisons : l'une, que nous avons déjà examinée, qu'Agrippa n'a pu porter le Nom de Jules : l'autre, qu'il est ridicule de dire qu'Hérode, qui étoit né dans la Palestine, ait fait de grands Biens à une Ville éloignée, & puissante comme Athenes. Cette Raison pourroit être réfutée par d'autres Inscriptions que Mr. Spon a publiées, dans lesquelles la Ville d'Athenes donne à plusieurs Particuliers le Titre de *ses Bien-faiteurs*. Elle pouvoit, à plus forte raison, appeller ainsi les Hérodes, qui ont été puissans; & il n'est pas plus étonnant que ces Rois aient eu quelque Commerce avec la Ville d'Athenes, que de voir les Juifs du tems des Machabées en avoir avec celle de Lacédémone.

Le Pere Hardouïn rejette fiérement toutes les Inscriptions Grecques, & il trouve celle-ci ridicule, quoi qu'il en eut fait au-

para-

paravant une de ſes Preuves ; &, de peur
qu'il ne reſtât quelque eſpece de Liaiſon
entre les Hérodes & la Ville d'Athenes, il
ne veut plus que ce Prince ſoit venu de
Grece, ni qu'il ſoit Athénien d'Origine, &
Platonicien de Secte : mais, il fait naitre
tous les Hérodes en Syrie. Je voudrois
bien ſçavoir, ſi le P. Hardouïn, qui change ſi ſouvent de Sentiment ; qui rejette
avec Mépris ce qui lui paroiſſoit certain &
véritable ; ſe flatte que le Public changera
toujours comme lui, & le ſuivra dans toutes ſes Variations , dont il ne donne ſouvent aucune Raiſon.

Pro Libitu mutat Quadrata Rotundis.

XIV. Ce qu'il y a de plus étonant eſt ce
qu'il prétend * que l'Aréopage n'étoit pas
un Sénat; mais, un Bourg, où l'on alloit ſe
promener, pour parler de Nouvelles. Ce fut
dans cette Vue, dit le P. Hardouïn, qu'on y
mena St. Paul. On le plaça au *milieu de l'A-*
réopage ; c'eſt-à-dire, au milieu du Bourg,
qui étoit ſitué ſur une Montagne. L'Apôtre ne s'addreſſa, ni au Conſeil, ni au Gouverneur ; mais, à *Meſſieurs d'Athenes*. Denis l'Aréopagite, lequel ſe convertit, n'é-
toit point un Sénateur ; mais, un Nou-
Q 2   vel-

* *Harduin. de Nummis Herod. pag.* 351.

vellifte & un Habitant du Bourg, auffi bien
que Damaris. Soutenir qu'on faifoit là
des Affemblées Juridiques à découvert,
c'eft dire que le Parlement de Paris s'af-
femble aux Tuilleries, ou dans les Pro-
menades du Luxembourg. Ainfi, l'Infcription d'Athenes, à la Tête de laquelle on voit le Confeil de l'Aréopage qui
la decerne, eft néceffairement fauffe & fup-
pofée.

XV. Je ne combattrai pas cette Conjecture, par le Témoignage des anciens
Poëtes, par les Orateurs, par les Hiftoriens Grecs & Latins, qui ont tous parlé
de l'Aréopage comme d'un Sénat, fans avoir
d'autre Intérêt à le faire, que parceque
cette Affemblée s'étoit renduë célébre en
tous Lieux. On peut voir ailleurs * cette Foule d'Autoritez, que le P. Hardouin
effacera, s'il veut, d'un feul Coup de
Plume, en difant que ce font là autant
d'Ouvrages & de Noms fuppofez. Mais,
Cicéron parle encore de l'Aréopage, comme d'un Sénat qui fubfiftoit de fon tems,
Pline foutenoit qu'il étoit auffi mal à propos

---

* *Poftel, de Republ. Athen. Cap. IV, pag.* 1319;
Sigonius, de Rep. Athen. Lib. II, Cap. 5, *pag.*
1556; *Meurfii Areopagus, apud Gronov. An-*
tiquit. Græcar. Tom. V, pag. 2071; *Cicero,*
Lib. XIII ad Famil. Epift. I.

pos de nier que le Monde fut gouverné
par la Providence , que de dire qu'Athenes n'étoit pas jugée par l'Aréopage (*a*).
Il remarque même qu'on avoit gravé la
Figure des Sénateurs *Aréopagites.* Cependant , ces Auteurs ne font pas fufpects au
P. Hardouïn, comme Démofthene , Plutarque, Libanius, Euripide, & Efchyle. On
voit une Infcription , qui merite d'être indiquée , parce qu'elle prouve trois chofes :
l'une , que l'Aréopage étoit un Sénat, lequel faifoit élever des Monumens de fa
Reconnoiffance : la feconde , que ce n'é-
toient pas toujours les Empereurs, à qui les
Athéniens donnoient le Titre de *leurs Bien-*
faiteurs ; mais , qu'il y avoit des Perfonnes d'un Rang inférieur , à qui on le donnoit, comme à un Gouverneur de Province.
Ainfi , il n'eft pas étonant que le Sénat de
l'Aréopage ait élevé un Monument de fa
Reconnoiffance aux Hérodes, & qu'il les
ait appellez *fes Bienfaiteurs.* Enfin, on y
apprend une chofe finguliere : c'eft que les
Romains entroient quelquefois par Honneur dans l'Aréopage, & en devenoient
les Sénateurs. En effet, l'Infcription eft

Q 3 faite

____

(*a*) Poftel cite ces Paroles de Pline du Livre
VIII. Je ne les y ai pas trouvées : mais , il parle de ce Sénat dans le XXXV Livre.

faite à l'Honneur de l'illuftre Rufus Feftus, Proconful de la Grece, & Aréopagite.

ΤΟΝ ΛΑΜΠΡΟΤΑΤΟΝ ΑΝΘΥΠΑΤΟΝ ΤΗΣ ΕΛΛΑΔΟΣ ΡΟΥΦΙΟΝ ΦΕΣΤΟΝ ΚΑΙ ΑΡΕΟΠΑΓΕΙΤΗΝ *.

C'eft le Sénat de l'Aréopage, qui fait graver ce Monument, pour reconnoitre la Bienveillance & les Bienfaits de Rufus pour la Ville d'Athenes.

ΑΡΕΟΠΑΓΟΥ ΒΟΥΛΗ ΕΝΝΟΙΑΣ ΕΝΕΚΑ ΚΑΙ ΕΥΕΡΓΕΣΙΑΣ.

L'Infcription eft femblable à celle que nous avons produite. On y remercie un Proconful d'avoir été le Bienfaiteur d'Athenes ; & c'eft l'Aréopage qui le fait. Ce n'eft donc plus une Chimere, qu'il y ait eu un Sénat à Athenes, qui ait porté le Nom d'Aréopage, & qui ait fait graver fur des Monumens fa Reconnoiffance pour fes Bien-faiteurs.

Enfin, je ne fçai comment on peut s'infcrire en faux contre un Sénat marqué en

gros

---

* *Apud Meurfium, Areop. Cap. VI, pag.* 208.

gros Caractères dans les Livres des Anciens.
On a rapporté son Institution, & les Changemens qui y sont arrivez. Solon *, ce fameux Législateur, étendit beaucoup sa Juridiction ; &, au lieu qu'au commencement elle étoit très bornée, il le rendit l'Arbitre & le Juge de toutes les Causes & de toutes les Affaires importantes. C'étoit par l'Avis de ce Sénat qu'on déclaroit la Guerre. *On porta la Guerre chez les Medes*, dit Cicéron †, *par l'Avis du Conseil que Solon avoit établi.* On indique la Cause de ce Changement : ce fut pour réprimer l'Insolence du Peuple, qui abusoit de son Autorité, lors qu'on portoit les Affaires devant son Tribunal. On compte le Nombre des Juges. Il y en avoit quatre cens au tems de Solon. On les multiplia jusqu'à cinq cens ; parce qu'il y avoit dix Tribus différentes à Athenes, & chaque Tribu fournissoit alors cinquante Sénateurs. Enfin, le Nombre monta jusqu'à six cens, parce qu'on ajouta deux Tribus aux dix autres. On n'oublie ‡ pas la Qualité de ces Juges ; on les choisissoit avec beaucoup de Soin, & personne n'étoit reçu dans ce Sé-

Q 4   nat

____

* *Plutarch. in Solon.*
† *Cicero de Offic. Lib. I.*
‡ *Pollux, Ὀνομασ. in Voce Πρυτάνεις, pag.* 366.
    Not. Valef. pag. 69. *Plutarch. in Pericle.*

nat que par fon Mérite. Il eſt vrai que la
Corruption ſe gliſſa dans les Elections:
mais, où ne ſe gliſſe-t-elle pas? C'eſt pourquoi Iſocrate * remonte au tems des
Aïeuls, pour indiquer la Circonſpection
avec laquelle on choiſiſſoit les Aréopagites. On élit les Sénateurs avec la même
Exactitude & la même Précaution que nos
Ancêtres apportoient dans l'Election des
Aréopagites, dit cet ancien Orateur Grec.
Le tems de leur Séance étoit marqué :
c'étoit pendant la Nuit qu'ils devoient juger & former leurs Arrêts. *Ils jugent
pendant la Nuit, & dans les Ténebres*,
diſoit Lucien †. L'Heure des Plaidoiers
étoit auſſi fixée, & on tournoit la Clépſy-
dre, afin que les Plaideurs n'abuſaſſent pas
de la Patience & de l'Attention des Juges.
On gardoit un profond Secret ſur ce qui
ſe paſſoit dans ce Sénat.

Ergo occulta teges, ut Curia Martis Athenis,

diſoit Juvénal ‡. Son Autorité étoit
grande ; c'eſt pourquoi on l'appelloit le
Conſeil ſupérieur, τὴν ἄνω βαλήν ┼ : & c'é-
toit un Crime ſans Exemple, que de le mé-
priſer.

* *Iſocrat. Panathenaic. pag.* 265.
† *Lucian. Hermot. Tom. I, pag.* 595. *Id. p.* 394.
‡ *Juven. Sat. IX, Verſ.* 100.
┼ *Heliodor. Æthiop. Lib. I.*

prifer. *Il n'y avoit perfonne affez hardi*, difoit Dion *, fans en excepter *Cléon*, *qui*
ôfât méprifer le Sénat des fix-cens, ou l'Aréopa-
ge, devant le Peuple. Au contraire, on
louoit l'Equité de fes Arrêts, dont on a
fait depuis des Receuils ; & les Latins même, qui étoient fi jaloux de la Gloire
des Grecs, ne refufoient pas à l'Equité de
l'Aréopage les Eloges qui lui étoient dus.
In qua Civitate erat Areopagus, religiofiffi-
mum Judicium †. Je n'ai pas eu deffein de
faire la Definition, ni l'Hiftoire de l'A-
réopage : j'ai feulement voulu montrer par
le Nombre des Circonftances que j'ai rapportées, & par celui des Auteurs différens que j'ai citez, qu'il ne manque rien
pour prouver fon Exiftence, contre le P.
Hardouïn, qui la nie ; puis qu'il eft impoffible qu'un Fait fi circonftancié, & attefté
par tant de Témoins, foit faux.

XVI. Ce Sénat connoiffoit des Affaires de la Religion ; puis qu'il condamna
Socrate à la Mort, parce qu'il nioit la Pluralité des Dieux. Cela fit peur à Platon,
qui enveloppa fes Idées fous un Langage
myftique & impénétrable. Plutarque affure
qu'Euripide, qui nioit avec plufieurs Philofophes, *l'Exiftence d'un Dieu, n'ôfa le*
Q 5

dire

* *Dio, Orat. L, pag. 541.*
† *Seneca de Tranquill, Cap. III, pag. 217, Tom. I.*

dire publiquement, parce qu'il craignit l'Aréopage. Cependant, je ne sçai si ce fut pour faire condamner Saint Paul dans les Formes, à cause qu'il préchoit une nouvelle Religion, qu'on le mena dans l'Aréopage. Il ne paroit pas, par l'Histoire des Actes, que l'Assemblée fut réguliere, ni que Saint Paul plaidât devant des Juges ordinaires : au contraire, il y avoit des Philosophes de toutes les Sectes, & tous ceux que la Curiosité, naturelle aux Athéniens, y attira.

En lisant le Récit de Saint Luc, sans aucun Préjugé, on voit qu'on fit quelque Violence à St. Paul, pour le conduire. *Il fut appréhendé par ceux qui crioient qu'il étoit Anonciateur de Dieux étrangers* *. On le mena à l'Aréopage ; parce que c'étoit là où se devoit faire l'Accusation & le Jugement du Procès, qui rouloit sur la Religion. St. Chrysostome, qui soutient que l'Apôtre y fut conduit, parce qu'on y jugeoit les Meurtriers, se trompe évidemment. Il s'est laissé surprendre par l'ancien Usage. Il avoit appris, que l'Aréopage, dans sa prémiere Institution, jugeoit seulement du Meurtre : mais, depuis Solon toutes les Affaires importantes furent portées devant ce Tribunal †. En effet,,

---

* *Act. Ch. XVII, Verf. 18, 19.*   † *Plut. in Sol.*

fet , Saint Paul n'étoit accufé d'aucun Meurtre ; mais, d'Innovation en matiere de Culte & Foi. Ce n'étoit donc point pour fatisfaire la Curiofité des Nouvelliftes, que St. Paul alla à l'Aréopage: car, on lui fit Violence pour y aller; on *le prit*, afin de l'y mener : mais, on vouloit fçavoir ce qu'enfeignoit cet Innovateur ; & cette Curiofité piqua les Philofophes auffi bien que la Populace, avide de connôitre tout ce qu'elle ignore.

Mais , d'un autre côté , il ne paroît point que les Juges fuffent affemblez, ni que Saint Paul plaidât devant eux. C'étoit une Congrégation tumultueufe, compofée de Philofophes , Epicuriéns , Stoïciens ; de Peuple, de Femmes , & de quelques Sénateurs, qui s'étoient mélez dans la Foule, pour entendre ce qui fe paffoit. On ne conduifit donc pas là Saint Paul , parce que c'étoit la Place des Nouvelles ; mais, à caufe que c'étoit un Lieu Public, où le Sénat s'affembloit ordinairement , & où l'on devoit porter les Accufations fur les Matieres importantes, comme celles de la Religion. On ne voit point auffi que les Accufateurs plaidaffent contre Saint Paul dans les Formes , comme cela fe fait devant un Tribunal réglé ; ni que l'Apôtre s'addreffât à fes Juges : mais, en atten-

dant

dant que la Nuit fut venue, pendant laquelle l'Aréopage s'assembloit pour juger les Coupables, on harceloit Saint Paul par des Injures & des Accufations de Nouveauté ; & il prit une Occafion fi commode, pour défendre la Religion, & pour la prêcher à tout le Peuple d'Athenes. On s'eft donc trompé, lors qu'on a dit qu'on avoit choifi *neuf Perfonnes des plus Habiles & des plus Riches, pour juger cette Affaire* *. Car, foit que l'Hiftorien ait entendu que l'Aréopage n'étoit compofé que de neuf Perfonnes, le Fait eft faux ; puis que le Nombre de ces Sénateurs, qu'on avoit augmenté de tems en tems, étoit beaucoup plus grand : foit qu'on ait voulu dire qu'on avoit délégué neuf Commiffaires, pour inftruire & juger ce Procès, on fe trompe encore plus évidemment ; car, les Innovations en Matiere de Religion fe jugeoient par un plus grand Nombre. L'Arrêt de Mort contre Socrate l'emporta de deux cents quatre-vint Voix, fur le Parti tolérant ; quoi que Platon ait affuré qu'il n'y avoit que trois Voix de plus : ce qui fait voir que le Sénat entier connoiffoit de ces Sortes d'Affaires.

X V I I I. Le P. Hardouïn rit de ce que l'Aréopage jugeoit à découvert, & cela lui

* *Nicephor. Call. Hiftor. Lib. I I, Cap.* 20.

lui paroit une Preuve certaine que ce Sénat n'a jamais été : car, ne seroit-il pas extravagant de dire que le Parlement de Paris s'assemble dans les Jardins du Luxembourg ? Mais, il ne faut pas juger des Coutumes des autres Nations par les nôtres ; & ce qui paroit éloigné de nos Usages, n'est pas toujours faux. Le Peuple de Paris s'assemble dans des Eglises couvertes pour faire les Actes de la Religion ; & il paroitroit ridicule aujourd'hui d'avoir des Parvis découverts, où le Peuple fit ses Dévotions, comme cela se pratiquoit chez les Juifs ; ce qui a fait croire qu'ils adoroient le Soleil :

Et Cœli purum Numen adorant.

Les Prémiers Chrétiens, qui faisoient leurs Assemblées dans les Cimétieres, étoient à découvert. Pollux *, qui a fait une Description fort exacte de l'Aréopage, dit aussi que les Sénateurs étoient exposez à l'Air, lors qu'ils jugeoient : ὑπαίθριοι δὲ ἐδικάζοντο. Antiphon † rend la raison d'un Usage qu'il devoit conoitre. C'est qu'on ne vouloit pas que ceux qui étoient Souillés & Coupables se trouvassent sous un mê-

me

---

* *Pollux, Onomast. Lib. V I I I, Cap.* 10, *p.* 941.
† *Antiphon, apud Meursium, pag.* 2090.

me Toit avec les Innocens & les Juges.
Il paroît auſſi par Démoſthene *, qu'on
s'aſſembloit ſous un Portique, qu'on fermoit de tous côtez avec une Corde, pour
empêcher le Peuple d'y entrer, & de cau-
ſer du Bruit & de la Confuſion. Ce n'eſt
donc point là une Raiſon de rejetter l'A-
réopage, comme un Sénat imaginaire &
ſuppoſé. Ce Critique ſe trompe même,
lors qu'il s'imagine que Ἀνδρες Ἀθηναῖοι veut
dire ſimplement *Meſſieurs d'Athenes* : car,
Démoſthene † ſe ſert de la même Expreſſion, en parlant aux Juges, devant leſquels
il plaidoit.

XVIII. Tous les Peres de l'Egliſe
n'ont point regardé Denis l'Aréopagite
comme un Païſan, ou comme l'Habitant
d'un Bourg ; mais, comme un Sénateur
d'Athenes. On a fort relevé cette Qualité, comme ſi elle donnoit un grand Relief
à ſa Converſion. On veut qu'outre ſon
Mérite & ſa Dignité, il ait eu une Naiſſance illuſtre ; parce que les Athéniens,
qui étoient fort-vains, n'auroient eu garde de
mettre au Rang de leurs prémiers Sénateurs des Perſonnes qui ne fuſſent pas
d'une Maiſon diſtinguée : & les Grecs
chan-

* *Demoſthen.* κατὰ ἀρίϛοις, A, *pag.* 485. *Edit.*
Steph.
† *Ibid.*

chantent encore aujourd'hui, en célébrant
fa Mémoire, qu'*il avoit des Richeffes, de la
Gloire, de l'Habileté, de la Sageffe, & qu'il
étoit un des Sénateurs de l'Aréopage.* On
outre fans doute les Louanges, comme
font tous les Panégyriftes. Je ne fçai même fi ce Sénat étoit auffi habile qu'on le
publie : du moins, il paroît par un petit
Recueil * d'Arrêts qu'il a donnez, qu'il
étoit fort aifé de l'embarraffer par des So-
phifmes ; & le Jugement, par lequel il
renvoia les Parties plaider à cent Ans de
là, convient mieux à des Plaifans, qui veulent badiner, qu'à des Juges habiles. Mais,
il importe peu que ce Sénat n'ait pas été
auffi habile que les Grecs le publient; il fuffit qu'il fut compofé des Perfonnes les
plus habiles d'Athenes, & que leur Vie
fut éxemplaire, pour ne ravir pas à Denis
l'Aréopagite toute la Gloire qu'on lui donne. Saint Paul fe retira d'Athenes, après
avoir fait cette Conquête, & ne fut point
jugé fur les Accufations qu'on avoit in-
tentées contre lui; parce qu'on laiffoit aux
Accufez la Liberté de fe retirer, lors même que le Procès avoit été plaidé dans toutes les Formes.

XIX.

* *Marquardi Freheri Decifiones Areopagitica,*
Cap. I; Gronov. *Antiq. Græcar. Tom. V,*
pag. 2132.

XIX. Enfin, le P. Hardouïn ne peut pas se prévaloir de l'Hiſtoire des Actes, pour nier qu'il y eut un Sénat dans l'Aréopage; c'eſt-à-dire, ſur une Colline de la Ville, & vis-à-vis de la Citadelle: car, quoi que ce Sénat ne fut pas aſſemblé, lorſque Saint Paul plaïda, il ne peut pas conclurre de là qu'il n'y en eut point. L'Hiſtorien Sacré récite ce qui arriva à Saint Paul, ſans entrer dans la Diſcuſſion des Tribunaux de la Juſtice d'Athenes: & ſon Silence ne prouve point qu'il n'y eut point d'Aréopage ; ou que Denis l'Aréopagite fut un Villageois, plutôt qu'un Sénateur d'Athenes. Il peut encore moins conclurre que l'Inſcription, que nous avons citée, ſoit fauſſe, ſous prétexte qu'il n'y a jamaïs eu de *Sénat Aréopagite:* car, tous les Anciens ont parlé conſtamment de ce Sénat, auſſi bien que l'Inſcription, & nous en avons produit une ſeconde, qui confirme la prémiere. Si le P. Hardouïn les rejette toutes, il doit craindre qu'on ne l'accuſe de le faire par Dépit de ce qu'il s'eſt laiſſé tromper par une Pierre rompue, qu'on lui a préſentée, afin de déchifrer quelques Caracteres qui y étoient. En effet, il ne s'eſt apperçu qu'après coup qu'on le trompoit, & que les Lettres qu'il avoit ſupplées, & le Sens qu'il leur avoit donné,

étoit

étoit ridicule ; puis que c'étoit un Piege qu'on lui avoit tendu. On feroit en Colere, à moins contre les Infcriptions, après y avoir été duppé, & après avoir donné à rire aux Critiques malins.

CHAPITRE XV.

Second Dégré de la Ruine des Juifs.

La Corruption & la Décadence de l'Eglife Judaïque. Du Pouvoir des Souverains Sacrificateurs & des Rois.

I. *Le Légiflateur & le Sceptre ôtez à Juda.* II. *Idée que les Thalmudiftes donnent de l'ancien Gouvernement de la Judée.* III. *Election du Roi par le Sanhédrim.* IV. *On ne pouvoit élire un Etranger.* V. *Profeffion & Qualitez de ceux qui devoient être élus.* VI. *Onction des Rois.* VII. *Bornes de leur Pouvoir.* VIII. *Le Droit de Vie & de Mort examiné.* IX. *Le Sanhédrim décidoit de la Paix & de la Guerre.* X. *Il ordonnoit de fouëtter le Roi.* XI. *Différens Théologiens, qui ont adopté cette Tradition.* XII. *Réfutation de ce qu'on a dit fur l'Election des Rois.* XIII. *Si Saül étoit un Roi prêté. Véritable Origine de la Roiauté chez les Juifs.* XIV. *Remarques fur l'Onction,* l'Onction, contraires à celles des Rabbins. XV. Bornes, qu'on donne à l'Autorité des Rois, renversées. XVI. David & Salomon dignes du Fouët. XVII. Il n'y avoit point de Loi qui ordonnât de fouëtter les Princes. XVIII. Honte inséparable de ce Châtiment. XIX. Le Thalmud ne l'ordonne pas. Apologie de Casaubon. XX. Pourquoi on a réfuté Schikard. XXI. Si le Roi dépendoit du Souverain Pontife. XXII. Charge du Souverain Sacrificateur. XXIII. La véritable Autorité des Rois. XXIV. Ils réformoient l'Eglise. XXV. Ils établissoient des Juges & un Conseil. XXVI. Ils déposoient les Souverains Sacrificateurs.

I. L'Oracle de Jacob, qui avoit menacé Juda de perdre son Sceptre & son Législateur, lors que le Messie paroitroit, commençoit à s'accomplir. Hérode le Grand, quoi que Juif de Naissance & de Religion, n'étoit pourtant point de l'ancienne Tige des Israëlites, & de la Tribu de Juda, qui seule avoit le Droit de monter sur le Trône. Il n'y avoit point de Roi à Jérusalem, lors que Jésus-Christ mourut. Les Romains, Maîtres de la Terre Sainte, y levoient des Tributs, y envoioient des Intendans & des Gouverneurs,

&

& y jouïſſoient de tous les Droits de la Souveraineté. Enfin, Jéruſalem fut ruinée, & le Sceptre entiérement ôté à la Nation.

On remarque la même Décadence dans la Sacrificature; *le Légiſlateur ſortoit d'entre les Pieds de Juda*; mais, cela ſe faiſoit par Dégrés, & cette Dignité ſacrée, affoiblie par la Dépoſition de ceux qui la poſſédoient, fut entiérement abolie. Les Oracles des Prophétes ont leur Dégrés d'Accompliſſement; on ne doit pas en fixer l'Explication à un moment précis, comme font les Interprêtes. Nous avons vu la Souveraineté des Juifs ſe perdre peu-à-peu. La Sacrificature devint à ſon tour le Jouët des Romains, ou des Princes qui régnoient. L'Egliſe Judaïque, qui n'avoit vu dépoſer qu'un ſeul Sacrificateur dans une longue Révolution de Siecles, changea preſque tous les Ans de Chef: on les chaſſoit; on leur en ſubſtituoit d'autres, qui achetoient cette Charge; & ceux même, qui la conſervoient plus long-tems, avoient ſi peu d'Autorité, qu'ils ne purent réprimer les Deſordres des Voleurs & des Zélez. L'Egliſe, auſſi bien que l'Etat, alloit par Dégrés à ſa Ruïne; le Temple fut enfin réduit en Cendres, les Sacrifices abolis, & la Souveraine Sacrificature éteinte.

C'eſt

C'eſt ce que nous allons repréſenter ; mais
auparavant, il eſt néceſſaire de voir, ſi les
Dépoſitions ſi fréquentes des Souverains
Sacrificateurs étoient juſtes, ou violentes ;
ſi les Rois avoient le Droit de chaſſer ceux
qui ne leur paroiſſoient pas dignes de cette
Charge, ou ſi c'étoient autant d'Attentats,
qu'ils faiſoient contre le Sacerdoce. Cette
Queſtion mérite d'être examinée, d'autant
plus que les Théologiens en tirent des Con-
ſéquences, pour accorder le Sacerdoce &
l'Empire dans l'Egliſe Chrétienne.

II. Les Juifs modernes nous donnent
une Idée de leur ancien Gouvernement,
très différente de celle qu'on s'en fait ordinairement ; car, on conçoit qu'il y
avoit un Roi à la Tête du Peuple, & un
Souverain Sacrificateur, Chef de l'Egliſe,
ſur les Levres duquel *repoſoient la Science
& la Vérité* ; c'eſt-à-dire, qu'il étoit le Juge des Controverſes. Mais, on a imaginé,
ſur l'Autorité des Thalmudiſtes, une troiſieme Charge de *Naſi*, ou de *Prince* du Peuple, & de Chef du Conſeil. Il préſidoit
au Sanhédrim ; &, pendant que le Roi avoit
Soin des Troupes & de la Guerre, le
Souverain Sacrificateur veilloit ſur le Culte de Dieu. *Ce Prince* étoit le Dépoſitaire
de la Tradition. Il décidoit les Cas de
Conſcience, & enſeignoit la Loi Orale, que
Moïſe

Moïſe avoit confiée aux LXX Vieillards. On dit qu'Eſdras établit cette nouvelle Charge, & qu'il l'attacha à la Maiſon de David. Hillel, venu de Babylone ſous le Regne d'Hérode, trente Ans avant Jéſus-Chriſt, l'éxerça avec beaucoup d'Eclat. Cette Dignité ne fut point abolie par la Ruïne de Jéruſalem; elle ſubſiſta, lors même qu'il n'y avoit plus de Roi, ni de Souverain Sacrificateur. On changea ſeulement de Titre; car alors, le Chef de la Captivité en Judée prit le Titre de *Patriarche*, & gouverna en cette Qualité toutes les Synagogues d'Occident.

Il y avoit à Jéruſalem un Conſeil de LXXI Perſonnes, dont le Préſident prenoit la Qualité de *Prince*. Les plus âgé des Sénateurs s'appelloit *Pere du Conſiſtoire*, ou du Jugement. Les Conſeillers avoient leur Place, ſelon l'Ordre de leur Promotion, qui ſe conféroit au commencement par l'Impoſition des Mains, afin d'imiter plus éxactemement ce que Moïſe avoit fait. Le Souverain Sacrificateur n'y aſſiſtoit que lors que ſon Mérite l'avoit fait élire. Le Roi ne pouvoit y opiner, de Peur que ſa Préſence ne donnât Atteinte à la Liberté des Suffrages: bien loin d'étendre ſon Autorité ſur le Souverain Pontife, comme nous le croions. Les Rois

Rois dépendoient presque absolument du Grand Conseil, & de son Chef. C'étoit le Sanhédrim qui élisoit les Rois, qui régloit leur Autorité, & qui les châtioit quand ils violoient la Loi. Du moins, c'est ainsi que parlent les Docteurs Juifs.

III. Ils assurent que Dieu avoit donné trois Préceptes à son Peuple, qui furent éxécutez en différens tems : de détruire Amalec, de lui bâtir un Temple, & de se faire un Roi. Ceux qui n'entendent pas l'Ecriture, s'imaginent que Dieu fut irrité de voir le Peuple, ennuié de son ancien Gouvernement, demander un autre Chef que lui. Mais, le Chagrin de Dieu * venoit uniquement de ce qu'on rejettoit Samuël. Il n'avoit garde de laisser la Nation éluë sans Roi; puis que le Gouvernement de tous les Orientaux étoit Monarchique. Il vouloit que son Peuple eut un Roi, aussi bien que les Nations Idolâtres. Mais, l'Election en appartenoit au Sanhédrim. Afin que cette Election fut agréable à Dieu, le Conseil ne s'en rapportoit pas au Hennissement d'un Cheval, comme les Perses; mais, on consultoit l'Urim & le Thummiin; par lequel Dieu déclaroit si le Choix lui étoit agréable.

IV.

* *Maimonides ex Thalm. in Halach. Melech. Schickard. Jus Reg. Hebræor. Cap. I, pag. 15, 17.*

IV. Ce Conseil ne pouvoit pas élire une Femme, ni la mettre à la Tête de la Nation; puis qu'elle n'est pas propre à la Guerre, & qu'il auroit été honteux à la Nation Sainte de lui être soumise.

Apta quidem Telæ, sed inepta est Fœmina Telo;
Indignumque Viris, subdere Colla Colo.

Il y a des Nations qui aiment mieux des Reines que des Rois; mais, c'est peut-être parce qu'on conserve mieux la Liberté sous un Gouvernement foible. D'ailleurs, il y a des Héroïnes, qui se distinguent dans leur Sexe par leur Habileté. Mais, les Juifs, qui mettent Débora & Esther au Rang de leurs Libératrices, croiroient essuier ne grande Honte, s'ils avoient placé une Femme sur le Trône.

Le Sanhédrim devoit avoir beaucoup d'égard à la Naissance de celui qui étoit élu. L'Ecriture ordonnoit au Peuple de choisir un *de ses Freres*; & cette Regle * excluoit tous les Prosélytes, lors même qu'ils l'étoient depuis un grand Nombre de Générations. Non seulement les Rois; mais, les Juges subalternes devoient être Juifs: on ne pouvoit être ni Général d'Armée, ni Capitaine, ni même *Intendant des Eaux,*

Ii

* *Schickard. ibid. pag. 50.*

fi on n'étoit forti de la Nation Sainte.
Les Iduméens paroiffoient avoir un peu
plus de Droit que les autres Nations, parce
que l'Ecriture les appelle *Freres des Juifs*;
&, en effet, ils defcendoient d'Efaü. C'eft
pourquoi on introduit les Egyptiens appor-
tans des Préfens au Meffie, qui devoit les
recevoir humainement, à caufe qu'ils ont
fouvent fourni une Retraite à fon Peuple:
mais, les Ethiopiens, jaloux de cette Re-
ception, fe plaignent au Libérateur de ce
qu'il reçoit des Etrangers *, au Préjudice
de ceux qui font *les Freres aînez de la Na-*
tion. Cependant, les Iduméens étoient
exclus de la Roiauté de la Judée, auffi bien
que les autres Peuples; & le Grand Hérode, qui étoit forti de là, n'en eft pas
moins regardé comme un Etranger par les
Thalmudiftes.

V. Le Sanhédrim devoit encore prendre garde à la Famille du Roi, & à fes
Occupations. Les *Maîtres* comptent un
grand Nombre de Profeffions & d'Arts,
qui donnoient l'Exclufion à la Couronne.
Il ne falloit être, *ni Charbonnier, ni Caba-*
retier. *Oh! Que le meilleur de tous les Mé-*
decins aille en Enfer: car, il vit fplendide-
ment; il ne craint point la Maladie; il ne
brife point fon Cœur devant Dieu; il tuë le
Pauvre,

* *Carpzov. Not. in Schickard. pag. 51.*

Pauvre, en lui refusant son Secours. Ils excluoient aussi les Bergers, qui menoient paître leur Troupeau sur les Terres d'Autrui ; *les Conducteurs des Chameaux, les Muletiers, &c.* Cependant, Saül, qui avoit eu soin des Anes de son Pere, *ne laissa pas d'être Roi.* C'est le Préjugé des Juifs modernes, que pour être Roi, Sacrificateur, ou même Prophête, il falloit sortir d'une Maison considérable ; & c'étoit peut-être ce Préjugé, qui leur faisoit dire dès le tems de Jésus-Christ, *Celui-ci n'est-il pas Fils de Charpentier ?* Comme si l'Enfant d'un Artisan si vil & si pauvre n'avoit pu être Docteur. Cependant, c'est une Erreur ; puisque David, un de leurs Rois, étoit Berger, & qu'Amos le Prophête avoit été Bouvier.

VI. Lors que le Roi étoit élu, on le remettoit entre les Mains du Souverain Sacrificateur, qui lui donnoit l'Onction. On se servoit pour cela du même Parfum, qu'on répandoit sur la Tête des Sacrificateurs : avec cette Différence, qu'on faisoit une Croix de Saint André, X, sur le Front du Souverain Sacrificateur, au lieu qu'on traçoit la Figure d'une Couronne sur la Tête des Rois. On remarque que les Rois de Samarie n'étoient oints que d'un Baume simple : ce qui mettoit une grande Différence en-

tre

tre ces Princes; puifque l'Huile de ceux
de Juda étoit facrée, & fe confervoit dans
le Temple.

VII. Quoi qu'on portât beaucoup de
Refpect au Roi qu'on avoit élu, cependant, fon Pouvoir étoit fort borné par le
Sanhédrim, & par le Souverain Sacrificateur. Car, 1, lors qu'un Senateur *
paroiffoit devant le Roi, il étoit obligé
de fe lever, & de le placer à fes côtez. Il
faifoit la même chofe *pour les Sages d'Ifraël, & même pour leurs Difciples, à l'Exemple d'Afa, qui voiant un fimple Ecôlier, fe
leva de fon Trône, le baifa, & lui dit, Mon
Maître, mon Seigneur.* Schikard †, qui
avoit fort étudié cette Matiere, commentant ces Paroles de Maïmonides, remarque qu'il n'étoit point étonnant que le Roi
fit cet Honneur aux Confeillers du Sanhédrim, parce qu'ils avoient beaucoup de
Pouvoir dans un Etat Républicain, où ils
étoient Maîtres des Affaires Civiles; mais,
que pour les Difciples & les Sages, il n'étoit pas obligé d'avoir une fi grande Déférence pour eux, & qu'il rendoit feulement
Juftice à leur Mérite. 2, Le Roi pouvoit
faire venir au Palais les Particuliers, &
même

---

* *Maimonid. Halach. Melach. Cap. II.*
† *Schikard, Jus Reg. Hebr. Cap. IV, Theor. XII,
pag. 229.*

même les Prophètes ; car, Nathan se prosterna devant David : mais, le Souverain Sacrificateur n'alloit jamais à la Cour, que volontairement ; * *il étoit assis devant le Roi, & le Roi se tenoit debout en sa Présence.* Quelques † Rabbins remarquent que cela se faisoit seulement, lors que le Souverain Sacrificateur consultoit l'Urim & le Thummim : & alors ce n'étoit pas le Ministre ; mais, Dieu qu'on honoroit. Cependant, les Paroles de Maïmonides sont générales, & il les appuie sur l'Ordre que Dieu donna à Moïse de présenter Josué à Eléazar : *Il se* ‡ *présentera devant Eléazar.* 3, Un Roi ne pouvoit jamais renoncer à sa Dignité. Il avoit beau alléguer ses Infirmitez & des Raisons pressantes ; le Sanhédrim ne les écoutoit pas, parceque la Nation auroit été deshonorée par là, & que celui, qui est chargé des Soins de l'Etat, ne doit jamais l'abandonner. 4, On lui permettoit d'épouser jusqu'à xviii Femmes, parcequ'on suppose que David en avoit un pareil Nombre, au lieu que les Particuliers avoient une Liberté de se ma-

R 2

rier

---

* *Maimonid. Halach. Melach. Cap. II.*
† *Rabbi Bechai in Bitur. al. Hattorah, fol. 222. apud Carpzov. Not. ad Schikard, Thes. XIII, pag. 231.*
‡ *Nombr. Chap. XXVII, Vers. 21.*

rier autant de fois qu'ils vouloient. On
confoloit les Rois de ce petit Nombre, en
leur donnant des Concubines. Les Rabbins mettent cette Différence entre une
Femme & une Concubine, qu'on époufe
la prémiere par Contract, & qu'on lui affûre fa Dot; au lieu que les autres fe prenoient fans Contract, quoi qu'on obfervât
les autres Cérémonies ordinaires du Mariage. On défendoit auffi au Prince d'a-
voir des Femmes étrangeres, & d'une Religion différente; &, afin de juftifier Salomon, qui en avoit un fi grand Nombre
d'Idolâtres, on affûre qu'il les avoit con-
verties, & que c'étoient autant de Profé-
lytes. Enfin, on défendoit févérement au
Roi de communiquer à fes Femmes le Secret de l'Etat, de peur qu'elles ne le tra-
hiffent: mais, la Défenfe étoit inutile;
les Femmes ont l'Art d'acquérir l'Autorité qui leur eft ravie par les Loix; &, pendant que les Hommes raifonnent à Perte
de Vûë fur leurs Droits, & fur le Pouvoir que la Nature leur a donné, elles
s'élevent au deffus des Loix, & tiennent
dans l'Efclavage ceux qui fe vantent d'être
leurs Maîtres. Salomon en fournit un bel
Exemple; & l'Enfant de Thémiftocle avoit
raifon de dire, qu'il gouvernoit la Grece,
parceque fa Mere, qui l'aimoit tendre-
ment,

ment, faifoit faire à fon Mari ce qu'elle
vouloit.

VIII. Le Droit de Vie & de Mort paroit inféparable de la Souveraineté. Mais,
fi les Docteurs donnent ce Droit à leurs
Rois, ils y attachent des Conditions qui
l'affoibliffent confidérablement. Ils difent,
d'un côté, que le Roi peut punir de Mort
une fimple Defobéïffance, quelque légere
qu'elle foit. Si le Prince avoit commandé
à un Officier d'aller à un tel Endroit, fon
Refus devenoit un Crime capital. Mais,
1, ils remarquent auffi, que le Roi devoit
éxercer fa Bonté auffi bien que fa Juftice,
& confidérer, qu'en ôtant la Vie au Coupable, il tuoit plufieurs Perfonnes; car,
l'Ecriture, en parlant du Sang d'Abel,
dit *, que *les Sangs d'Abel ont crié*. En effet, ce n'étoit pas feulement le Sang d'un
Homme †; mais, celui des Enfans qu'il
auroit engendrez, & de toute fa Poftérité,
qui demandoit Vangeance. 2, On régloit
le Supplice que le Roi devoit infliger. Les
Juifs en avoient quatre Efpeces; mais, le
Roi ne pouvoit condamner le Coupable
qu'à avoir la Tête tranchée. 3, La Confifcation des Biens n'étoit pas toujours la

R 3

fuite

* *Genef. Chap. IV, Verf.* 10.
† *Maimonid. Halach. Sanhedr. Cap. XII; ibid.*
   pag. 257.

fuite du Supplice: du moins, le Fait eft contefté; car, Maïmonides affure que le Roi *ne peut s'emparer des Biens de fes Su-jets, s'il n'eft Raviffeur*; & on ne lui don-ne que le treizieme du Pillage, & des Con-quêtes, que le Peuple faifoit. Mais, les autres mettent cette Différence entre le Sanhédrim & le Roi : que les Biens de ceux que le Sanhédrim condamnoit à Mort, étoient rendus aux Héritiers; au lieu que la Succeffion de ceux que le Roi envoioit au Supplice, lui appartenoit. On peut concilier ces deux Sentimens, en difant que le Roi ne pouvoit s'approprier les Biens d'un Homme vivant. Mais, la Confifca-tion étoit la fuite du dernier Supplice : c'eft pourquoi Achab ne put entrer dans la Vi-gne de Naboth, qu'après l'avoir accufé de Blafphême ; & il s'en mit en Poffeffion après qu'il fut lapidé, parce qu'alors ces Biens revenoient au Roi, en Vertu des Loix, qui lui donnoient la Confifcation des Suppliciés. 4, Enfin, le Roi étoit obli-gé de confulter le Sanhédrim, lors qu'il falloit punir de Mort les Coupables ; ce qui donnoit une grande Atteinte à fon Pouvoir.

IX. C'étoit encore le Confeil qui re-gloit la Paix & la Guerre. On diftinguoit pourtant deux Sortes de Guerre; les unes

étoient

étoient ordonnées par la Loi, & les autres ne servoient qu'à augmenter la Gloire du Prince, & les Bornes de l'Etat. L'Avis du Conseil étoit absolument nécéssaire pour les dernieres ; mais, pour les autres, comme ce n'étoit qu'une Exécution des Ordres précis de Dieu, le Prince pouvoit prendre les Armes, & assembler le Peuple, sans autre Délibération que celle de son Conseil. En effet, Dieu avoit commandé de detruire Amalek, parce qu'il avoit attendu les Israëlites sur leur Passage, * *& avoit frappé en Queuë les Infirmes qui suivoient.* C'est ainsi que nos Interprêtes ont traduit ; & ce qu'ils disent, est assez naturel. Les Amalékites faisoient ce que font ordinairement les Ennemis, qui envoient des Partis à la Queuë des Armées, pour surprendre les Paresseux, les Malades, & tous ceux qui s'écartent : mais, les Juifs ne peuvent concevoir que cela eut mis quelque Différence entre les Amalékites & les Iduméens ; puis qu'ils étoient tous Enfans d'Esaü. Ils trouvent de plus grands Mysteres † dans ce Texte, & ils soutiennent que la Tribu de Dan n'aiant pu suivre assez promtement les autres Tri-

R 4

bus,

---

* *Deuter. Chap. XXV, Verf.* 18.
† *V. Carpzov. Not. ad Schikard. Jus Reg. Hebraor. pag.* 295, *&c.*

bus, les Amalékites fe jetterent fur elle, & leur *couperent la Queuë* ; c'eft-à-dire, qu'ils jetterent les Parties viriles des Danites contre le Ciel, en difant à Dieu, pour lui reprocher la Circoncifion qu'il avoit impofée à ce Peuple, *Prens ce que tu as choifi* ; Infolence, qui peut être comparée à celle de Julien l'Apoftat, infultant Jéfus-Chrift jufques dans fa Défaite, & criant, *Tu as vaincu, Galiléen, &c.* Les autres ont recours au Prodige, & foutiennent que la Nuë miraculeufe enfermoit le Camp des Ifraëlites, comme une Paliffade; mais, ceux qui vouloient fatisfaire aux Néceffitez de la Nature, étoient obligés de fortir, parce que le *Camp de l'Eternel étoit Saint*, & les Amalékites, qui étoient à l'Affut, tuoient tout ce qui fortoit. D'ailleurs, ces Infideles, qui étoient allez en Egypte chercher dans les Archives le Nom & l'Ordre des Tribus, crioient à ceux de *Ruben, Simon, & Lévi, Venez* ; *car, nous fommes vos Freres, & nous voulons traiter avec vous* ; &, plufieurs de ces trois Tribus, trompez, fortirent de la Nuë, & porterent auffitot la Peine de leur Imprudence. La Nuë rejettoit miraculeufement ceux qui aimoient les Femmes, ou qui avoient du Penchant pour l'Idolatrie, comme les Danites ; & les Idolâtres en fai-

foient

foient un Maſſacre général. Enfin, on trouve quatre choſes dans un ſeul Mot que Moïſe dit d'Amalek : *Il ne craignit point Dieu* ; c'eſt-à-dire, il fit la Guerre au Peuple d'Iſraël ſans Cauſe ; puis qu'il ne paſſoit point ſur ſes Terres : Il commença les Hoſtilitez, ſans avoir fait precéder la Déclaration : Il attaqua le Peuple, lors qu'il étoit las & fatigué : enfin, il dreſſa des Embuches à ceux qui demeuroient derriere ; & ces quatre choſes aiant irrité Dieu, ſuffiſoient pour autoriſer le Roi à leur faire la Guerre, juſqu'à ce qu'ils fuſſent entiérement détruits. Le Roi pouvoit donc, de ſon Chef, aller combatre les Amalékites, & leur faire la Guerre, ſans conſulter le Sanhédrim ; mais, pour les Guerres de Conquête, ou nécéſſaire à la Défenſe de l'Etat, le Prince devoit s'en rapporter au Jugement du Conſeil. C'eſt pourquoi on applique à ce Conſeil ce que Jéthro diſoit de Moïſe, *On vous fera le Rapport des grandes Affaires.*

X. Enfin, ſi le Roi péchoit contre les Loix, le Conſeil le faiſoit dépouiller en ſa Préſence, & on lui donnoit le Fouët. Maïmonides * le dit en Termes formels : „ La Tradition nous apprend, que le Roi

R 5 „ ne

* *Maimonid. Halach. Melach. Cap. III. Schikard. Cap. II, Ihef. VII, pag. 150.*

,, ne doit avoir que dix-huit Femmes ; s'il
,, en épouse une au delà de ce Nombre,
,, qu'il soit fouëtté : s'il a plus de Che-
,, vaux qu'il n'en a besoin pour les Attela-
,, ges de son Chariot, qu'il soit fouëtté :
,, s'il amasse plus d'Or & d'Argent qu'il
,, n'en faut pour paier ses Ministres, qu'il
,, soit fouëtté. ,,

Comme cette Condamnation au Fouët
paroit avilir la Majesté des Rois, on justifie les Docteurs Juifs par l'Exemple de
Henri II, Roi d'Angleterre, qui se laissa
donner quatre-vingt Coups de Fouët par
des Moines, pour expier le Péché qu'il
avoit commis, en faisant mourir Thomas
Béket, qui troubloit son Roiaume. On
ajoute que cette Peine n'étoit pas honteuse chez les Juifs, parce qu'on la subissoit par
Forme de Pénitence ; que le Bourreau ne
mettoit pas la Main sur la Personne Roiale ; mais, il choisissoit lui-même celui qui
devoit le fouëtter : enfin, il reprenoit sa
Dignité, immédiatement après avoir sou-
fert la Peine. Il n'y avoit que le Chef du
Conseil, qu'on dégradoit après l'avoir fouëtté, & qui étoit obligé de s'aller mettre au bas
Bout du Sanhédrim. C'est là l'Idée que les
Thalmudistes nous donnent des anciens
Rois de Juda, & que nous avons rappor-
tée fidélement. Voions si elle est véritable.
XI.

XI. Quatre fortes de Perfonnes ont adopté ces Principes des Thalmudiftes. Les Ennemis déclarez de la Majefté des Rois; Milton, par éxemple, n'a pas manqué de citer l'Ufage Juif, pour autorifer la Conduite du Parlement d'Angleterre, qui obligea Charles I à porter fa Tête fur un Echafaut. Baronius, qu'on peut mettre à la Tête des Défenfeurs du Pape, en a profité, pour établir fon Autorité fur les Rois, ne faifant pas Réfléxion que, felon les mêmes Thalmudiftes, le Souverain Sacrificateur pouvoit être fouëtté, auffi bien que le Roi, & qu'on pouvoit même le condamner au dernier Supplice, ce qui ne fe faifoit pas aux Rois. Enfin, il eft obligé de s'écarter de ceux qu'il veut fuivre; car, felon les Thalmudiftes, le Souverain Sacrificateur ne préfidoit point au Sanhédrim, & il n'en étoit Membre, que lors que fon Mérite le faifoit élire. Mr. de Marca forme un troifieme Parti; il † convient avec les Rabbins, que Dieu avoit commandé de choifir un Roi, avant que le Peuple le demandât; que le Sanhédrim jugeoit de la Paix & de la Guerre, & qu'il faifoit fouëtter le Roi; mais, il met le Souve-

R 6 rain

---

* *Baron. Ann. XXXI, pag.* 90.

† *Marca Concord. Sacerd. Lib. II, Cap.* 4, 5. *pag.* 68, *&c.*

rain Sacrificateur dans la même Dépendance du Sanhédrim : c'est pourquoi, il
s'éleve fortement contre ceux , qui soutiennent que l'Eglise Chrétienne est formée
sur le Plan de la Judaïque. Enfin, un
grand Nombre de Savans se font un Scrupule d'abandonner les Rabbins. Seldénus
a balancé à le faire ; car, après avoir prouvé la Dépendance des Rois par le Témoignage des Docteurs, il * paroît pourtant
chanceler dans un autre Endroit, & déclare *qu'il ne veut rien definir.* Mais, Schikard a fait un ample Traité sur cette Matiere, dans lequel il appuie le Témoignage des Rabbins , & cet Homme savant a
éblouï jusqu'au judicieux Grotius, qui soutient † la même chose. Cependant, il suffit
d'ouvrir l'Ecriture Sainte , qui contient
l'Histoire de la Nation Judaïque , pour
être convaincu que les Rabbins nous débi-
tent des Idées Platoniciennes ; & que les
Rois, Souverains dans la Judée, ne dépendoient point d'un Tribunal supérieur, qui
les fit fouëtter.

XII. Nous examinerons ailleurs l'O-
rigine du Sanhédrim, & nous prouverons
qu'il

* *Selden. de Synedr. Lib. II, Cap.* 9, *pag.* 434;
 & Lib. II, Cap. 9, *pag.* 106.
† *Grot. de Jure Belli & Pacis, Lib. I, Cap.* 3,
 pag. 141.

qu'il ne fut établi que fous les Machabées ; & , en fappant le Fondement de cette Autorité prétenduë, nous la renverferons
abfolument. Mais , fans nous arrêter à
cette Preuve générale, foit qu'on life l'E-
criture, foit qu'on éxamine l'Hiftoire des
Juifs, on ne voit en aucun Endroit que
l'Election des Rois appartint à ce grand
Confeil.

Saül, ni David, qui montérent les prémiers fur le Trône, ne furent point rede-
vables de leur Grandeur à ce Tribunal.
Samuël fut envoié de Dieu, pour les choifir ; & David ne régna qu'en Hébron, jufqu'à ce que tout le Peuple y eut confenti.
Le Roiaume fut héréditaire dans la Maifon de David, jufqu'à la Captivité de Babylone. La Judée fut en fuite foumife aux
Rois d'Affyrie , aux Perfes, aux Grecs,
aux Syriens, jufqu'à ce que les Afmonéens
lui rendiffent fa Liberté. S'il y avoit eu
alors un Sanhédrim, Maître de l'Election
des Rois, il auroit du faire monter fur le
Trône un Defcendant de la Maifon de
David, préférablement à Ariftobule. La
Tolérance, qu'on avoit pour cet Ufurpa-
teur, auroit été d'autant plus criminelle,
que le *Prince* du Sanhédrim étoit, à ce
qu'on dit, de la Maifon de David, & qu'il
n'avoit qu'un Pas à faire pour paffer de là

au Trône.   Ce n'eſt donc pas aſſez que de
donner au Conſeil le Droit des Elections,
ſi on ne l'appuie ſur quelque Exemple;
mais, au lieu d'en trouver, ce Conſeil ne
paroit jamais, lors qu'il s'agit de donner
un Roi à la Nation.

Il devoit au moins empêcher Hérode,
Iduméen, *Valet des Aſmonéens*, de prendre
le Roiaume de ſes Maîtres : cependant, le
Conſeil reconnoit encore une fois l'Uſur-
pateur & le Tyran, ſans y faire aucune
Oppoſition ; & Joſeph, qui fait comparoî-
tre Hérode devant ce Tribunal, lors qu'il
étoit Gouverneur de Galilée, ne dit pas
un ſeul mot, ni de l'Election de ce nouveau Prince par le Sanhédrim, ni de la
Réſiſtance qu'il dut faire, s'il n'étoit pas
content de l'Election de cet Etranger, qui
dépendoit de lui.   Enfin, on a remarqué
quatre Manieres différentes, dont les Rois
de Juda ſont montez ſur le Trône, pendant la Durée de la République ; mais, on
n'y voit jamais le Sanhédrim y avoir aucune part.   Les uns étoient élus immédiatement de Dieu, comme Saül & David ;
les autres ſuccédoient à leurs Peres, comme Salomon, Roboäm, & preſque tous
les Rois de Juda.   Les troiſiemes uſur-
poient l'Empire par la Force & la Violence ; c'eſt ce que firent Athalia & les Machabées.

bées. Enfin, les derniers étoient nommez par les Paiens, comme Sédécias par Nabucodnofor, & Hérode * par les Romains.

XIII. Ce que les Thalmudiftes difent de la Naiffance & de la Qualité du Roi qu'on devoit élire, eft fi évidemment faux, qu'ils ne peuvent répondre aux Objections qu'on tire des Exemples de Saül & de David. Abravanel, plus judicieux que les autres, avoüe de Bonne-Foi, que Dieu avoit préféré le Gouvernement Ariftocratique, & que ce fut le Peuple qui demanda mal à-propos un Roi; † *mais, on ne veut pas le croire, quoi que cela foit conforme à l'Ecriture Sainte, parce que la Tradition eft contraire.* Quelle raifon? Afin d'éluder l'Ecriture, on dit que le Defir des Peuples fut précipité. Dieu avoit bien réfolu de leur donner un Roi; mais, il avoit marqué le tems, & il falloit attendre que David eût l'Age compétent pour monter fur le Trône. Cependant, afin de fatisfaire une Nation impatiente, il leur *prêta* Saül; car, c'eft ce que fignifie fon Nom. Ce Prince

* *Voiez Becan. Analog. Veter. & Nov. Teftamenti, Cap. XVI, Quæft. V, Opufc. Tom. III, pag. 365.*

† *Menaffe Ben Ifraël Conciliator. Deut. Quæft. VII, pag. 228.*

Prince fut donc *prêté* au Peuple pour quelque tems ; c'eſt pourquoi on ne prit pas
garde ſi près à ſa Naiſſance, & à ſes Qualitez.   Les autres ſoutiennent que le Crime des Iſraëlites venoit de ce qu'ils demandérent eux‑mêmes un Roi , au lieu
qu'il falloit laiſſer agir Samuël, qui , en
Qualité de Prophête, connoiſſoit les Tems
& la Volonté de Dieu.   Enfin, on aſſure
que Dieu ne fut pas irrité de la Forme du
Gouvernement ; mais, de ce qu'on rejettoit Samuël, qu'il avoit mis à la Tête du
Peuple : & c'eſt ce Sentiment que Mr. de
Marca a adopté.   Que de vains Efforts,
pour defendre une Tradition, qui eſt évidemment fauſſe ! Etrange Effet des Préjugés ! En liſant l'Ecriture toute nuë , ſans
conſulter les Docteurs célebres , on de-
couvriroit la Vérité ſans peine : mais, lors
qu'entêté de la Réputation des Docteurs,
on veut les garentir d'Erreur , on s'em-
barraſſe , & on s'engage à dire des Fauſſetez évidentes. En effet, il n'eſt point vrai,
que Dieu eut marqué David pour être le
prémier Roi d'Iſraël ; qu'il ait eu Deſſein
de lui en *prêter* un autre pour quelques
Années ; qu'il ait été obligé d'anticiper ſes
Décrets, pour ſatisfaire l'Impatience d'un
Peuple mutin , ni qu'il ſe ſoit faché de
ce qu'on rejettoit Samuël: car , au contraire ,

traire, c'étoient les Enfans de ce Prophè-
te, qui donnoient Lieu aux Cris du Peuple par leurs Defordres affreux, & qui les
obligérent de demander un Roi.   Mais,
Dieu s'irritoit, de ce qu'aiant été lui-même
fi long-tems le Roi de fon Peuple, on fe
laffoit de la Théocratie & de fon Gouvernement.   Comme les Juifs avoient deman-
dé dans le Defert un Veau d'Or, afin de
fupléer à l'Abfence de Moïfe, & d'avoir
un Dieu qui *marchât devant eux*, ils demandérent un Roi vifible, afin de fupléer
au Dieu invifible qui les gouvernoit, &
ils tombérent par là dans la Révolte: *Ils
m'ont abandonné*, dit Dieu*; *ils fe font fait
des Rois ; mais, ce n'eft pas de par moi.*
Dieu voulut peut-être les mortifier, en or-
donnant que les deux prémiers Rois fuffent
d'une baffe Naiffance, que l'un eut été
Muletier, & l'autre Berger.   La Naiffance,
difoit à ce fujet Saint Chryfoftome, ne
doit point nous enfler.   Salomon étoit, à
la vérité, Fils d'un Roi puiffant; mais,
fon Pere étoit d'une Naiffance vile & mé-
prifable, & fon Aieul maternel n'avoit
pas feulement de quoi marier fa Fille
à un Goujat.   Saül étoit auffi forti de
bas Lieu.

Porten-

* * *

* *Ofée, Chap. VIII, Verf. 4.*

*Portentum * inuſitatum conflatum eſt recens ;*
Nam, Mulos qui fricabat, Conſul factus eſt.

Voilà ce que l'Ecriture nous apprend. On peut oppoſer à des Faits évidens, rapportez par des Hiſtoriens Sacrez, une Tradition Rabbinique, ſans rougir, & ſans en ſentir la Fauſſeté.

XIV. Les Rabbins diſent que les Rois étoient oints de l'Huile, deſtinée à l'Onction du Souverain Sacrificateur, qu'on gardoit dans le Temple, & qui avoit été compoſée par Moïſe. Mr. de Marca s'eſt fait un Plaiſir d'adopter cette Circonſtance ; comme ſi la Majeſté des Rois & leur Pouvoir avoit reçu quelque nouveau Dégré d'Eclat d'une Onction qui appartenoit au Souverain Sacrificateur : mais, le Fait eſt faux, & David ne fut point oint de cette Huile. Un Raiſonnement ſimple ſuffit pour le démontrer. Saül étoit Maître du Tabernacle & de l'Huile Sacrée, lors que Dieu le rejetta, & qu'il envoia Samuël pour choiſir David : il verſa une Corne d'Huile ſur ſa Tête, pour l'aſſurer par cette Onction qu'il étoit Roi. Cette Huile ne pouvoit pas être celle des Sacrificateurs, enfermée dans le Tabernacle. Samuël au

roit

* *Apud Aul. Gell. Noct. Attic. Lib. XV, Cap. 4.*

roit hazardé sa Vie, & découvert une chose qui devoit être secrete, s'il étoit allé
demander le Baume précieux au Souverain Sacrificateur, afin d'oindre un autre
Roi à la Place de Saül, qui vivoit encore, & qui n'auroit jamais pardonné cet
Attentat : ainsi, le plus puissant, & le plus
saint des Rois n'avoit point tiré sa Dignité du Sacerdoce, & n'avoit point reçu
l'Onction Sacerdotale. Cette Remarque
détruit aussi la Différence qu'on met entre
les Rois de Juda & de Samarie ; car, ces
derniers, quoi qu'élus & oints par des Prophêtes, comme Elie, étoient, selon les
Rabbins, inférieurs aux autres, qui recevoient l'Onction miraculeuse. Mais, cette
Différence avantageuse aux Rois de Juda
est imaginaire : nous venons de le remarquer. David n'avoit qu'une Onction simple d'une Huile tirée de la Corne, & con-
férée par la Main de Samuël : les Rois de
Samarie en avoient une semblable : Jéro-
boam, Chef du Schisme, avoit reçu l'Onction sécrétement d'un Prophête, comme
David. Il suffisoit à ces Rois que la Volonté de Dieu fut révélée par des Prophêtes ; car, c'est de là que découle l'Autorité des Princes. Enfin, les Rabbins nous
disent sans Preuve, que les Enfans de Roi
ne recevoient l'Onction, que quand ils
avoient

avoient des Concurrens, ou que la Guer-re étoit allumée: * *Lors qu'il y a Paix en Ifraël, l'Onction eft inutile.* Mais, ils fe contredifent; car, en donnant une fi gran-de Vertu à l'Huile Sacrée, laquelle fanc-tifioit le Souverain Sacrificateur, com-ment la refufer au Roi, à qui elle étoit plus néceffaire? Vouloir que la Vertu de l'Onction paffât dans toute la Poftérité, c'eft imaginer des Miracles fans raifon. D'ailleurs, on combat l'Ecriture; car, Sa-lomon, Joas, & Joachas, furent oints, quoi qu'ils fuffent d'une Tige Roiale; & fi les deux prémiers avoient des Concurrens, du moins, Joachas n'en avoit aucun; car, Néco n'établit fon Frere que long-tems après l'Onction, lors que la Guerre fut allumée entre ces deux Princes, & que Néco eut vaincu Joachas, parce qu'il avoit abandonné Dieu. On fuivoit en Juda la Coutume ordinaire des Nations, d'oindre les Princes, lors qu'ils montent fur le Trône; & c'eft ici une nouvelle Preuve, qu'on ne doit pas croire les Thalmudiftes fur l'Article des Rois.

XV. Nous nous fommes fuffifamment arrêtez fur les Circonftances: éxaminons le Principal, qui regarde l'Autorité Souve-raine.

* *Vide Schikard. Jus Reg. Cap. I, Theor. IV, pag. 77; & Cap. VI, Theor. XX, pag. 445.*

raine. 1, Il est faux que les Rois consul-
tassent le Sanhédrim, pour faire la Guerre;
& qu'il n'y eut que contre des Amalékites
qu'on put combatre sans avoir son Avis.
Toute l'Histoire Sainte fait Preuve du contraire; on y trouve des Guerres injustes,
comme il y en a de légitimes. Cépendant,
on ne voit jamais assembler le Conseil;
on ne le voit jamais s'opposer au Dessein
de ses Rois, lors même qu'ils combatoient
contre la Volonté de Dieu. De quoi servoit un Conseil muët, qui ne donne aucune Marque de Piété, de Vigueur, ni
d'Existence, dans toute l'Ecriture? On y
voit les Princes consulter quelquefois les
Prophêtes, sur le Succès de la Guerre &
des Combats; mais, on ne parle jamais
d'aucune Consultation faite au Sanhédrim.
La Guerre des Machabées étoit une Révolte, ou un Mouvement d'Impatience,
causé par la Persécution, & par une pressante Nécessité. Ces Chefs n'étoient, ni
Rois, ni Chefs du Peuple; le Conseil au-
torisa-t-il leur Entreprise, ou tâcha-t-il de
la réprimer? On ne voit, ni l'un, ni l'autre. Comment nous vante-t-on l'Autorité d'un Sanhédrim, qui ne paroit nulle part,
& qui ne fait rien dans les Desordres pres-
sans de l'Etat? 2, L'Exemple de Salomon,
& de ses Successeurs, fait assez voir, que
les

les Rois avoient plus de dix-huit Femmes;
„ Car, on en comptoit à ce Prince fept
„ * cens, qui étoient Filles de Princes, ve-
„ nuës d'Egypte, des Moabites, des Ham-
„ monites, des Iduméens, des Sidoniens,
„ des Ethiens : Nations, dont Dieu avoit
„ dit, Vous n'irez point vers elles, & el-
„ les ne viendront point vers vous; car,
„ elles feroient détourner vôtre Cœur après
„ des Dieux étrangers. „ Cependant, il
n'eut jamais le Fouët. 3, On ne peut
même lui ôter le Droit de Vie & de Mort,
ni le Choix du Supplice pour les Coupables, fans fe contredire. Maïmonides, qui
foumet les Rois au Sanhédrim, avouë †
que l'un d'eux *avoit fait pendre plufieurs Perfonnes, & qu'il ordonna de les laiffer plufieurs
jours au Gibet, afin de jetter la Terreur dans
l'Ame des autres Scélérats*, & il avoit tiré
cette Penfée du Thalmud de Jérufalem.
On ne peut donc pas dire que le Roi n'eut
que le feul Droit de punir par l'Epée; &,
le favant ‡ Schikard, dont nous réfutons
ici l'Ouvrage, eft tombé dans une Contradiction fenfible ; puis qu'après avoir cité
ces Paroles de Maïmonides, il ne laiffe
pas de fuivre le Préjugé des Juifs.

XVI.

* 1 *Liv. des Rois, Chap. XI, Verf.* 1, 2, 3.
† *Maimon. Hal. Mel. Cap. III; ex Thalm. Jérufal.*
‡ *Schikard. Jus Reg. Cap. IV, Theor. XIV, p.* 259.

XVI. Pour le Fouët, qu'on donnoit aux Rois, par Ordre du grand Conseil, c'est une Vision si ridicule, qu'il est étonnant qu'il se trouve des Chrétiens qui l'adoptent. De tous les Rois, celui qui auroit mieux mérité le Fouët, c'étoit David, coupable d'Adultere. Ce Crime, suivi de Perfidie, du Meurtre du Mari, & ce Meurtre accompagné de tant de Sujets qu'il avoit immolez à son faux Honneur, & au Dessein de cacher son Crime, méritoit que le Sanhédrim redoublât sa Sévérité, & le Nombre des Coups de Verge qu'on donnoit au Prince. David étoit pénitent, & par conséquent soumis à ce Conseil redoutable. On n'avoit rien à craindre d'un Roi dévot, convaincu de son Crime, & à qui Nathan avoit fait des Prédictions menaçantes. On voit dans son Histoire deux Prophêtes, qui le censurent, qui le menacent de la Part de Dieu; mais, le Sanhédrim ne paroit jamais, ni pour représenter à David son Crime, ni pour instruire son Procès, ni pour le fouëtter. Salomon étoit plus coupable que son Pere; il avoit beaucoup plus de Chevaux qu'il n'en falloit pour tirer son Chariot; il avoit beaucoup plus d'Argent qu'on n'en éxigeoit de lui pour son Entretien; car, ses Trésors étoient infinis. Enfin, s'il falloit fouëtter

ter un Prince à chaque Femme qu'il prenoit au delà du Nombre de xviii, préf-
erit par la Cabbale, le Sang devoit ruiffe-
ler du Corps de Salomon, qui avoit fept
cens Femmes, & fon Corps être couvert
de Cicatrices. La Fuftigation devoit recom-
mencer prefque tous les Mois, & les Plaies
que les Coups d'Efcourgées avoient faites,
ne pouvoient être refermées. On remarque dans l'Hiftoire, des Rois riches &
puiffans, qui montrent leurs Tréfors, & on
en voit d'autres plongés dans une Idolatrie groffiere : à l'Idolatrie on ajoute la
Multiplication des Femmes, les Impuretez, & les Abominations ; &, malgré tous
ces Crimes, on ne leur donne pas un feul
Coup de Fouët.

XVII. Afin de faire fentir le Ridicule
de cette Tradition, il fuffit d'alléguer les
Preuves, fur lefquelles on l'appuie. Prémierement, on avouë qu'on ne découvre
pas dans toute l'Hiftoire Sainte, ou dans
celle des Machabées, ni fous les Hérodes, un feul Exemple d'un Roi que le Confeil ait fait fouëtter. Schikard indique celui d'Offas ; mais, il avouë que Dieu le
châtia plutot que le Sanhédrim. Plus judicieux qu'une Infinité d'autres, il ne cité
point Hérode, qui comparut une fois devant ce Confeil, pour y être jugé. En
effet,

effet, cet Exemple est allégué mal à-propos ; puis qu'Hérode n'étoit point encore Roi ; mais, un simple Gouverneur de Galilée. On est réduit au Silence, quand on cherche des Faits pour appuier cette Tradition ; cependant, les Crimes qui méritoient ce Châtiment, étoient assez fréquens. Comment n'éxécutoit-on pas l'Ordre de Dieu, s'il y avoit une Loi donnée par Moïse, & un Tribunal chargé de son Exécution ? Schikard *, qui fait cet Aveu, distingue entre le Droit & le Fait. Il cite l'Exemple des Empereurs, qui, par la Bulle d'Or, peuvent être citez devant un Tribunal par les Particuliers, quoi que cela n'arrive pas souvent ; & celui d'Athalia, qui ne laissa pas d'usurper la Couronne, quoi qu'on suivit la Loi Salique en Judée, & que les Hommes seuls pussent y régner. Mais, ce Raisonnement est faux ; car, on allegue une *Loi* constante, qui soumet l'Empereur aux Loix ; au lieu qu'on ne produit ici que les Réveries des Thalmudistes & de Maïmonides, qui vivoit près de douze cens Ans après Jésus-Christ, & beaucoup plus long-tems après l'Extinction des Rois en Judée. D'ailleurs, il n'y a rien de plus naturel & de plus ordinaire, que de plai-

S

der

* *Schikard. Jus Reg. Cap. II, Theor. VII, pag.* 157.

der contre les Princes ; & le Roi de France, quoi que revêtu du Pouvoir despotique, laisse décider dans son Conseil les Prétentions de ses Sujets sur son Domaine. Enfin, l'Exemple d'Athalia prouve le contraire de ce qu'on veut prouver. On y voit une Femme, qui usurpe la Couronne, contre la Loi ; quoi qu'il n'y eut point de Loi, qui permit aux Femmes de régner : on doit conclure de là, que, bien qu'on nous citât l'Exemple d'un Roi fouëtté, il ne s'ensuivroit pas que tous les Rois eussent pu l'être, & qu'il y eut une Loi de le faire. Mais, on ne produit ici, ni Loi, ni Exemple : comment donc le prouver ?

Secondement, les Thalmudistes ne comptent que trois Crimes, qui méritassent le Fouët ; d'avoir trop de Chevaux, trop d'Argent, & trop de Femmes. Cela decouvre l'Extravagance de la Tradition ; car, il y a mille Péchés plus énormes, qui méritoient le Fouët à plus juste Titre que ceux qu'on indique. Pourquoi punir les uns à Coups de Verge, & laisser ceux qui regardent Dieu, son Culte, & sa Religion, impunis ? On fait Tort à Moïse, en lui imputant des Loix si peu judicieuses, & à Dieu même, qui les a fait passer à la Postérité, par une Tradition suivie.

XVIII.

XVIII. On pousse la Force du Préjugé jusqu'à dire, qu'il n'y avoit point de Honte dans ce Supplice, quoi que le Roi fut obligé de se dépouiller jusqu'à la Ceinture; de paroître nud, & d'être battu devant ses Sujets. Comment cela? C'est que le Roi choisissoit celui qui le fouëttoit. Mais, la Honte du Fouët en est-elle moins grande, parce qu'on choisit son Bourreau? On ajoute, que le Roi le faisoit volontairement par Pénitence; mais, d'où sait-on cela; puis qu'il n'y en a aucun Exemple, & qu'on produit uniquement le Droit que le Sanhédrim avoit d'infliger cette Peine? Si le Conseil l'ordonnoit avec Autorité, le Prince ne subissoit plus l'Arrêt volontairement. La Majesté des Rois auroit toujours été avilie par cette Pénitence, quoi que subie volontairement. On se mocquoit avec raison des Pénitences & des Flagellations de Henri III: mais, si le Parlement les avoit ordonnées, quand sa Volonté auroit eu quelque petite Part à l'Action, la Honte n'auroit pas laissé d'être grande.

XIX. Enfin, la Tradition qu'on vante, n'est pas sure; car, la Gémare * de Jérusalem *porte que le Roi ne juge, & n'est*

S 2

jugé

* *Gemara Hier. ad Mischnam. Massech. Sanhedr. fol. 20. Carpzov. in Not. pag. 157.*

jugé de perfonne ; & , elle le prouve par l'Exemple de David, qui ne reconnoiſſoit que Dieu feul pour Juge ; car, en diſant *que mon Jugement forte de ta Préſence*, il enſeignoit *que le Roi & le Peuple entier ne peuvent être jugés que de Dieu*. Caſaubon avoit oppoſé ce Témoignage à Baronius ; mais, Schikard ſoutient que * Caſaubon, plus ſavant que judicieux, s'eſt laiſſé emporter à la Paſſion de combattre fon Ennemi, & qu'il n'avoit pas tourné le Feuillet, dans lequel Raf Joſeph aſſure que les Peres ont entendu cette Maxime des Rois d'Iſraël, qui ne ſe ſoumettoient pas au Sanhédrim ; mais, que ceux de la Famille de David étoient *Juges & jugés*,

Le Préjugé eſt du côté de Schikard, qui ſuit aveuglement les Rabbins, dont il avoit fait une Compilation très éxacte ſur les Droits des Rois, ou plutot, ſur celui du grand Conſeil contre les Rois. En effet, il n'a pas pris garde que les Thalmudiſtes, aiant poſé pour Maxime générale, *que les Rois ne jugent point, & ne font point jugés* ; les Rabbins, qui vinrent en ſuite, aiant changé de Principes, & ne voulant pas contredire ouvertement le Thalmud, y cherchérent une Explication. Raf Joſeph imagina qu'il falloit l'appliquer aux Rois

de

* *Exercit. XCI, in Baron. pag.* 216.

de Samarie, & on l'a suivi, parce qu'on n'avoit rien de meilleur à dire. Cependant, cette Explication est ridicule, par deux Raisons : l'une, que le Sanhédrim n'aiant jamais eu d'Autorité sur les Rois d'Israël, il est tout-à-fait mal à-propos de les faire intervenir dans le Thalmud. On avouë que ces Rois étoient Maîtres chez eux ; fiers, rebelles ; qu'ils n'écoutoient point la Loi ; qu'il n'y avoit aucune Espérance de Conversion. Etoit-il nécessaire de dire dans le Thalmud, que ces Rois n'étoient ni Juges, ni jugés ? Pourquoi parler d'eux dans un Livre, qui ne regarde que le Peuple Juif, à l'Exception des Schismatiques, sur lesquels on n'avoit aucune Juridiction ? Ce n'étoit pas plus l'Intention des prémiers Thalmudistes, de faire entrer là les anciens Rois de Samarie, que ceux d'Egypte & de Syrie, sur lesquels le Sanhédrim n'avoit aucune Juridiction. D'ailleurs, ils se font expliqués, en appuiant leur Maxime générale sur l'Exemple *de David*, lequel étoit la Souche & la Racine des Rois de Juda. Il faut donc rendre Justice au savant Casaubon ; & s'il y a de la Contradiction dans les Feuilles différentes du Thalmud, il ne doit pas en porter la Peine ; c'est à ceux qui l'ont lu, & qui le citent, à savoir qu'on y a fourré des Opi-

S 3

nions

nions très différentes , & à s'appercevoir que l'Explication de Raf Joseph , quoi qu'applaudie de plusieurs Maîtres qu'on cite , est directement opposée à la Tradition des Peres, qui ne vouloient point *que le Roi fut jugé.*

XX. Nous avons recueilli & réfuté tout ce que les Thalmudistes disent sur l'Autorité des Rois ; par deux Raisons : l'une, que faisant l'Histoire des Sentimens, aussi bien que celle des Evénemens publics, nous ne devions pas négliger une Matiere aussi importante que celle de l'Autorité Roiale & Sacerdotale : l'autre, que Schikard aiant ébloui un grand Nombre de Théologiens Chrétiens , par cette vaste Erudition qui regne dans son Ouvrage, il est nécessaire de développer la Fausseté de ses Principes , & des Témoignages qu'il allegue. On le cite par tout, non seulement avec les Louanges que sa vaste Lecture mérite ; mais , avec une Approbation presque générale de ses Sentimens : & il étoit juste qu'on connut plus éxactement quelle étoit l'ancienne Police des Juifs.

XXI. Il reste un Article important ; car, il ne suffit pas d'avoir délivré le Roi du Joug du Sanhédrim, & de celui qui y présidoit ; Baronius & ses Partisans n'y perdroient

droient rien, ʃi ce même Prince, pleinement ʃoumis au Souverain Sacrificateur,
dépendoit de ʃes Ordres. L'Hiʃtoire des
derniers Siecles de la République Juive eʃt
remplie d'Exemples contraires ; car, on y
voit ʃouvent des Souverains Sacrificateurs
dépoʃez par les Rois, qui n'avoient pourtant qu'une Autorité empruntée. Mais,
on crie à l'Injuʃtice ; on ʃoutient que c'é-
toit là un tems d'Oppreʃʃion & d'Iniquité,
& que les Hérodes étant Maitres de Jéru-
ʃalem & de la Judée, abuʃoient tyranni-
quement de leur Pouvoir : c'eʃt ce que nous
allons éxaminer en peu de Mots.

XXII. Quoi que la Juridiction Ecclé-
ʃiaʃtique & Civile des Sacrificateurs & des
Rois ne ʃe diʃtingue qu'avec peine ; cependant, on peut juger de celle qu'on éxer-
çoit ʃous l'Ancien Teʃtament, par quelques Circonʃtances dont les Ecrivains Sacrez nous ont conʃervé la Mémoire.

C'étoit la Charge du Souverain Sacrificateur, que de régler le Service du Temple, de préʃider ʃur les Sacrifices, de faire bruler l'Encens à l'Honneur de Dieu :
c'eʃt pourquoi, Oʃias, qui voulut mettre la
Main à l'Encenʃoir, fut puni. Il pouvoit
ʃeul entrer dans le Lieu Très Saint. Les
Rois ne pouvoient, ni ouvrir, ni toucher
l'Arche. David ordonna bien qu'on la

S 4

tranʃ-

tranſportât de la Maiſon d'Abinadab à Jéruſalem ; mais, il la laiſſa porter aux Prêtres. En un mot, les Actes de pure Religion appartenoient au Souverain Sacrificateur, & à ceux qui ſervoient ſous lui.
Mais, le Roi étoit Sacrificateur au dehors, comme Conſtantin diſoit qu'il étoit
Evêque au dehors ; & voici les principales
Fonctions qui regardoient la Religion, que
les Princes ont éxercées ſous l'Ancien Teſtament.

XXIII. Prémiérement, ils avoient ſoin
du Temple, de le bâtir & de le réparer,
lors qu'il tomboit en Ruïne. Salomon dé-
ploia ſa Magnificence, pour élever ce grand
Edifice ; Joas & Joſias le réparérent, &
Hérode en bâtit un nouveau. On prenoit
quelquefois l'Argent des Oblations, pour
l'emploier à cet Uſage. Joas en donna
l'Exemple ; mais, il fit plus ; il enleva
l'Argent que ſes Ancêtres avoient en quelque façon conſacré à Dieu, & mis en Dé-
pôt dans ſon Temple, afin de congédier
par là le Roi de Syrie. Les Rois pouvoient-ils ainſi ſe rendre Maitres des Tréſors du Temple ? Joſeph blâme fortement
Hérode de l'avoir fait, & remarque auſſi
que Joas ne le fit qu'après la Mort du Souverain Sacrificateur Joiadah, dont il ſuvoit
les Conſeils ; & comme la Vie de çe Prince

ce fut partagée entre le Bien & le Mal, on conclut que cette Action arrivée dans le dernier Période, ne peut établir un Droit pour les Princes, ni être approuvée de personne.

On ne peut nier que Joas ne prit le Tréfor du Temple, dans le tems qu'il avoit abandonné Dieu ; puis qu'Hazaël, Roi de Syrie, ne lui fit la Guerre, que la quarantieme Année de fon Regne, & qu'il fut tué par fes Officiers dès la même Année. Mais, toutes les Actions des méchans Rois ne font pas mauvaifes ; l'Ecriture ne condamne point celle-ci, ni dans la Perfonne de Joas, ni dans celle d'Achas, qui fit la même chofe, pour racheter la Ville de la Main des Affyriens. Le Motif peut rendre l'Entreprife bonne, ou mauvaife. La Néceffité autorife à faire Ufage de tout ce qui peut contribuer à fauver un Peuple, & à le délivrer d'un Ennemi ; c'eft ainfi qu'on a quelquefois découvert les Temples, & vendu les Vafes facrez, pour en nourrir le Peuple, que la Famine faifoit périr. L'Or & l'Argent font indifférens à Dieu. On peut lui confacrer de groffes Sommes par Dévotion ; mais, la Dévotion peut auffi obliger à retirer fes Dons, & à les confacrer à des Ufages plus utiles que celui de rendre fuperbes les Murailles d'un

S 5

Tem-

Temple, où les Miniſtres des Autels, les
bons Rois, ſacrifient leur Magnificence
aux Beſoins du Peuple : & peut-on s'imaginer que Dieu, plus jaloux de la Pompe
& du Faſte que les Rois, fut plus ſévere
qu'eux, lors qu'on a dépouillé ces Temples
d'Ornemens & d'Inutilitez, pour nourrir des
Miſérables, ou pour défendre leur Liberté ? L'Avarice fait un Péché de ce qui
ſeroit indifférent ; &, comme Hérode agit
par ce Motif, on ne peut le mettre en
Comparaiſon avec les autres Princes.   Il
eſt toujours vrai qu'ils changeoient quelquefois l'Uſage de l'Argent que le Peuple
offroit, & qu'ils s'en ſervoient pour la Réparation du Temple, ſans en conſulter les
Sacrificateurs.   Enfin, Joſias ordonna au
Souverain Sacrificateur de faire des Lin-
gots d'Or, & de changer en Vaſes ſacrez
les Dons qu'on avoit faits au Temple ; &
ce fut en tirant ces Oblations du Tréſor
qu'il trouva le Livre de la Loi.   Ainſi, c'é-
toient les Rois, qui commandoient aux
Souverains Sacrificateurs, & qui régloient
l'Uſage qu'on devoit faire du Tréſor du
Temple ; car, ces Actions ont été approu-
vées par le Saint Eſprit

Secondement, les anciens Rois inſti-
tuoient les Fêtes, ordonnoient les Jeunes
publics ; & même, ils faiſoient la Priere

dans

dans le Temple : Salomon le fit à la Dédicace du Temple, qu'il avoit bâti ; le Saint Esprit nous a confervé fon Oraifon, & nous en voions une autre que fit Jofaphat *dans la Maifon de l'Eternel, lors que tout Ifraël étoit venu pour implorer fa Protection.* Il femble que c'étoit là une Fonction purement Sacerdotale ; fur tout, dans un Jour de Dévotion folennelle, lors que toute la Nation étoit affemblée : cependant, l'Ecriture approuve ce que fit Jofaphat.

XXIV. Les Rois fe mêloient auffi de réformer l'Eglife, lors qu'elle tomboit en Décadence, & corrigeoient jufqu'aux Lévites, & aux Sacrificateurs négligens. Ces Perfonnes, qu'on appelle Sacrées, dépendoient de la Juridiction des Rois, qui leur donnoient les Ordres néceffaires pour le Rétabliffement du Culte de Dieu. Jofaphat, voiant que le Peuple ignoroit la Loi de Dieu, par la Négligence de ceux qui devoient l'inftruire, envoia des Prêtres & des Lévites dans tous les Départemens de la Judée, pour y reporter la Lumiere & la Connoiffance. Ezéchias voiant deux Abus confidérables dans la Religion : le Temple fermé, fans que les Sacrificateurs euffent le Soin de l'ouvrir & de faire le Service ; & le Peuple, qui alloit adorer le Serpent d'Airain, fans que le Clergé naturelturellement chargé de sa Conduite, condamnât cette Idolatrie ; remédia à ces deux Maux. Il brisa de son Autorité ce Serpent miraculeux ; &, aiant convoqué les Lévites & les Sacrificateurs, il leur ordonna de se sanctifier. * *Ecoutez moi, Lévites ; sanctifiez - vous ; sanctifiez la Maison de l'Eternel ; jettez les Impurétez du Sanctuaire.* Ce fut donc le Roi, qui commença la Réforme du Culte & de l'Eglise ; qui ordonna aux Sacrificateurs d'y travailler ; & qui traita Alliance avec Dieu. Il faut avouër que ce Pouvoir étoit grand. Ajoûtons-y la Censure que Joas avoit déjà faite aux Sacrificateurs, & qui marque que son Autorité s'étendoit jusques sur les Fautes qu'ils faisoient dans leur Ministere : *Pourquoi*, leur disoit-il dans son Indignation, *n'avez-vous pas encore fait les Réparations nécessaires au Temple ?* Enfin, Josias, réformant l'Eglise, fit lire la Loi aux Sacrificateurs, & les engagea par Serment à l'observer. C'est toujours le Souverain à qui on prête les Sermens, & c'est un Acte de Juridiction que de l'éxiger. Josias le fit prêter aux Sacrificateurs, dans une chose qui regardoit purement la Religion & la Loi de Moïse.

XXV.

* *II Liv. des Paralipomenes, Chap. XXIX, Vers. 5.*

XXV. Afin de ne nous étendre pas davantage sur cette Matiere, remarquons seulement deux choses qui prouvent ce que nous avançons : l'une, que les Rois n'étoient pas soumis aux Sacrificateurs, pour la Paix, la Guerre, & les Actes importans du Gouvernement ; & l'autre, qu'ils établissoient la Juridiction & l'Autorité des Prêtres. Josaphat, non content d'avoir bâti des Autels à Jérusalem, voulant pousser sa Réformation plus loin, institua des Juges pour la Décision des Cas de Conscience, & pour l'Observation de la Discipline. Il fit quatre choses. I, Prémiérement, il prit des Lévites, des Sacrificateurs, & des Chefs de Famille, pour le Jugement de l'Eternel, & pour les Procès : ces Chefs de Famille étoient autant de Laiques. Ainsi, ces Assemblées étoient mixtes, comme furent depuis les Conciles des Gaules, dans lesquelles le Roi, ses Officiers, les principaux Seigneurs du Roiaume assistoient avec les Evêques : & ces Assemblées mixtes jugeoient les Affaires Ecclésiastiques & Civiles. II, En effet, Josaphat leur donna la Regle de leurs Jugemens, & borna leur Juridiction : *ils discernoient entre Meurtre & Meurtre*, & marquoient la Différence des Préceptes moraux & cérémoniels. III, Il mit à la tête

de

de ce Conseil le Souverain Sacrificateur, dont il limita l'Autorité aux Affaires qui regardoient purement l'Eternel : Il sera par dessus vous *en toute Affaire de l'Eternel.* iv, De peur qu'on n'abusât du Pouvoir qu'il accordoit, & qu'on ne passât les Bornes qu'il avoit préscrites, il donna un Président pour les Affaires de la Police & du Roi, comme le Souverain Sacrificateur l'étoit pour celles de Dieu : * *Zébadia, Conducteur de la Maison de Juda, sera sur vous dans toutes les Affaires qui regarderont le Roi.* Voilà l'Etablissement de la Juridiction fait par le Prince, & à même tems le Partage des Charges. Le Souverain Sacrificateur devoit connoitre des Affaires de Religion ; mais, celles du Roi dépendoient du Chef de la Maison de Juda. Ce Passage est si formel en Faveur des Rois, que je ne sai comment on ôse le contester.

XXVI. Enfin, les anciens Rois avoient le Droit de déposer les Souverains Sacrificateurs ; & on ne voit point de Sacrificateur, qui ait attenté de déposer un seul Roi dans toute la Durée de la Monarchie des Juifs. L'Exemple de Saül sera sans doute contesté, parce qu'il étoit cruel & sanguinaire ; mais, celui de Salomon, qui

ôta

* *II Liv. des Paralipomenes, Chap. X I X, Vers. II.*

ôta la Sacrificature à Abiathar, & qui ne lui donna la Vie que par Grace, eſt formel. Hérode ſuivit un Exemple qui ſert de Loi ; puis qu'un Prince dévot, ſage, & éxécutant les dernieres Volontez de ſon Pere, l'àvoit donné. La Poſtérité d'Hérode ſe crut autoriſée de faire ce que les autres Rois avoient fait. Ils purent abuſer de leur Autorité ; mais, elle ne laiſſoit pas d'être légitime, & Dieu ſe ſervoit du Pouvoir qu'il avoit communiqué aux Rois, pour donner une Atteinte mortelle à la Sacrificature, qui étoit ſur ſes Fins. La ſeule Différence, que nous allons remarquer, conſiſte en ce que les Dépoſitions des Pontifes étoient rares au commencement, & qu'elles devinrent très fréquentes dans le Siecle dont nous faiſons l'Hiſtoire.

Enfin, le Souverain Sacrificateur pouvoit être *condamné à la Mort*. Il eſt vrai que ce dernier Supplice ne pouvoit être ordonné par le Roi ; mais, ce ſont les Thalmudiſtes (a) qui reſervent cette Autorité au Grand Conſeil ; & en lui réſervant

(a) *Miſnah Cod. Sanhedrim*, *Cap. II*, §. 1. Sacerdos Magnus judicat & *judicatur* : Rex neque judicat, neque judicatur ; non dicit Teſtimonium, nec in ipſum dicitur. כהן גדול דז רדנין
המלך לא דז רלא דניז אותו לא מעיר ולא מעידין.

vant ce Pouvoir, on infinuë que les Princes pouvoient infliger les autres Peines.
D'ailleurs, le Sanhédrim n'aiant pas duré
long-tems, fi le Pontife pouvoit être jugé à mort, les Rois étoient néceffairement
les Dépofitaires de cette Autorité. Cela
eft bien différent des Pontifes Chrétiens,
qui ne veulent être jugés de perfonne;
&, s'il eft vrai, comme on le dit, que l'E-
glife a été formée fur le Modêle de la
Synagogue, le Pape eft obligé de s'humilier devant les Rois, au lieu de les fou-
ler aux Pieds, comme il a fait quelquefois,
& comme il prétend en avoir toujours le
Pouvoir.

CHA-

CHAPITRE XVI.

Hiſtoire des Souverains Sacrificateurs, & de la Déſolation de l'Egliſe Judaïque.

I. *Ananélus, venu de Babylone. Dépoſé par Hé-*
rode. II. *Simon, beau-Pere de ce Prince, de-*
vient Pontife. III. *Mathias, ſouillé un Jour*
de Fête. Sa Dépoſition. IV. *Anne & Caiphe.*
S'il y avoit pluſieurs Pontifes. V. *Explica-*
tion de cette Difficulté. VI. *Divers Pontifes*
dépoſez. VII. *Autorité d'Hérode, Roi de*
Chalcide, ſur le Sacerdoce. VIII. *Charge*
de Capitaine du Temple, expliquée. IX. *Ana-*
nias fait frapper St. Paul. Explication de
ſa Réponſe. X. *Conjuration contre cet*
Apôtre. Preuve de Corruption. XI. *Puni-*
tion éxemplaire d'Ananias. Comment il
étoit une Paroi blanchie. XII. *Avarice cruel-*
le, & Diviſions des Pontifes. XIII. *Dé-*
poſition d'Iſmaël. XIV. *Guerre inteſtine*
pour la Sacrificature. XV. *Guerre ouver-*
te ſous le Pontificat de Mathias. XVI.
Phanus, Homme indigne, élu Pontife par
le Sort. XVII. *Difficulté ſur Anne, Pon-*
tife & Gouverneur de Jéruſalem, levée.
XVIII. *Réfléxions ſur les Changemens*
arrivez à cette Charge. XIX. *Sur la Cor-*
ruption des Pontifes. XX. *Des Schiſmes*
& des Héréſies. Derniere Source de Ruine.

I. Hé-

I. HErode le Grand, qui favoit de quelle Importance il eft aux Rois nouvellement établis d'être Maîtres du Clergé, & de difpofer de leur Chef, ne balança pas à choifir une de fes Créatures, pour en faire un Souverain Sacrificateur. Il crut n'en pouvoir pas trouver dans la Judée, qui lui fut affez attaché, & perfuadé qu'un Etranger, tranfporté de Babylone à Jérufalem, fans Famille & fans Amis pour fe foutenir, lui feroit beaucoup plus dévoué, il fit venir de ce Païs-là Ananélus, qu'il avoit déjà connu. Il auroit pu fe revêtir lui-même de cette Charge, comme avoient fait les Afmonéens, qui étoient à même tems Rois & Sacrificateurs ; mais, appréhendant de faire murmurer le Peuple, accoutumé à voir les Defcendans d'Aäron dans le Sacerdoce, & qui n'auroit pu fouffrir fans Indignation qu'un Iduméen l'éxerçât, il confia cette Charge à une de fes Créatures. Il s'attira par là les Plaintes de fa Belle-Mere, qui ne put voir un Etranger à la Tête du Clergé, & poffédér une Charge qu'elle croioit duë à Ariftobule, fon Fils. Hérode fut obligé de céder à fes Plaintes : il ôta à Ananélus la Souveraine Sacrificature, pour en revêtir le jeune Ariftobule, le dernier de la Maifon des

Afmo-

Aſmonéens ; ce qui lui attira de nouveaux Chagrins. En effet, le Peuple devint amoureux & idolâtre de ſon Souverain Pontife, dont la Douceur & la Bonne-Mine le charmoient. Il eut Peur qu'on ne réünit en ſa Perſonne les Titres de Prêtre & de Roi, qui avoient été ſi long-tems dans ſa Famille. Il crut ſe défaire habilement de ce jeune Rival, en joüant avec lui, & l'obligeant à ſe rafraichir par le Bain, après l'avoir violemment échauffé. Il avoit apoſté là des Gens qui le noierent, en feignant de badiner, & de le plonger par Divertiſſement dans l'Eau. Ananélus rentra par ce Moien dans la Charge qu'on lui avoit enlevée ; mais, il ne la garda pas long-tems.

11. Hérode devint éperdûment amoureux de la Fille d'un Prêtre, nommé Simon. Cet Homme, né d'un Bourgeois d'Aléxandrie, étoit aſſez diſtingué à Jéruſalem. Le Roi lui demanda ſa Fille en Mariage : il ne devoit pas s'attendre à être refuſé ; cependant, le Prêtre eut l'Inſolence, ou le Courage, de le faire. Il devoit craindre qu'on ne la lui enlevât ; mais, Hérode ne voulut point emploier la Violence ; &, entrant en Compoſition avec ce Prêtre, il ôta la Souveraine Sacrificature à Jéſus, qui avoit déjà pris la Place d'Ananéla-

nanélus, & la donna à Simon. Le Mariage fe conclut à cette Condition ; mais, la nouvelle Epoufe, qui s'appelloit Mariamne, n'aimant pas fon Mari, entra dans la Conjuration de Phéroras & d'Antipater contre lui, ce qui obligea * ce Prince à la renvoier, à deshériter fon Fils, & à chaffer fon beau-Pere du Pontificat, pour lequel il nomma Mathias.

III. Cet Homme eut le Malheur de faire un Songe, qui le fouilla la Veille d'une Fête folennelle, & le rendit inhabile à officier. Separé de fa Femme, il ne laiffa pas d'en conferver des Idées trop vives. Il le confeffa : & cette Confeffion caufa de l'Embarras ; car, on fut obligé d'élire † un Souverain Sacrificateur pour la Fête feulement : ce qui prouve, qu'il n'y avoit pas de Subftituts perpétuels pour faire la Charge de ceux qui contractoient quelque Souillure. Il entra auffi dans le Zêle de ceux qui voulurent abatre l'Aigle d'Or, qu'Hérode avoit placée fur le Frontifpice du Temple. On croioit pouvoir le faire impunément, parce que ce Prince étoit dans fon Lit de Mort ; mais, il ne pardonna point cet Acte

de

---

* *Jofeph. Antiquit. Lib.* XVII, *Cap.* 6, *pag.* 589.

† *Jofeph. Antiquit. Lib.* XVII, *Cap.* 8, *pag.* 597.

de Dévotion, & ne respecta point en mourant le Souverain Pontife, qu'il déposa, pour mettre en sa Place Joasar, Oncle de Mariamne, & Frere de Simon. Ce Joasar eut le Malheur d'être chassé par Archélaüs, qui lui substitua son * Frere : ce Frere fut obligé de ceder sa Place à un † autre ; mais, Archélaüs aiant été banni, & la Judée réduite en Province, & le Peuple refusant de païer la Capitation, Joasar se déclara pour les Romains, & rentra par leur Autorité dans la Souveraine Sacrificature. Le Peuple ne put souffrir qu'il achetât cette Dignité à ses Dépens : il se souleva ; il demanda qu'on lui ôtât un Souverain Pontife qui lui étoit desagréable. Coponius, qu'Auguste avoit envoié pour régler les Affaires de cette Province, n'ôsa refuser un Peuple mutiné, & nomma en sa Place Anne, dont il est parlé dans l'Evangile. Voilà déjà onze Pontifes déposez, pendant les Régnes d'Hérode & de son Fils Archélaüs.

IV. On regarde Anne, ou Ananus, comme l'Homme du monde le plus heureux, parce qu'après avoir *été très long-tems* ‡ Souverain

---

* *Eléazar, Frere de Joasar.*
† *Jesus, Fils de Sia, mis par Archélaüs.*
‡ *Jos. Ant. Lib. XX, Cap. 8, p.* 698. *Le Traducteur a mis* ad Satietatem *usque ; il y a* πλεῖσον,

verain Pontife, il vit cinq de ſes Enfans,
& ſon Gendre, poſſéder la même Dignité; ce qui n'étoit arrivé à aucun Sacrificateur avant lui. C'étoit un Honneur que
de ſe voir à la Tête du Clergé, & du Peuple; mais, les Révolutions furent ſi fréquentes dans cette Famille, comme dans
toutes les autres, qu'elle n'en put jouïr
tranquillement. Anne fut chaſſé par Gratus, Intendant de la Judée pour les Romains, après avoir éxercé cette Charge
l'eſpace d'onze Années. Saint Luc dit
que Caïphe & Anne étoient Souverains
Sacrificateurs, lors que Jean Baptiſte entra dans le Miniſtere. Cependant, il eſt
inconteſtable qu'il avoit été dépoſé pluſieurs Années auparavant, & que Caïphe
ſon Gendre étoit alors à la Tête du Clergé. Euſebe a imaginé que Saint Luc vouloit nous apprendre, que Jéſus-Chriſt avoit
prêché depuis le commencement du Pontificat d'Anne, juſqu'à celui de Caïphe * :
l'Erreur eſt groſſiere; car, Saint Luc ne
parle point du Miniſtere de Jéſus-Chriſt;
mais, de celui de Saint Jean. Il ne le fait
point durer depuis un Pontificat juſqu'à
l'autre; puis qu'il auroit enſeigné plus de
dix Ans. D'ailleurs, les Pontificats d'Anne & de Caïphe ne ſe joignent point; car,

il

* *Euſeb. Hiſt. Lib. I, Cap. 10, pag. 11.*

Il y en eut trois autres entre le beau-Pere
& le Gendre. Enfin, il est évident que
ce n'est point là la Pensée de l'Ecrivain
Sacré. Casaubon * a prétendu lever la
Difficulté, en soutenant que le Souverain
Sacrificateur avoit toujours un Vicaire,
pour remplir sa Place aux Fêtes solennel-
les, lors qu'il se trouvoit souillé.

Le grand Scaliger † accusoit d'Ignorance ceux qui disoient qu'Anne & Caïphe
étoient Souverains Sacrificateurs, & il
soutenoit que l'un étoit seulement le Vicaire de l'autre, étant établi pour remplir
ses Fonctions, non seulement à la Fête
des Propitiations, en cas qu'il fut souillé;
mais, pour les partager avec lui, & lui
succéder après sa Mort. Il y avoit cependant entr'eux quelque Subordination, comme celle qu'on a vue depuis dans l'Empire, entre les Césars & les Augustes ; ou
dans l'Eglise, entre les Patriarches & leur
Prémier Syncelle : mais, ces Vicaires
perpétuels des Souverains Sacrificateurs
sont chimériques. Il seroit impossible que
ce Vicariat, qui donnoit une si grande Autorité au second Pontife, & qui lui assuroit la Succession après la Mort, ne fut
pas marqué en gros Caracteres dans l'E-
critu-

* *Casaub. Exercit. pag.* 215.
† *Scalig. Prolus. in Euseb. Chronic.*

criture, qui parle si souvent des Souverains Pontifes, & des différentes Classes des
Sacrificateurs. Cependant, on n'en trouve pas un seul Exemple. Celui de Mathias, que nous venons de rapporter, prouve directement le contraire. Mais, quand
cette Supposition seroit véritable, auroit-
on marqué les tems par le Nom du Vicaire, & lui auroit-on donné le Titre absolu
de Souverain Pontife, comme Mr. de Valois * l'a judicieusement remarqué, en re-
levant les Fautes qu'Eusebe a faites sur
cette Matiere ? Lighfoot avoit été tenté de
suivre Baronius, qui a fait d'Anne le Prince du Conseil, & de Caïphe le Souverain
Sacrificateur : mais, il se fit un Scrupule
d'abandonner les Rabbins, pour insérer
dans leur Catalogue des Princes du Conseil un Homme qui ne s'y trouve pas ;
c'est pourquoi, en suivant religieusement ses
Maîtres, il fait d'Anne le *Sagan* de l'Eglise
Judaïque, ou le Vicaire du Souverain Sacrificateur. D'ailleurs, Joseph assure
qu'Anne avoit été déposé de la Sacrificature ; ce qui ne permet point de croire
qu'il l'exerçât. On soutient, que les Sacrificateurs changeoient tous les Ans ; c'est
pourquoi les Evangélistes remarquent éxactement, que Caïphe étoit Sacrificateur *de*

cette

* *Valef. Not. in Eufeb. pag. 18.*

cette Année-là : &, s'il étoit vrai que les Sacrificateurs roulaſſent *Vicibus alternis*, on auroit eu raiſon de donner au beau-Pere le même Titre qu'au Gendre ; puis qu'ils éxerçoient tour-à-tour cette Charge. Mais, cette Révolution conſtante de la Souveraine Sacrificature ne ſe trouve point : au contraire, Joſeph nous apprend, que Caïphe vécut huit ou neuf Ans dans la Poſſeſſion de cette Dignité. Enfin, un ſavant Annaliſte * a remarqué que c'étoit un Uſage contraire à la Loi, que d'avoir deux Souverains Sacrificateurs ; mais, que l'Egliſe Judaïque, tombant dans la derniere Décadence, & ſe trouvant à la Veille de ſa Ruïne par ſa Corruption, elle avoit ajouté cette Violation de l'ancien Uſage à toutes les autres. Tout étoit vénal en ce tems-là, & la Vénalité des Bénéfices devoit en introduire la Pluralité, afin de ſatisfaire l'Avarice de ceux qui en tiroient le Profit. Il y avoit donc deux Pontifes au tems de Jéſus-Chriſt. Anne & Caïphe partageoient les Fonctions de cette Charge, & préſidoient chacun leur Année. Comme, lors qu'il y a pluſieurs Conſuls, on peut dire qu'un tel étoit le Préſident de cette Année-là.

T   V. La

* *Baſnage Flottemanvill. Annal. Polit. Eccleſ. pag. 232, Tom. I.*

V. La Diverſité des Sentimens prouve que la Difficulté eſt conſidérable : mais, ne peut-on pas dire qu'Anne, dépoſé par un Intendant Païen, ne laiſſoit pas de conſerver le Titre, & même le Pouvoir qui étoit attaché à cette Charge, parce qu'il étoit fort conſidéré chez les Juifs ? Les Evangéliſtes inſinuënt que Caïphe laiſſoit à Anne la plus grande Partie de l'Autorité Pontificale, & que les Juifs étoient accoutumez à la lui déférer, même après ſa Dépoſition : car, lors qu'il s'agit de la Condamnation de Jéſus-Chriſt, l'Ecrivain Sacré aſſure que *Caïphe étoit le Souverain Sacrificateur de cette Année-là :* ſon beau-Pere n'y avoit donc aucune Part : cependant, les Sergens, & les Sacrificateurs, qui avoient pris Jéſus-Chriſt, le conduiſirent à Anne, avant que de le préſenter à Caïphe ; & ce fut lui qui le fit lier, & le renvoia en cet Etat à ſon Gendre. On réconnoiſſoit donc encore une eſpece de Pouvoir dans la Perſonne de ce Souverain Sacrificateur ; ſoit parce qu'il étoit puiſſant ; ſoit parce qu'on ne s'étoit ſoumis qu'avec peine à ſa Démiſſion faite par un Païen ; ſoit enfin, parce que Caïphe ſon Gendre eut la Déférence pour lui, de prendre ſes Conſeils, & de ne rien faire ſans ſon Avis. D'ailleurs, on ne doit point être étonné

de

de ce que les Evangéliſtes parlent ainſi ;
puis que Joſeph a fait la même choſe. Il
eſt inconteſtable que Jonathas, Fils d'Anne, & Souverain Sacrificateur, fut dépoſé
par Vitellius, qui alloit faire la Guerre en
Arabie. Agrippa offrit de le rétablir ; mais,
il refuſa ſon Offre l'An XLII de J. Chriſt.
Il n'étoit donc pas Pontife l'An LII,
qu'il fut envoié Priſonnier à Rome. Ananias, qui fit ſouffleter Saint Paul, tenoit
alors le Siege ; cependant, Joſeph, parlant de lui, & de Jonathas, dit que les
Souverains Sacrificateurs furent envoiés à
Rome par Cumanus. Il appelle Souverain
Sacrificateur un Homme qui ne l'étoit plus :
mais, qui l'avoit été ; qui n'avoit perdu
ſa Charge que par l'Autorité d'un Païen,
Gouverneur de Syrie ; & qui conſervoit
encore une grande Autorité dans ſa Nation, & par ſes Freres, & par lui-même,
comme nous le verrons dans la ſuite. Capel prétend, à la vérité, que Jonathas
avoit été rétabli ; mais, il n'en donne aucune Preuve. Joſeph ne le dit pas ; au
contraire, il fait une autre Succeſſion de
Pontifes ſi bien liée, qu'il eſt impoſſible
de trouver place pour Jonathas : & il n'eſt
pas même vraiſemblable qu'un Homme,
qui avoit refuſé de rentrer dans le Pontificat, l'ait repris, ni qu'on le lui ait offert.

T 2   Jo-

Joſeph * l'appelle *Souverain Sacrificateur*
dans la Guerre de Samarie, où il ne l'é-
toit pas ; & , en parlant des Pontifes dépoſez, qui prétendoient jouïr toujours des
Revenus de leur Charge, & qui s'unirent
pour cela avec Iſmaël le Souverain Sacrificateur régnant, il les appelle tous également *Souverains Pontifes*.　Il faut donc néceſſairement avouër qu'ils conſervoient leur
Titre, même après leur Démiſſion ; car,
tous ces Pontifes n'avoient pas tous été
rétablis ; ils n'éxerçoient pas tous la Souveraine Sacrificature à même tems ; ils n'é-
toient pas Vicaires les uns des autres. Enfin, Mathias n'étoit plus Souverain Sacrificateur, lors qu'il fut tué par Simon.　Il
y avoit même déjà long-tems qu'il avoit
perdu ſa Charge ; cependant, Joſeph † aſſure que c'étoit l'un des Souverains Sacrificateurs que le Peuple aimoit le plus ten-
drement, peut-être parce que la Guerre
avoit commencé ſous ſon Pontificat.　En
ſuivant le Stile de ce tems-là, & cette
Conjecture, on ne choque point les Loix
ordinaires des Juifs. On ne contredit point
Jo-

---

* *Vide Joſeph. de Bello, Lib. II, Cap.* 11, *pag.*
795. *Antiq. Lib. XX, Cap.* 6, *pag.* 696.
Capell. Append. ad Hiſtor. Apoſt. Tom. II,
pag. 3928.

† *Joſeph. de Bello, Lib. VI, Cap.* 15 , *pag.* 938.

Joſeph, qui aſſure qu'Anne avoit été dépoſé par Gratus, & que Caïphe étoit alors
Sacrificateur.   On s'accorde avec l'Evangile, qui nous a laiſſé voir des Reſtes d'Autorité dans la Perſonne d'Anne.   Enfin,
il n'y a rien de plus ordinaire que de conſerver aux Hommes le Titre d'une Dignité qu'ils ont poſſédée long tems, & éxer-
cée avec l'Approbation publique.   Comme Saint Luc a fait intervenir dans le même Lieu le Nom de Lyſanias, qui n'é-
toit pas néceſſaire, ni même fort connu;
puis que ce Prince n'étoit que Tétrarque
d'Abylene, ſur les Frontieres de la Judée
& de la Syrie, il a pu auſſi faire intervenir celui d'Anne, qui vivoit eſtimé des
Juifs, & qu'on regardoit encore comme
Sacrificateur, quoi que dépoſé quelques
Années auparavant par l'Intendant Romain,
& qui étoit plus connu de toute la Nation
que Caïphe : & on ne doit pas être ſurpris
de ce que dans l'Evangile de St. Jean, au
lieu de confondre le beau - Pere avec le
Gendre, on remarque que *Caiphe étoit Sacrificateur de cette Année-là* ; parce qu'il y
avoit eu en très peu de tems, & preſque
tous les Ans des Révolutions dans cette
Charge.   Gratus aiant ôté la Sacrificature
à Anne, mit Iſmaël en ſa Place ; celui-ci
étant chaſſé, Eléazar, Fils d'Anne, lui

T 3

ſuccé-

ſuccéda, & bientot après on lui ſubſtitua Simon, Fils de Carruth. Tout cela ſe fit en l'eſpace de trois Ans : ainſi, chaque Année voioit paroître un nouveau Pontiſe, & même Caïphe le devint dans cet Intervalle. Des Révolutions ſi fréquentes & ſi ordinaires obligérent les Ecrivains Sacrez à marquer préciſement l'Année de Caïphe, afin qu'on ne put ſe tromper ſur les tems.

VI. Caïphe ne fut pas plus heureux que ſes Prédéceſſeurs; car, deux Ans * après la Mort de Jéſus - Chriſt, Vitellius aiant été fait Gouverneur de Syrie, alla à Jéruſalem, où on le reçut magnifiquement. Il fit trois choſes pour s'attirer de plus en plus l'Affection des Peuples, & reconnoître celle qu'ils lui avoient déjà témoignée. Il abolit l'Impôt, qui ſe levoit à Jéruſalem, ſur les Fruits; rendit au Souverain Sacrificateur la † Garde de la Robe Sacerdotale, qu'on enfermoit ordinairement dans la Citadelle ‡ ; & dépoſa Caïphe. Les Juifs le haïſſoient, puis qu'ils demandérent ſa Dépoſition ; &, à même tems, la Famille d'Anne conſervoit tellement

ment

* L'An XXXV.
† Joſeph. de Bello, pag. 795. Capell. Append. ad Hiſt. Apoſt. Tom. IX, pag. 3928.
‡ Antonia.

ment fon Crédit, que fon Fils Jonathas *
fut élu. Vitellius fit un fecond Voiage
en Judée, lors qu'il fe préparoit à faire la
Guerre à Arétas, Roi d'Arabie. Il eut la
Complaifance pour les Juifs de faire prendre une autre Route à fon Armée , parce
qu'ils étoient choqués des Images, qu'ils
voioient dans fes Drapeaux : il célébra la
Fête de Paques avec eux ; fit offrir des Sacrifices dans le Temple : il ôta à Jonathas
la Sacrificature, qu'il lui avoit donnée ;
mais, il la laiffa dans fa Famille, en la
conférant à fon Frere † Théophile. Agrippa la lui ôta, pour la donner à Simon, Fils
de ce même Simon, qui étoit devenu Pontife, en donnant fa Fille en Mariage au
Grand Hérode : mais, foit qu'il s'acquitât
mal de cette Charge, ou que Dieu voulut
qu'elle eut un Sort très paffager, le même
Agrippa le dégrada , & voulut ‡ rétablir
Jonathas , Fils d'Anne. Content d'avoir
eu une fois cet Honneur, & ne s'en trouvant pas extrémement digne , il nomma
fon Frere Mathias, Homme infiniment plus
propre que lui à occuper ce Pofte. Jonathas fe mêla depuis dans les Démêlez
des Samaritains avec fes Compatriotes, &

T 4

fut

* *L'An XXXVII.*
† *L'An XXXVII.*
‡ *L'An XLII.*

fut mené, chargé de Chaines, à Rome. Il
y gagna fa Caufe, & obtint fa Liberté. Il
demanda même Félix pour Gouverneur de
la Judée, & on le lui accorda ; mais,
s'imaginant que ce Gouverneur devoit dépendre de lui, parce qu'il avoit contribué
à fon Avancement, il fe rendit * impor-
tun par les Rémontrances qu'il lui fit fur
fa Conduite. Son Mariage avec Drufille,
mariée à un autre, & fon Avarice, ne donnoient que trop de lieu à la Cenfure ;
mais, les Gens de Cour n'aiment pas qu'on
fe donne cette Liberté avec eux. Félix
ne put fouffrir fes Exhortations ; il s'en
vengea cruellement, en apoftant un Affaf-
fin, qui poignarda Jonathas. Trifte Sort !
Son Frere Mathias, auquel il avoit pro-
curé le Pontificat, en le refufant pour lui-
même, ne fe trouva peut-être pas capable
de l'exercer. Ces Prêtres, abufant de
leur Pouvoir, fe rendoient bientot indig-
nes de l'Honneur qu'on leur avoit fait.
Du moins, l'Amour conftant que les Peuples eurent pour Agrippa, fait préfumer
que les Sacrificateurs qu'il dépofoit fi fouvent, avoient tort. Mathias fut de ce Nombre : le Regne de fon Succeffeur † fut encore plus court ; puis qu'Agrippa, qui mourut

* *L'An LII.*
† *L'An XLIV.*

rut la même Année, l'avoit déjà chassé,
& mis un autre en sa place.

VII. Hérode, Roi de Chalcide, aiant
obtenu de Claude le Droit de nommer les
Pontifes, quoi qu'il n'eut d'Autorité à Jérusalem que sur le Temple, il ne manqua
pas de s'en prévaloir : il déposa Simon
Canthera, qu'il trouva en Possession de
cette Dignité. C'étoit la seconde fois qu'il
éprouvoit les Revers de la Fortune ; car,
Agrippa l'avoit déposé, & rétabli peu de
jours avant sa Mort. Cette Famille pouvoit le disputer à celle d'Anne ; car, les
Freres du vieux Simon, beau-Pere d'Hérode, avoient été Pontifes : son Fils, dont
nous parlons, le fut aussi, & on vit depuis son petit-Fils Joseph Cabi, qui fut
déposé par Agrippa II, après le Départ de
Festus. L'Alliance, qu'ils avoient euë avec
le Grand Hérode, aidoit à les faire entrer
dans le Pontificat ; mais, la Corruption
qui régnoit jusques dans le Sanctuaire, &
la Vengeance divine qui rendoit cette Charge souverainement mobile, les en chas-
soit les uns après les autres.

VIII. Joseph, Fils de Camyde, qu'Hérode avoit substitué à Simon, ne fit que
prendre Possession de sa Dignité, & la
perdit aussi-tot. Ananias, qui lui * succé-

T 5

da,

* *L'An XLIX.*

da, fe maintint un peu plus long-tems. Il avoit un Fils qui fut *Capitaine du Temple.* Cette Charge eft connuë par l'Evangile, qui parle fouvent de ces *Capitaines*; mais, il faut diftinguer celui qui commandoit les Troupes Romaines autour de ce grand Edifice, pour empêcher les Attroupemens & les Defordres que la Multitude pouvoit caufer, d'un Capitaine, à qui on confioit la Garde & les Clefs du Temple, afin de pourvoir à la Sureté du Tréfor & des Vafes facrez. Cet Officier fe tiroit ordinairement d'une Famille Sacerdotale, & il avoit la Liberté d'entrer dans tous les Confeils des Prêtres. Je ne fai pourquoi on veut qu'il y en eut un pour garder le Temple pendant le jour, & l'autre pour veiller la nuit; car, il eft beaucoup plus naturel de dire, qu'il y en avoit un au deffus des autres, qu'on appelloit par Honneur *Capitaine du Temple*, & qu'il avoit au deffous de lui quelques Officiers pour le relaier, qui portoient le même Nom; c'eft pourquoi l'Evangile en compte plufieurs. Ananus, Fils du grand Pontife, étoit * le Chef de ces Capitaines, & fut envoié avec fon Pere, chargé de Chaines, par Ordre de Cumanus, pour plaider la Caufe des Juifs contre les Samaritains: ils revinrent,

après

* *L'An LII.*

après avoir fait connoître l'Injuſtice de Cumanus, qui avoit été plutot leur Partie & leur Bourreau, que leur Juge.

IX. A leur Retour, ils perſécutérent l'Egliſe ; & Saint Paul étant venu à Jéruſalem l'An LVIII, éprouva les Effets de leur Violence. On l'arrêta, & on le mena devant le Grand Conſeil ; à peine avoit-il commencé de plaider ſa Cauſe, qu'Ananias commanda qu'on lui donnât un Souflet. Il perdoit à même tems le Caractere de Juge, & la Gravité de Pontife ; c'eſt pourquoi Saint Paul, ému de cette Inſulte, lui dit, *Dieu te frappera, Paroi blanchie*. Saint Auguſtin a appliqué cette Prédiction au Sacerdoce & à la République Judaïque, qui n'étoit plus qu'une Muraille, qu'on a blanchie, pour cacher ſes Fentes, & qui menace Ruïne : mais, cette Penſée eſt trop ſubtile ; elle regardoit plutot la Perſonne d'Ananias, qui fut dépoſé & tué. Baronius, toujours jaloux de l'Autorité Pontificale, ſoutient, qu'Hérode ne pouvoit ſouffrir que le Prince de l'Egliſe parut revêtu des Habits Pontificaux, & aſſis ſur ſon Trône, parceque cette Prééminence Eccléſiaſtique eſt inſupportable aux Tyrans. C'eſt pourquoi il avoit ôté au Souverain Pontife les Honneurs & les Marques de ſa Dignité. Mais, Baronius

T 6

avoit

avoit tiré cette Conjecture de ses Préjugés, sans en avoir aucune Preuve. Saint Paul avouë qu'il n'auroit pas parlé si librement, s'il avoit sçu que c'étoit le Souverain Sacrificateur : Réponse, qu'on a prise pour une Ironie, parcequ'on ne conçoit pas qu'Ananias ne fut pas distingué par son Rang, & qu'un Homme, qui l'occupoit depuis dix Ans, fut inconnu à Saint Paul. Mais, le tems où Saint Paul parla, étoit si peu propre à la Raillerie, & il y a si peu de Sens à celle qu'on lui attribuë, qu'il n'est pas apparent qu'il l'ait faite. Un autre * Annaliste habile croit qu'il faut distinguer entre une Connoissance Théorétique de l'Entendement, qui n'influe ni sur la Volonté, ni sur les Passions, de la Connoissance Pratique, qui les réprime & les tient dans le Silence. St. Paul avoit la prémiere de ces Connoissances, & la seconde lui manquoit. Cela est trop subtil. Cet Apôtre, qui n'avoit fait presque aucun Séjour à Jérusalem, depuis plus de dix Ans, pouvoit savoir qu'Ananias étoit Pontife, sans connoître sa Personne. Il ne faut pas s'imaginer que l'Ordre & la Distinction des Rangs fut si éxactement observée dans le Sanhédrim, qu'on remarquât son Chef toujours & sans Peine. Il

* *Basn. Flottemanvill. Annal. Tom. I, pag. 687.*

Il y avoit de la Sédition & du Tumulte, lors que Saint Paul plaidoit, & cela troubla peut - être l'Ordre d'une Assemblée, dans laquelle il y avoit en ce tems-là beaucoup de Confusion.

X. La Corruption des Pontifes étoit prodigieuse; car, ils autorisoient le Crime. En voici un Exemple sensible. Quarante Personnes, irritées de ce qu'on leur avoit enlevé Saint Paul, conjurérent sa Mort, & firent un Veu de jeuner jusqu'à ce qu'ils lui eussent arraché la Vie. Le Nombre des Conjurez contre un Particulier étoit grand. Saint Paul ne leur avoit fait aucun Mal; ils ne laissoient pas d'entrer en Fureur contre lui; ils faisoient intervenir la Religion & le Veu dans leur Colere: mais, ce qu'il y a de plus étonnant, & qui nous découvre le Génie des Sacrificateurs de ce tems-là, c'est que les quarante Conjurez s'addressérent à eux pour leur reveler leur Dessein, & demander leur Approbation & leurs Secours; & qu'au lieu de censurer & de fulminer ces Emportez, ils concoururent avec eux, comme leurs Prédécesseurs avoient fait avec Judas contre Jésus-Christ. La Providence, qui veilloit pour Saint Paul, l'aïant garanti de ce Peril, Ananias, toujours furieux, alla à la tête de son Clergé porter ses Accusations

T 7

contre

contre lui jufqu'à Céfarée devant * Félix, qui étoit alors Gouverneur, & qui ne voulant, ni condamner, ni abfoudre Saint Paul, le laiffa Prifonnier. Ananias étoit encore alors Souverain Sacrificateur; puis que ce fut lui qui ordonna de donner le Souflet à Saint Paul, & qui fit plaider l'Orateur Tertulle contre lui à Céfarée.

XI. Mais, Dieu vengea bientot fon Apôtre, & accomplit fa Prédiction. Il frappa *cette Paroi blanchie*, qui couvroit une Haine cruelle fous les Apparences éblouïffantes du Zêle. Agrippa II lui ôta la Dignité Pontificale : cependant, il conferva beaucoup d'Autorité ; car, il corrompit Albin, Succeffeur de Félix, & devint tout-puiffant à fa Cour. Mais enfin, fon propre Fils caufa fon Malheur & fa Perte. Ce fecond Fils portoit le Nom d'Eléazar, & étoit Capitaine du Temple. Des Affaffins l'enlevérent, & refuférent de le relâcher, jufqu'à ce qu'Ananias eut obtenu du Gouverneur la Liberté de dix de leurs Compagnons, qui étoient Prifonniers, & qui, felon les Loix, ne pouvoient éviter la Mort. Ananias † racheta fon Fils à cette Condition, qui devint d'autant plus dure, que les Affaffins aiant trouvé de la

Faci-

---

* *Act. Chap. XXIII & XXIV, Verf. 1.*
† *L'An LXVI.*

Facilité à délivrer leurs Associés par son Moien, prenoient, quand ils le pouvoient, quelqu'un de sa Famille, & lui proposoient aussitot un Echange, qu'Albin accordoit à force de Présens. D'ailleurs, Eléazar se mit à la Tête d'un nouveau Parti, qui défendoit d'immoler les Victimes pour toute Personne qui ne faisoit pas Profession du Judaïsme. L'Empereur même, qui étoit accoutumé d'offrir des Sacrifices pour lui, se trouvoit exclus par là. On voulut s'opposer à une Innovation inutile, qui alloit attirer la Haine des Romains & de tous les Etrangers. Les Pontifes mêmes, intéressés, à l'Oblation des Victimes, s'opposérent à Eléazar, qui leur ravissoit un Profit considérable ; mais, il étoit le plus fort, & Maître du Temple. Les Pacifiques demandérent du Sécours à Agrippa, qui leur envoia trois mille Chevaux. On se batit cruellement pendant sept jours : mais, les Assassins s'étant joints à Eléazar, il devint par là le Maître ; &, usant cruellement de son Avantage, il abatit la Maison de son Pere : & ce Souverain Sacrificateur, qui s'étoit caché avec son Frere dans le Haut Palais, aiant été découvert, l'un & l'autre furent tuez, sans que cette Faction eut aucun égard que c'étoit le Pere de son Chef. Dieu voulut

que

que ce Fils étouffât les Sentimens de la Nature, pour un Homme qui avoit quelque
tems auparavant étouffé tous ceux de la
Juſtice ; & c'eſt ainſi que Dieu *frappa cette
Paroi blanchie.*

XII. Iſmaël * s'étoit mis en Poſſeſſion
du Pontificat, qu'on avoit ravi à Ananias ;
& cet Homme, bien loin de remédier à la
Corruption du Clergé, l'augmenta conſidérablement. Joſeph, qui avoit diſſimulé
juſques-là les Deſordres des Sacrificateurs,
qui cauſoient de ſi fréquentes Dépoſitions,
n'a pu ſe taire ; parce qu'alors la Guerre
& la Diviſion éclatérent juſques dans le
Temple, & dans le Sein du Clergé même,
intéreſſé à demeurer étroitement uni, dans
un tems où ils avoient un ſi grand Nombre d'Ennemis, & voioient à tous momens
la Tranquillité publique troublée. L'A-
varice, qui régnoit depuis long-tems chez
les Pontifes ; puis qu'ils ſortoient de cette
Charge riches & puiſſans, quoi qu'ils ne
l'euſſent gardée que peu de † tems ; cauſa
ce nouveau Deſordre. Les Pontifes dépoſez, s'uniſſant à Iſmaël, prétendirent être
Maîtres des Décimes & des Oblations, qui
ſervoient à la Nourriture des Prêtres. Comme le Nombre de ces Pontifes étoit grand,

&

---

* *L'An LVIII.*
† *Joſeph. Antiq. Lib. XX, Cap. 6, pag. 696.*

& qu'ils vouloient tous avoir les Revenus
d'une Charge qu'on ne leur avoir ôtée, à
ce qu'ils diſoient, que par Violence, ou
par Injuſtice, il falloit que les Prêtres, qui
étoient au deſſous d'eux, mouruſſent de
Faim, ſi cette Prétention avoit eu lieu;
car, il n'y avoit pas de quoi les entretenir
tous, & ſatisfaire à l'Avarice des uns, &
au Luxe des autres.   Le ſecond Ordre du
Clergé, ſoutenu par les Principaux du
Peuple, ſe ſouleva contre ſes Chefs: des
Menaces & des Injures, on en vint aux
Coups. Chacun ſe fit accompagner par une
Troupe de Scélérats, afin de n'être pas ſurpris, & de ſurprendre les autres: on ſe
battit * dans les Ruës de Jéruſalem, &
juſqu'aux Portes du Temple.   Les Pontifes envoioient à la Campagne enlever les
Décimes dans les Granges, & ſe les appro-
prioient; ce qui réduiſit le pauvre Clergé
à mourir de Faim.   Joſeph † ne dit pas
nettement que ce fut pour ce Deſordre,
que Félix envoia quarante Prêtres à Rome, pour y rendre raiſon de leur Conduite; mais, il eſt très apparent; puis que
cela arriva dans le même tems, & que Joſeph étoit tellement perſuadé de leur Innocence, qu'il alla à Rome, quatre Ans
après,

* *L'An LVIII.*
† *Joſeph. Vit. pag.* 999.

après, les voir dans la Prison. En effet,
ils étoient la Partie opprimée ; & il n'est
pas étonnant que les Pontifes eussent plus
d'Accès qu'eux auprès du Gouverneur, qui
crut peut-être rétablir le Calme, en écar-
tant ceux qui lui paroissoient les plus
échauffez. Du moins, cette Conjecture
est beaucoup plus vraisemblable que celle
de Baronius, qui veut que ces quarante
Prisonniers fussent les mêmes qui avoient
fait le Serment de tuër Saint Paul, comme s'ils eussent été tous Prêtres, ce que
l'Histoire Apostolique ne dit d'aucun d'eux.

XIII. Ismaël se rendit aussi la Partie
d'Agrippa II, & alla plaider à Rome contre lui, sur ce qu'on prétendoit faire abbatre une Muraille, qui fermoit la Vuë
de son Palais sur le Temple. Appuié du
Crédit de Poppée, qui étoit Juif, il obtint
ce qu'il demandoit ; mais, soit qu'on se
defiât * de sa Conduite, & qu'on eut envoié des Plaintes à Rome contre lui, on
l'y retint en Otage ; & Agrippa se vengea,
en lui ôtant sa Sacrificature : il eut depuis
la Tête tranchée à Cyrénée, sans qu'on
puisse développer la Cause de cette Exécution. Il laissa trois Enfans, qui, profitant
de la Faute de leur Pere, quitterent Jérusalem, assiégée par Tite, & se rendirent
dans

* *Joseph. de Bello, Lib. VII, Cap. 4, p. 949.*

dans fon Camp, où ils furent reçus avec beaucoup d'Humanité. Jofeph, Fils de Simon, prit fa Place, & ne la garda pas long-tems. Ananus, fon Succeffeur, étoit de la Secte des Sadducéens; Homme dur & cruel, au Jugement de fa propre Nation, qui fe fignala d'abord par le Meurtre de Saint Jacques : mais, bien loin de s'attirer par là l'Amour & l'Eftime, on eut Horreur de cette Action, qui le fit dépofer, & fon Regne ne dura que trois mois.

XIV. Peu de tems après, cette Charge produifit une Guerre ouverte, & on fe la difputa à la Pointe de l'Epée. Agrippa avoit fubftitué à Ananus un nommé Jéfus, Fils de Damnée; mais, aiant voulu quelques mois après faire prendre fa Place à Jéfus, Fils de Gamaliël, ces deux Concurrens affemblérent leurs Amis, & prirent les Armes. Le vieux Ananias, qui croioit profiter de cette Divifion, non feulement la fomentoit; mais, avoit fon Parti, à la Faveur duquel il prétendoit fe rétablir. Quel Defordre, que de voir l'Eglife en Armes combattre pour une Charge que Dieu feul doit donner! Ne voit-on pas que le Sacerdoce tomboit dans la derniere Décadence, auffi bien que la République?

XV.

XV. Ce n'étoient là que les Commen-cemens de Troubles. Quoi que Jérufalem fut déjà remplie de Carnage & de Sang, par la Faute de fes Chefs, qui donnoient au Peuple un Exemple pernicieux; cependant, les Combatans aiant été dépofez, & Mathias * prenant leur Place, on en vint à une Guerre ouverte contre les Romains, qui entraina enfin la Ruïne de la Nation. Jofeph dit † que Mathias étoit Fils de Théophile; il infinuë ailleurs qu'il étoit Fils, ou petit-Fils de Simon: il y a là néceffairement quelque Confufion, qu'on ne peut développer aifément. Quoi qu'il en foit, la Révolte éclata fous fon Pontificat, qu'il ne garda qu'un An. Il ne laiffa pas de conferver quelque Autorité parmi le Peuple; &, lors que la Barbarie des Zélez faifoit tout craindre, Mathias obtint qu'on fit entrer dans Jérufalem Simon avec fes Troupes, pour réprimer cette Fureur. Il augmenta par ce Confeil le Defordre & le Carnage; Simon fut encore plus cruel que les autres. Mathias, accablé d'un Mal, auquel il ne pouvoit remédier, fut accufé de pancher du côté des Romains; c'étoit le Parti le plus fage qu'on

* *L'An LXVI.*
† *Jofeph. pag. 700. & de Bello, Lib. VI, Cap. 15, pag. 938.*

qu'on pouvoit prendre pour garentir le Peuple d'une entiere Désolation : cependant, sur ce Soupçon on l'arrêta ; & Simon, oubliant qu'il n'étoit entré dans la Ville que par sa Protection, le fit massacrer, après avoir tué trois de ses Enfans sous ses Yeux, & refusé la Sépulture qu'il demandoit pour toute Grace. C'est ainsi que les Pontifes, qui deshonoroient leur Charge, & qui fomentoient la Révolte, afin d'entretenir leur Autorité, portoient bientot la Peine de leur Crime.

XVI. Il arriva un dernier Changement à la Souveraine Sacrificature, qui acheve de prouver l'Excès de Corruption dans laquelle on étoit tombé. Les Zélez entrérent dans le Lieu Saint, écartérent toutes les Familles dont on avoit accoutumé de tirer les Souverains Sacrificateurs , & ils imaginérent une Methode toute nouvelle de les créer ; car, ils se servirent du Sort qu'ils jettérent sur une des vingt-quatre Classes que David avoit distinguées, & tirérent de là un Homme grossier, ignorant, & qui n'en étoit que plus propre à suivre leurs Passions. Il y a quelques Difficultez sur cette nouvelle Création, qu'il faut lever ; puisque nous sommes obligés d'expliquer l'Histoire des Juifs, & les différens Dégrés par lesquels la Sacrificature s'anéantit.

Pré-

Prémiérement , il ne faut pas s'imaginer que Phanus, ou Phannias, cet Homme groffier, qu'on tira de la Campagne, pour
en faire un Pontife, ne fut pas de la Race Sacerdotale. Capel s'y eft trompé ,
parce qu'il a fuivi la Verfion Latine de Jofeph, qui affure pofitivement le Fait, au
lieu que l'Hiftorien dit feulement qu'il étoit
indigne * d'éxércer cette Charge. Il étoit
de la Claffe de Jacim ; car , c'eft ainfi
qu'elle eft appellée dans les Chroniques;
& s'il y a quelque petite Diverfité de Noms
dans Jofeph, elle eft † très légere, & peut
fe corriger fans Peine. Cette Claffe étoit
compofée de la Poftérité d'Aäron ; mais,
à même tems elle fe trouvoit fort éloignée
du Pontificat , parce qu'on mettoit une
grande Différence entre les unes & les autres ; & ce fut là une des Nouveautez que
les Zélez firent dans leur Election. Le
Sort, qu'ils jettérent fur lui, en faifoit une
autre ; Dieu permit fans doute cette Innovation; & lui, qui conduit le Sort, le fit
tomber fur un Homme abfolument indigne, afin de faire fentir qu'il réjettoit abfolument les Sacrificateurs, dont la Charge
alloit être abolie.

Se-

---

* Ἀναξίου. *Joſeph. de Bello, Lib. IV, pag. 872.*
† *Joſeph lit* Ἐνιάκειμ; *liſez* ἡ Ἰάκειμ, *en faiſant
de l'ε & de l'υ un η, ibid.*

Secondement , ce Phanus fut fait *Souverain Sacrificateur*. On le conteſte : mais, Joſeph lui en donne le Titre ; & remarque, qu'avant que de jetter le Sort, les Zélez avoient écarté toutes les Familles, deſquelles on tiroit ordinairement les Pontifes. Cette Remarque ſeroit inutile, ſi on n'avoit eu deſſein d'en faire un nouveau contre les Formes ordinaires, & ſi on l'avoit choiſi ſeulement pour le Chef de la Claſſe. D'ailleurs, on *le revêtit de la Robe ſacrée*, dont les Zélez s'étoient emparez, & cette Robe ne ſe donnoit qu'au Souverain Sacrificateur. On lui apprit à faire ſa Charge ; ce qu'il ignoroit auparavant. Enfin, Joſeph remarque qu'on *jouoit la Comédie*. En effet, il n'y avoit plus qu'un Phantôme de Sacerdoce, parce que Dieu en avoit retiré ſa Grace & l'Autorité. Cependant, Joſeph, qui ne perçoit pas ſi avant dans le Myſtere, n'auroit pas mis cette Action au Rang des grands Crimes des Zélez, s'il ne s'étoit agi que d'un Chef de Claſſe. La Difficulté, car il ne faut pas la diſſimuler, nait de ce que Joſeph dit que *les Zélez établirent des Pontifes inconnus, & de baſſe Condition, afin d'avoir des Complices de leurs Crimes*. Phanus ne fut donc pas le ſeul qu'on tira d'une Claſſe éloignée, & de la Baſſeſſe, pour le faire

monter

monter au plus haut Point de l'Elévation Sacerdotale. Cependant, il eſt nom né ſeul dans l'Hiſtoire ; mais , ce Silence n'eſt pas auſſi embarraſſant qu'on le croit: car, il n'eſt point ſurprenant que les Zélez ſéditieux , qui ſe joüoient du Sacerdoce , l'aient fait changer ſouvent de Main, afin d'avoir des Hommes plus ſoumis à leurs Volontez. Les Rois, les Ethnarques, & les Gouverneurs Paiens, n'y laiſſoient ſouvent un Homme que trois Mois, lors que le Gouvernement étoit plus réglé. Le Deſordre augmenta ſans doute, lors qu'une Faction inſolente & cruelle devint Maîtreſſe abſoluë , & que la Sacrificature tendoit à ſa derniere Fin. On dépoſa donc celui-ci, & on lui en ſubſtitua ſucceſſivement pluſieurs autres ; mais, Joſeph, qui ne regardoit pas ces Pontifes comme légitimement élus, s'eſt contenté d'en rapporter un Exemple, & a paſſé les autres ſous Silence.

XVII. La plus grande Difficulté regarde l'Oppoſition, qu'on fit à l'Inſtallation de Phanus. Le Peuple ſe ſouleva contre les Zélez, à la Sollicitation d'un autre Pontife, nommé Ananus. Cet Ananus avoit été choiſi pour commander à Jéruſalem, lors que la Guerre contre les Romains fut réſoluë, & qu'on fit la Diſtribution

tribution des Charges. Joseph en fait un Homme sage, le plus ancien de tous les Souverains Sacrificateurs déposez, & celui par qui Jérusalem eut pu être sauvée, s'il avoit échappé à la Fureur des Zélez, & qu'on eut cru ses Conseils. Il ne put souffrir la Profanation du Lieu Saint, ni l'Election de Phanus par les Zélez ; il tâcha d'animer le Peuple, & de réveiller leur Zêle par ses Exhortations ; il offrit de se sacrifier, pour sauver la Gloire du Temple ; il assembla des Troupes, & auroit forcé les Zélez, s'il n'avoit eu peur de souiller le Temple, en enfonçant les Portes saintes, & en y faisant entrer le Peuple couvert du Sang de ses Ennemis, & qui avoit encore les Armes à la Main. Cependant, cet Homme illustre dans sa Nation est assez inconnu. Du moins, on a de la Peine à se déterminer entre deux Pontifes qui ont porté ce Nom. Dira-t-on qu'Ananus, ce dévot & sage Gouverneur de Jérusalem, étoit Anne, qui fit mourir Saint Jacques ? Mais, c'étoit un Sadducéen, dont Joseph a fait un Portrait trop desavantageux, pour pouvoir le transformer si promptement en un Homme qui étoit les Délices du Peuple, & qui pouvoit tout par son Eloquence. D'ailleurs, cet Ananus, qui ne fut fait

V

Sacri-

Sacrificateur qu'en soixante & deux, ne pouvoit pas être le plus vieux de tous les Pontifes. Il faut donc remonter jusqu'à Anne, beau-Pere de Caïphe *, qui condamna Jésus-Christ, & qui vivant en particulier, depuis sa Déposition, ne laissa pas de se conserver l'Amour de sa Nation. 1, Joseph † a fort loué cet Anne, beau-Pere de Caïphe, dont la Famille fut toujours puissante. Il n'est donc pas étonnant, qu'il lui donne de nouveaux Eloges, lors que dans un Age plus avancé il donnoit de sages Conseils au Peuple, & qu'il entra avec lui en Société de Commandement; puis que Joseph prit le Gouvernement des deux Galilées, à même tems qu'Ananus entra dans celui de Jérusalem. 2, L'Evangile ‡ même nous fait regarder le vieux Anne comme un Homme fort respecté du Peuple; puis qu'on lui mena Jésus-Christ, avant que de le présenter au Souverain Sacrificateur. 3, Il étoit *le plus vieux* de tous les Sacrificateurs au Siege de Jérusalem. Son Age fait peut-être un Obstacle, parce qu'on ne peut pas s'imaginer

---

* *Voiez l'Evang. de Saint Jean, Chap. XVIII, Verf. 14.*

† *Joseph. Antiquitatum Judaicarum, Lib. XX, Cap. VIII.*

‡ *Evang. de St. Jean, Chap. XVIII, Verf. 13.*

giner qu'un Homme, qui devoit avoir plus
de LXX Ans, conservât toute la Vigueur
nécessaire pour se charger du Commandement de la Ville. Mais, au fond, Joseph le représente comme un Homme déjà vieux & plus âgé que tous les autres.
Il pouvoit avoir de la Vigueur à cet Age,
être même plus propre pour le Commandement; & sa Vieillesse faisant la Distinction des autres, les engagea à lui déférer
le Commandement dans un tems de Trouble, où chacun prétendoit être le Maître.
La Sagesse qu'on lui attribuë, & la Vénération du Peuple, qu'il animoit selon
ses Désirs, font encore de nouvelles Preuves qu'il devoit être un Vieillard différent
du Pontife Sadducéen, qu'on n'avoit vu
sur le Siege que depuis trois ou quatre
Ans; & il n'y en a point d'autre qui rem-
plisse tous ces Caractères, que l'Anne de
l'Evangile. Ainsi, ce même Homme qui
avoit condamné Jésus-Christ, le véritable
Sacrificateur, dont le Sacerdoce anéan-
tissoit le Lévitique, & la Mort abolissoit
toutes les Victimes, eut la Douleur de
voir la Sacrificature anéantie, après avoir
été le Témoin de tous les Désordres &
de tous les Crimes, par lesquels elle tendoit à sa Fin, comme par autant de Dégrés. Il mourut par la Main des Idu-

méens,

méens, qui le trouverent après l'avoir cherché long-tems, & le tuerent * impitoiablement.

XVIII.

** Catalogue des **XXVIII** Pontifes, qui ont vêcu, & qui ont été déposez, retablis, ou tuez, depuis Hérode le Grand, jusqu'à la Ruïne de Jérusalem.*

Pontifes, déposez par Hérode le Grand.

1. Ananélus, venu de Babylone.
2. Aristobule, Asmonéen, noié.
3. Ananélus, rétabli & déposé une seconde fois, eut pour Successeur Jésus, Fils de Phaber, aussi déposé.
4. Simon, beau-Pere d'Hérode, déposé.
5. Mathias, Fils de Théophile, déposé peu de jours avant la Mort d'Hérode.

Pontifes, déposez par Archélaüs.

6. Joasar, Fils de Simon, Oncle de Marianne II.
7. Eléazar, Frere de Joasar; & Jésus, Fils de Sié, prit sa Place.

Par Quirinus & Coponius.

8. Jésus, Fils de Sié, chassé pour faire Place à Joasar qu'on rétablissoit; mais, ce Joasar fut à même tems déposé, à la Requête du Peuple.

Par Gratus.

9. Ananus, Fils de Seth, ou *Anne.*
10. Ismaël, Fils de Fabi.
11. Eléazar, Fils d'Anne.
12. Simon, Fils de Camithe. *Par*

XVIII. Ainſi finit la Souveraine Sacrificature , parce que Dieu n'avoit plus
V 3 beſoin

Par *Vitellius*.

13. Joſeph , ſurnommé Caïphe.
14. Jonathas , Fils d'Anne.

Par *Agrippa* I.

15. Théophile , Fils de Jonathas.
16. Simon de Canthara , Fils de Simon I.
17. Mathias , Fils d'Anne.
18. Elionæus.

Par *Hérode* , *Roi de Chalcide.*

19. Simon de Canthara avoit ſuccédé à Elionæus ; mais , il fut dépoſé une ſeconde
fois par Hérode.
20. Joſeph , Fils de Camyde.

Par *Agrippa* II.

21. Ananias , Fils de Nébédée.
22. Iſmaël , Fils de Fabi.
23. Joſeph Cabi , Fils de Simon I.
24. Anne , ou Ananus le Sadducéen , Meurtrier
de Saint Jacques.
25. Jéſus , Fils de Damnæus.
26. Jéſus , Fils de Gamaliël.

Par *les Zélez.*

27. Mathias , ſous qui la Guerre commença , &
qui fut tué.
28. Phanus , Phannias , ou Phannaſe , tiré au
Sort par les Zélez , auquel ils en ſubſti-
tuerent
29. D'autres *Inconus.*

beſoin de ces Pontifes, dont ſon Fils avoit pris la Place. Sans nous étendre en Réfléxions, tirées du Sein de la Religion Chrétienne, on peut remarquer deux choſes ſur la maniere donc cette Charge fut abolie.

Prémiérement, on n'avoit jamais vu de Changemens ſi fréquens de Sacrificateurs, depuis que Moïſe l'avoit inſtituée. Les Juifs avoient plié ſous le Joug des Grecs & des Syriens. Leur Sort devoit être plus doux ſous celui des Romains : non ſeulement, parce que, malgré leur Paganiſme, ils reſpectoient un Temple, dans lequel les Maîtres de l'Empire envoioient offrir des Sacrifices, & qu'ils parurent avoir beaucoup de Complaiſance pour les Juifs, juſqu'à ce qu'ils euſſent comblé la Meſure de leurs Péchés ; mais, parce que, ſous le Commandement des Romains, ils avoient des Ethnarques de leur Religion ; & lors même que la Judée fut entiérement réduite en Province, Hérode, Roi de Chalcide, & Agrippa II, qui étoient Juifs, avoient obtenu de Claude l'Intendance du Temple, & la Nomination des Pontifes. Cependant, on ne vit jamais tant de Changemens dans cette Charge ; & il n'y en a peut-être jamais eu de ſi conſtans dans aucune autre. Soit que le Juif, ou le Paien nommât au Pontificat, à peine la Nomination

nation étoit-elle faite, qu'il falloit la révoquer? Il n'y avoit plus de Confiſtence
dans ce Sacerdoce, dont Dieu avoit rom-
pu la Force; & les Juifs font eux-mêmes
obligés de reconnoître là quelque choſe de
ſecret & de divin. Les Rois avoient toujours eu le Pouvoir de dépoſer les Souvé-
rains Sacrificateurs; mais, à peine l'avoit-
on éxercé une ou deux fois dans l'eſpace
de quinze cens Ans, qu'ils avoient ſubſiſté.
On voit ici près de trente Dépoſitions dans
un eſpace de cent Ans. Depuis Hérode,
on ne voit pas un ſeul Sacrificateur, qui
meure dans ſa Charge, ou bien ils meu-
rent de Mort violente. Leur Dépoſition
ne les met point à couvert de la Haine des
Peuples, ou de la Pourſuite des Romains.
L'Autorité de cette Charge paroit éteinte
dans ceux même qui en jouïſſent; ils ne
peuvent, ni la retenir, ni l'éxercer; ils
font le Jouët de l'Inconſtance & du Ca-
price des Hommes. Peut-on aſſez admirer
un Sort ſi particulier & ſi étrange des Sacrificateurs qui ont précédé la Ruïne du
Temple? Et quelle Raiſon peut-on alléguer d'un Changement ſi extraordinaire,
lors qu'ón ne remonte pas juſqu'à Dieu &
à ſes Jugemens?

XIX. Il faut avouër auſſi que la Corruption de ces Pontifes monta juſqu'au

 der-

dernier Excès. L'Avarice les domina, juſqu'à arracher aux Prêtres les Alimens ordinaires, pour s'enrichir : ils ne penſoient qu'à amaſſer des Tréſors, pour corrompre les Gouverneurs Romains, dont la Protection leur étoit néceſſaire. Lors qu'ils ne pouvoient l'acheter, on voioit ces Hommes, dont toute la Dignité conſiſtoit à ſervir Dieu, entrer dans des Cabales, exciter les Peuples à la Révolte, ſe mettre à la Tête des Troupes, pour faire la Guerre, & ſe faire Commandans & Gouverneurs à Jéruſalem, afin de pourvoir à tout ce qui étoit néceſſaire pour ſa Défenſe. Lors qu'ils n'avoient pas la Guerre avec l'Ennemi, ils ſe la faiſoient à eux-mêmes ; ils animoient la Haine qu'on avoit déjà contre les Samaritains, excitoient au Maſſacre, prenoient les Armes pour s'arracher le Sacerdoce, comme s'ils avoient combatu pour une Dignité purement temporelle. Il ne faut pas s'étonner, ſi Dieu punoiſſoit de ſi criminelles Profanations. C'eſt là le plus triſte & le plus funeſte des Jugemens de Dieu, lors qu'il laiſſe le Clergé deshonorer ſa Profeſſion, & tomber dans le Crime. La Profanation & l'Impénitence enfantent néceſſairement des Maux généraux & publics : telle fut la Condition du Clergé Juif, qui commença

par

par le Crime, & finît par la Peine la plus terrible qu'on puisse imaginer.

XX. Il y avoit une autre Source de Malheurs dans cette Eglise, que nous n'avons pas encore touchée, & nous nous contenterons d'en donner ici une Idée générale & très courte ; parce que nous devons traiter cette Matiere avec Précision dans le Livre suivant. C'étoit la Division & la Multiplicité des Sectes, qui la déchiroient. Le Schisme de Samarie subsistoit encore, & la Haine entre ces deux Parties de la Nation étoit si violente du tems de Jésus-Christ, qu'elles n'avoient presque aucun Commerce.

Les Pharisiens corrompoient les Peuples par le Relâchement de leur Morale, & par les Adoucissemens qu'ils donnoient à la Loi. La Conscience trompée suivoit avec Plaisir des Docteurs qui accommodoient la Religion avec les Passions, & qui, après avoir laissé aux Mouvemens du Cœur toute leur Activité, flattoient encore sa Fierté, en lui persuadant qu'il méritoit le Ciel par ses Forces & par ses bonnes Oeuvres.

Le Sadducéen avoit imaginé une Religion pour les Gens de Qualité, qui ne s'intéressent que pour le présent, & qui ne veulent point qu'on trouble leurs Plaisirs

V 5

par

par les Idées effraiantes de l'Avenir. Ils en-
feignoient que Dieu donnoit des Récom-
penfes, & qu'il envoioit des Châtimens pendant la Vie; mais, que l'Ame périffoit
avec le Corps, & qu'il n'y avoit, ni Efprits,
ni Réfurrection, ni Jugement avenir.

Il fembloit qu'il y eut plus de Dévotion
chez les Efféniens; mais, ces Auftéritez
apparentes cachent fouvent le plus redoutable de tous les Vices, qui eft l'Orgueil.
J'ai vu peu de Dévots qui ne fuffent fiers,
& qui ne méprifaffent leurs femblables.
Ces Séparations de la Société font toujours fufpectes: on fe place à l'écart, afin
d'être vu; on craint de n'être point diftingué dans la Foule; on écrit en gros Caracteres fur fes Habits & fur la Porte de
la Maifon, qu'à telle heure on fe morti-
fie, & qu'on fe donne la Difcipline, afin
que perfonne ne l'ignore; & ce Caractere
n'eft point celui de la vraie Dévotion.

Les Hérodiens fubftituoient un faux
Meffie au véritable. Les Impofteurs, avec
l'Idée d'un Regne & d'une Délivrance temporelle, trompoient le Peuple par une fauffe
Efpérance de Liberté. Ainfi, la Corruption & la Mifere entroient dans l'Eglife
Judaïque par toutes les Portes. Nous avions
deffein de nous étendre fur cette Caufe de
la Décadence du Judaïfme: mais, comme
l'Hif-

l'Hiſtoire de toutes ces Sectes différentes s'eſt trouvée aſſés longue pour faire perdre de Vuë la Ruïne de Jéruſalem, nous la renvoions à la Suite du prémier Livre.

CHAPITRE XVII.

Troiſiéme Dégré de la Ruine de Jéruſalem.

Déſordres cauſez par les différentes Factions du Peuple.

I. *Zêle du Peuple pour ſa Religion.* II. *Cette Religion altérée par les Romains.* III. *Maſſacre ſous Varus.* IV. *Boucliers conſacrez à Tibere par Pilate.* V. *Statuë de Caligula, rejettée.* VI. *Guerre des Samaritains contre les Juifs, ſous Cumanus.* VII. *Félix maltraite Saint Paul, & tue le Souverain Sacrificateur.* VIII. *Cruautez d'Albinus & de Geſſius Florus.* IX. *Déſordres cauſez par les Voleurs.* X. *Impoſteurs fréquens.* XI. *Origine des Zélez.* XII. *Crimes énormes qu'ils commirent.* XIII. *Diviſions à Jéruſalem entre les Mutins.*

I. LE Peuple conſervoit un Zêle ardent pour ſa Religion & pour le
V 6 Temple.

Temple. Il s'y rendoit tous les Ans, à grands Frais, & au Péril de sa Vie, pour y adorer le vrai Dieu. Le Nombre de ceux qui y sacrifioient, étoit presque infini. Le Culte étoit pur ; car, on n'adoroit, ni Simulacre, ni Images. Il n'y eut aucune Interruption dans le Sacrifice perpétuel du Soir & du Matin, jusqu'à la Veille du jour où la Ville fut prise. On continua d'y porter les Prémices & les Oblations pour la Nourriture des Prêtres, quoi qu'on vit qu'elles étoient pillées par le Souverain Sacrificateur, qui se les approprioit, & laissoit mourir les autres de Faim. Avec cette Ombre de Religion, on croioit que Dieu devoit toujours protéger la Nation, & que la Ville, ni le Temple, ne pouvoient être ruïnées. Quel Aveuglement que celui de s'imaginer que Dieu se contente de quelques Apparences de Dévotion, pendant, qu'on néglige ce qu'il y a d'essentiel dans la Loi ; & qu'il soit obligé de soutenir une Maison qu'on profane par mille Impuretez ! En effet, les Zélez firent du Temple une Retraite de Voleurs, un Théatre de Carnage ; & Dieu, qui n'avoit plus besoin de Temple, ni de Sacrifices, ne voulut pas permettre qu'il subsistât.

Nous ne ferons pas ici l'Histoire éxacte de tous les Desordres que les Peuples commirent ;

mirent ; car, il faudroit copier Joseph, au lieu de supléer à ce qui lui manque. Cependant, afin qu'on ait une Idée générale des Moiens que Dieu emploia pour perdre cette Nation, qu'il avoit protégée si long-tems, nous distinguerons cinq sortes de Personnes, qui concoururent à la Ruïne de Jérusalem ; les Troupes Romaines, les Gouverneurs qu'on envoioit dans la Judée, les Voleurs, les Imposteurs, & les Zélez.

II. Les Romains aiant été appellez au Secours, ou plutot au Gouvernement de la Judée, par la Division des Asmonéens, & par le Besoin pressant d'Hérode, la Religion souffrit beaucoup de ces Troupes auxiliaires, & de ces Maitres impérieux & durs. Depuis le Retour de la Captivité, on avoit été nourri dans une Horreur affreuse pour les Images. On poussoit le Scrupule jusqu'à l'Excès ; puis que le Passage des Troupes portant un Aigle dans leurs Etendars, & à la tête des Légions, effarouchoit les Peuples. Cependant, Hérode, pour plaire aux Romains, ne laissa pas de placer un Aigle d'Or sur la Porte du Temple Les Zélez, persuadez qu'on ne devoit *souffrir dans le Temple la Figure, ni la Ressemblance d'aucun Animal*, & qui voioient Hérode dangereusement malade, crurent

V 7

qu'il

qu'il étoit tems de vanger la Religion ou-
tragée : ils abattirent cette Image à coups
de Hache. Le Prince, irrité de cette Infulte, qu'on lui faifoit à l'Ombre de la Dévotion, eut encore affez de Colere & de Vigueur, pour condamner au Feu ceux qui
avoient confeillé l'Action, & fit trancher
la Tête aux autres. Le Peuple les regarda
comme des Martyrs, fit retentir la Ville
de Cris & de Larmes, demanda Juftice à Archélaüs, fon Fils, qui, bien loin de diffimu-
ler, ou de defavouër l'Action de fon Pere, fit maffacrer trois mille Hommes affemblez dans le Temple, où ils faifoient
tranquillement leurs Dévotions, après avoir
repouffé les Troupes qu'on avoit envoiées
contre eux *. Archélaüs avoit peur qu'en
pardonnant l'Outrage fait à l'Aigle d'Or,
Augufte ne crut qu'il avoit laiffé violer la
Majefté de l'Empire, & ne lui refufât la
Couronne. C'eft ainfi qu'on facrifioit tout
aux Romains, & que dès ce tems-là on
immoloit mille & mille Victimes vivantes
à des Images mortes & infenfibles. On in-
troduifit les Spectacles; on célébra, à l'Honneur de l'Empereur, des Jeux auparavant
inconnus ; ce qui émut la Populace, qui
craignoit que la Religion ne reçut quelque
Atteinte par là , & qu'on ne cachât les
Images

* *Joseph. de Bello, Lib. II, Cap. I, pag.* 776.

Images fous les Préparatifs d'une Fête. Il arriva un autre Defordre, caufé par les Troupes. Les Romains, qui avoient Peur que les Juifs, qui s'affembloient de toute la Judée & des Provinces d'Orient pour la Fête de Pâques, ne priffent de là Occafion de remuër, faifoient en ce tems-là la Garde à la Porte du Temple. Un Soldat de Cumanus, qui étoit de Garde, découvrit fa Turpitude (a) aux Juifs, afin de les infulter dans le tems qu'ils ne penfoient qu'à la Célébration de leurs Myfteres. Ils crurent que la Religion étoit intéreffée dans cette Infulte ; on demanda la Mort du Coupable ; &, avant que l'avoir obtenuë, on s'arma de Pierres & de Bâtons. Cumanus envoia un fecond Detachement, pour foutenir celui qu'une Jeuneffe mutine attaquoit avec Violence, & alors elle fut obligé de fuïr. On quitta le Temple en confufion ; &, comme chacun fe hâtoit de fortir, & que les Soldats, qui occupoient le Porche, profitoient de l'Occafion pour fe vanger, il en y eut près de dix mille de tuëz, ou d'écrafez. C'eft ainfi que le Mêlange des Romains, accoutumez à une autre Religion, & ravis de deshonorer celle.

(a) Προσέτρεψε τοῖς Ἰεδαίοις τὴν ἕδραν, *posteriora fua vertit.* Jofeph. de Bello, Lib. II, Cap. 11, pag. 794.

le des Juifs, qui étoit seule au Monde,
commença à les animer d'un Zêle furieux,
& à exciter l'Esprit de Révolte.

III. Les Gouverneurs firent plus de
Mal que les Soldats. La Judée fut souvent réduite en Province, & par une Providence particuliere, presque tous ceux
qu'on y envoia furent autant de Scélérats,
qui ne cherchérent qn'à s'enrichir des Dépouilles de leur Gouvernement, à faire
périr la Nation qui leur avoit été confiée,
& à aigrir tellement les Esprits, que pous-
sez au Desespoir, ils s'engagérent dans une
Révolte ouverte, & hâtérent leur Ruïne.

En effet, pendant l'Interregne d'Archélaüs, qui étoit allé à Rome demander
l'Exécution du Testament de son Pere, Sabin, Intendant de Syrie, sous les Ordres
de Varus, se rendît en Diligence à Jérusalem, pour faire l'Inventaire des Biens
qu'Hérode avoit laissés, & se rendre Maître des Places fortes. Il étoit suivi, non
seulement de Troupes ; mais, d'un grand
Nombre de Domestiques accoutumez à
piller, qui ne manquérent pas de faire beaucoup de Desordres à Jérusalem. Le Peuple, assemblé pour la Fête de la Pentecôte, se mutina. La Fureur redoubla, lors
qu'on s'apperçut que les Soldats avoient
emporté quatre-vingt dix mille Livres du
Trésor.

Tréfor. Sabin fut affiégé par les Mutins ;
Varus vint à fon Sécours , foutenu de
quelques Arabes , qu'Arétas lui avoit four-
nis. Le Defordre augmenta par cette Troupe de Voleurs, qui ne penfoient qu'à bruler & à s'enrichir , tellement qu'on fut
obligé de les congédier.   Varus fe rendit
Maître de Jérufalem, & n'y trouva prefque pas de Réfiftance. Il fit crucifier deux
mille Perfonnes ; il en jetta un plus grand
Nombre dans les Prifons ; fit battre la
Campagne par fes Troupes, qui maffacrérent tout ce qui tomboit entre leurs Mains.
Il paffa de là dans l'Idumée, ou dix mille
Hommes, en Armes fe préparoient à lui ré-
fifter ; mais, ils plièrent devant fes Troupes. Il fit Grace aux uns, & punit les autres. Cependant, il eft fi vrai que cette Emotion avoit été caufée par Sabin, qu'il n'ô-
fa paroître devant Varus pour juftifier fa
Conduite, & fe retira , lors qu'il apprit
qu'il venoit à fon Sécours.

I V..Pilate, qui fut Intendant de la Judée pendant dix Ans, & par l'Ordre de qui
Jéfus - Chrift fut crucifié, eft affez connu
par nos Evangiles. A peine étoit-il arrivé,
qu'il voulut placer dans le Temple des
Boucliers confacrez à l'Honneur de Tibere. Jofeph affure que ce furent les Images
gravées fur ces Boucliers qui choquérent
les

les Juifs, & les obligérent d'envoier à Tibere, après avoir fait inutilement leurs Remontrances à l'Intendant. Cependant, Philon *, faisant parler Agrippa I, affure, qu'il n'y avoit fur ces Boucliers aucune Figure; mais, qu'on fut chagrin d'y trouver le Nom de celui à qui ils avoient été dédiés. Scaliger † a préféré le Sentiment de Joseph; il a même cenfuré Philon, parce qu'il étoit ordinaire d'envoier aux Princes un Bouclier, comme une Marque de Reconnoiffance. Les Machabées l'avoient fait. Il y avoit même quelquefois une Fleur, ou une Couronne gravée. C'étoit auffi la Coutume des Rois victorieux d'en envoier au Temple de Jérufalem, & on les recevoit, fans éxaminer la Religion du Donateur. Il n'y auroit donc pas eu de Crime; &, Pilate n'auroit pas offenfé les Juifs, s'il n'avoit fait graver quelques Images fur ces Boucliers. Mais, Scaliger n'a pas fait affez d'Attention au Récit de Philon. Les Boucliers, qu'on vouloit pendre dans le Temple, étoient confacrés à Tibere; & tous ceux qu'on recevoit dans le Temple de Jérufalem, devoient être confacrés au Dieu vivant. Pilate faifoit de Tibere une efpece de Divinité, à laquelle il

pré-

---

* *Philo de Legat. pag* 799, 800.
† *Scalig. in Eufeb. pag.* 172.

préfentoit fon Offrande. On flattoit les
Princes de ce tems-là, en leur érigeant
des Autels , & en plaçant leurs Statuës
dans les Temples. Pilate confacroit des
Boucliers dans celui de Jérufalem, pour
honorer la Valeur de fon Prince , & les
Juifs ne purent fouffrir cette Affociation
de la Créature avec la Divinité. L'Ordre
que Tibere donna en fuite de porter ces
Boucliers à Céfarée, dans un Temple qui lui
étoit dédié , prouve évidemment cette Conjecture.   Pilate eut beaucoup de Dureté
dans cette Circonftance; car, il ne voulut
jamais abandonner fon Projet, bien qu'il
vit le Peuple en Fureur, & toutes les Apparences d'une Sédition terrible. D'ailleurs,
il pilla la Judée; il mêla le Sang des Galiléens avec celui de leurs Sacrifices ; enfin, il agit avec tant de Cruauté contre les
Samaritains , qui s'étoient laiffés dupper
par un Fourbe, & qui ne faifoient rien
contre l'Etat, que Vitellius, Gouverneur
de Syrie, à qui on porta les Plaintes, l'o-
bligea de s'aller juftifier à Rome. La Tradition porte qu'il fut relégué à Vienne, où
il fe donna la Mort, parce qu'il ne pouvoit plus foutenir les Chagrins dont il étoit
accablé.

V. Pétronius, envoié de la Syrie, pour
placer dans le Temple la Statuë de Caligula,

gula, fut plus modéré, soit qu'il suivit
son Tempérament, ou qu'il eut peur de se
trouver accablé par la Multitude des Juifs,
qui venoient d'Orient célébrer la Fête de
Pâques. Il étoit délicat de suspendre l'Exécution d'un Ordre de cette Nature; cependant, quand il vit la Fermeté des Juifs,
il consentit à attendre le Succès de la Députation qu'on faisoit au Prince. Un Gouverneur sage rend souvent de grands Services par sa Modération. Il est dangereux
de pousser les Peuples au Desespoir. La
Révolte coûte toujours du Sang & des Sujets. Le Feu, lors qu'il est allumé, ne
s'éteint pas aisément: il passe dans les Lieux
voisins; il les embrase, & cause un Incendie qui dure long-tems. Mais, on aime à faire sa Cour aux Princes fiers; on
écoute ses Passions préférablement au Bien
public. Pétronius étoit d'un autre Caractere: il résista aux Ordres de son Maître,
par la Crainte de lui attirer un furieux Orage, & évita par là à l'Empire le Carnage
& les Maux, qui sont les Suites ordinaires du Soulévement.

La Famine désola * la Judée sous Fadus, que Claude envoia pour la gouverner, après la Mort d'Agrippa. C'étoit cette Famine qu'Agabus avoit prédite dans
l'Histoi-

* L'An XLIV.

l'Histoire des Actes. Jérusalem en auroit été désolée, si la Reine des Adiabéniens, qui y avoit établi son Domicile, n'avoit fait de grandes Aumônes au Peuple, & si les Juifs d'Antioche n'avoient secouru leurs Freres dans une Nécessité si puissante. Fadus étoit chargé d'Ordres mortifians pour les Villes de Césarée & de Samarie; mais, l'Empereur appaisé par leur Députation, les révoqua. On ne laissa pas de remuër, malgré la Misere, qui étoit pressante; mais, le Gouverneur fit plier les Mutins & les Voleurs qui ravageoient le Païs ; ce qui ne put se faire sans Effusion de Sang. On leur donna en suite un Apostat pour gouverner : c'étoit * Aléxandre , Neveu de Philon Juif, qui avoit sacrifié sa Religion à ses Intérêts ; mais, il ne fut pas méchant, contre la Coutume. Son Gouvernement fut court, & il fit Place à Cumanus , sous lequel on vit d'affreuses Cruautez.

V I. Ce fut sous ce Gouvernement qu'arriva l'Insulte du Soldat, dont nous avons parlé , qui coûta la Vie à dix mille Juifs. Quelques-uns en comptent jusqu'à trente mille qui périrent † dans cette fatale Journée. Ce fut encore sous le même Cumanus, que le Bagage d'un Esclave de l'Empereur

---

* *L'An XLVI.*
† *L'An XLVIII.*

pereur aiant été enlevé par quelques Voleurs, à cinq Lieuës de Jérusalem, les Troupes furent détachées dans la Campagne,
pillérent & brulérent impitoiablement tout
ce qui tomba entre leurs Mains. Un Soldat aiant trouvé les Livres de Moïse, les
déchira & les brula. Alors, les Juifs perdirent Patience : ils crurent qu'on ne vouloit plus garder de mesure avec eux ; puisqu'on déchiroit insolemment leur Loi. Ils
se rendirent en foule à Césarée, & demandérent Justice à Cumanus, d'une maniere
à lui persuader qu'ils se la feroient eux-
mêmes, s'il ne la leur rendoit pas. Il fut
obligé de céder, & de faire mourir le Soldat ; mais, il n'attendoit que l'Occasion
de se vanger, & il la trouva bientot. Les
Samaritains aiant querelle avec les Juifs,
ces derniers allérent piller leur Ville. Cumanus * vint à leur Secours, dissipa les
Vainqueurs, après en avoir tué un grand
Nombre, & laissa malicieusement durer
cette Guerre civile, sans y donner les Ordres nécessaires, afin de laisser affoiblir la
Nation, qui couroit rapidement à sa Ruïne.

Tacite rapporte que Cumanus étoit Gouverneur de Galilée, & Félix de Samarie ;
& que ces deux Gouverneurs ne se donnérent pas la peine d'arrêter le Desordre,
qui

* L'An LII.

qui auroit mis en Feu toute la Judée, ſi le Gouverneur de Syrie n'en avoit pris Connoiſſance ; mais, il le fit d'une maniere ſi partiale, qn'il fit ſeoir Félix au Rang des Juges, pendant que Cumanus plaidoit dans celui des Criminels. Il ne pouvoit éviter la Condamnation ; puis que ſon Ennemi étoit ſon Juge. Il y a des Gens qui balancent entre Tacite & Joſeph. Le ſavant * Péarſon tâche de les concilier, en faiſant Félix deux fois Gouverneur de la Judée ; l'une avec Cumanus, & l'autre après ſa Condamnation. Mais, outre que le Préjugé le plus naturel eſt en Faveur de Joſeph, qui doit avoir mieux connu l'Hiſtoire de ſa Nation qu'un Etranger, Tacite partage le Gouvernement de la Judée à deux Perſonnes ; cependant, il n'y avoit ordinairement qu'un ſeul Gouverneur. D'ailleurs, Tacite s'eſt trompé ſur le tems de ces Deſordres ; car, il les met dans une ſeule † Année, comme s'ils y avoient commencé & fini promptement ; cependant, ils durérent long-tems, & ne furent calmez que l'An LIII, par la Condamnation de Cumanus, qui ſeule prouve ſuffiſamment, que ces Gouverneurs abuſoient cruellement de leur Pouvoir ſur la Nation

Judaï-

* *Annal. Paul. An. LIII, pag.* 13.
† *L'An LII.*

Judaïque ; puis qu'on étoit obligé de les
réprimer si souvent.

VII. Félix, le Successeur de Cumanus, lequel avoit été condamné pour ses
Malversations, s'amusa d'abord à faire l'A-
mour. Il débaucha Drusille, Fille d'A-
grippa I, qui étoit mariée au Roi d'Eme-
se, & qui quitta * son Epoux pour lui.
Tertulle, plaidant devant lui contre Saint
Paul, le loüoit du Repos qu'il avoit pro-
curé à la Nation ; & il faut avouër qu'il
fit quelque Bien, en réprimant les Courses
des Voleurs qui désoloient cette Province ;
car, il arrêta leur Chef, qui depuis vint
Ans exerçoit de cruels Brigandages. Cependant, il étoit corruptible ; puis qu'il n'a-
voit de la Douceur pour Saint Paul, & ne
l'entretenoit souvent, que dans l'Espérance
qu'il racheteroit sa Liberté par quelque
Présent ; & il le laissa dans les Fers, parce
que l'Argent manqua. D'ailleurs, il aposta
des Assassins qui tuérent le Souverain Sacrificateur par son Ordre, parce qu'il lui
reprochoit son Mariage avec Drusille, &
ses Duretez pour la Nation. S'il appor-
toit quelque Remêde aux Desordres qui augmentoient de jour en jour, ils étoient plus
propres à aigrir le Mal qu'à le guérir. Il
fondit avec ses Troupes sur le Peuple assemblé

* L'An LIII.

femblé aux Pieds de la Montagne des Oliviers.   Il s'éleva une Emotion à Céfarée
entre les Juifs & les Syriens, pour les Privileges qu'ils devoient avoir dans cette
Ville, qu'Hérode avoit bâtie; & les Parties
étant venuës aux mains, il fit avancer les
Troupes, & tua un grand Nombre de Juifs
qui s'acharnoient au Combat.   Il renvoia
en fuite les Parties plaider devant Néron;
mais, les Juifs y perdirent leur Caufe, &
le Droit de Bourgeoifie à Céfarée; ce qui
les jetta dans un affreux Defefpoir.   Enfin, lors que Félix fut révoqué, les Principaux de la Nation députérent à Rome,
pour y porter leurs Plaintes contre lui; &
on affure qu'il auroit été puni de fes Crimes, fans la Faveur de Pallas, fon Frere,
qui pouvoit tout auprès de Néron. Ainfi,
les Gouverneurs Romains continuoient à
piller & égorger cette Nation, qui de fon
côté s'attiroit fouvent de nouveaux Malheurs par fon Impatience.   Saint Paul dit
que Félix étoit depuis long-tems Juge de la
Judée, lors qu'il plaidoit devant lui; ce
qu'on doit entendre de cinq Ans, ou en-
viron; car, il y étoit entré l'An LIII,
après la Difgrace de Cumanus. Saint Paul
plaidoit en LVIII; & Félix, qui fut révoqué *deux Ans après*, quitta la Judée en
l'An foixantiéme de l'Eglife Chrétienne.

X   V.III.

VIII. Les deux derniers Gouverneurs de la Judée furent encore plus * cruels que les autres. Festus avoit eu quelque Dessein de plaire au Peuple ; &, pour cet effet il laissa Saint Paul dans les Fers : mais, son Regne fut court, & la Province étant tombée après sa Mort entre les Mains d'Albinus, elle essuia de nouveaux Malheurs. L'Avarice étoit sa Passion dominante, & il n'oublia rien pour la satisfaire. Les Tributs redoublérent les Procès que les Particuliers portoient devant son Tribunal, & lui servirent de Prétexte pour se saisir de leurs Biens. Les Voleurs, qui faisoient de si cruels Ravages, étoient en Sureté sous sa Protection, pourvu qu'ils eussent de quoi l'acheter. On tiroit de Prison les Coupables, s'ils étoient riches, & les seuls Criminels étoient ceux à qui l'Argent manquoit. L'Impunité de ces Scélérats en augmenta le Nombre, & l'Insolence. On envoioit dans la Ville plusieurs Troupes, avec un Chef à leur Tête, qui pilloient les Maisons, & tuoient ceux qui faisoient quelque Résistance. On n'ôsoit se plaindre, & les plus habiles étoient ceux qui faisoient leur Cour à ces Brigands, afin de détourner l'Orage. Albinus ne laissa pas d'être regretté, parce qu'on lui donna pour Successeur

* *L'An LX.*

cesseur un Homme plus cruel que lui. Le
prémier cachoit son Avarice, plaignoit le
Bourgeois , & se plaignoit lui-même de
n'avoir pas assez de Forces pour arrêter un
Desordre qu'il entretenoit ; mais, Gessius
Florus, qui prit sa Place *, éxerça sa Barbarie & ses Injustices, sans Art & sans Dis-
simulation. L'un ne s'attachoit qu'à des Particuliers ; l'autre déclara la Guerre à toute
la Nation : &, comme s'il avoit résolu de la
perdre, il l'attaqua par tous les Endroits
où elle étoit sensible ; il pilloit les Villes
& les Bourgs. Il le faisoit à Force ouverte ; il faisoit ravir par des Voleurs ce que
ses Troupes n'avoient pu enlever, à condition de partager le Butin avec lui. Cléo-
patre, sa Femme, l'aidoit dans ce Ministere, & enflammoit une Avarice qui n'é-
toit déjà que trop violente. Il la poussa si
loin, que les Sages, qui en prévirent les
Suites, méditérent leur Retraite, & abandonnérent la Judée. Cestius, Gouverneur
de Syrie, étant venu à Jérusalem, trois
cens mille Personnes lui présentérent des
Requêtes contre Florus, qui ne fit qu'en
rire, parce qu'il étoit assuré d'éluder les
Plaintes qu'on faisoit contre lui. Il ne se
trompa pas. Cestius se contenta d'adoucir
le Peuple par des belles Paroles, & se re-

X 2 tira.

* *L'An LXIV.*

tira. Il ne faut pas confondre ce Gouverneur de la Syrie avec celui de Judée. Eusebe semble l'avoir fait sur quelque Manuscrit de Joseph, qui avoit été corrompu. Cependant, l'un s'appelloit Gessius Florus, qu'Eusebe a changé en Cestius ; & l'autre étoit Cestius Gallus. Le Desordre augmenta après le Départ du Gouverneur de Syrie. Un Païen, Habitant (a) de Cesarée, fit bâtir des Boutiques proche d'une Synagogue : les Juifs * offrirent de grosses Sommes au Maître pour le dédommager, & pour acheter de lui la Place ; mais, aiant été refusez, on donna à Florus près de † vint mille Francs pour arrêter le Bâtiment : il

* *L'An LXVI.*　　　　† *Huit Talens.*

(a) On m'a censuré, comme si je n'avois pas entendu le Grec, parce qu'on lisoit dans la prémiere Edition *un Gentilhomme de Césarée.* C'étoit une Faute d'Impression. Il y a dans le Grec Ἕλλην, & personne n'ignore que ce Terme signifie *un Grec.* Il y a dans le Latin *Gentilis Dominus :* ainsi, j'aurois traduit *un Seigneur Païen,* si j'avois suivi la Version Latine. D'ailleurs, y a-t-il quelqu'un qui puisse croire qu'il y avoit en ce tems là des Gentilshommes à Césarée ? Radulphe ; qui écrivoit au XII Siecle, est peut-être le prémier qui ait distingué *Gentiles* & *Nobiles Viros,* qu'on a depuis nommé *Gentilhomines,* & ensuite *Gentilshommes* ‡.

‡ *Voiez* l'Histoire des Juifs reclamée, Préface, Num. VI.

il prit l'Argent , & s'en alla à Samarie.
Un Syrien alla dans le même tems immoler des Oiseaux devant cette Synagogue.
Il n'en falut pas davantage pour faire courir aux Armes ; mais, les Juifs beaucoup
plus foibles furent obligés de sortir de la
Ville, & d'emporter leurs Livres. Florus,
à qui ces Fugitifs allérent se plaindre, leur
en fit un Crime. Jérusalem fut émuë de
cet Incident ; mais, Florus aiant enlevé du
Trésor Public plus de * quarante mille
Francs, elle perdit Patience. On déclama
contre le Gouverneur , qui vint à la tête
de quelques Troupes , & refusant toutes les
Satisfactions qu'on lui offroit, il fit tuër
tout ce qu'il trouva de Peuple & de Noblesse dans le Marché. Le Tumulte redoubla à l'Approche des Cohortes , dont on
vouloit grossir la Garnison, & qui, après
avoir été reçuës avec beaucoup de Civilité, n'en voulurent rendre aucune. On se
batit ; les Romains furent égorgés, après
une longue Résistance, & ce fut alors que
commença la Guerre, qui causa la Ruïne
de Jérusalem. Florus y avoit contribué plus
que personne ; puis qu'au lieu d'arrêter le
Cours du Desordre, il l'augmenta. Il ne
demandoit que la Révolte du Peuple, &
une Déclaration de Guerre, à la Faveur

X 3

de

* *Dix-sept Talens.*

de laquelle il put cacher ſes Concuſſions &
ſes Cruautez. Scaliger fait commencer la
Guerre dès l'An LXV; parce qu'il a mal
compté les Années d'Hérode; mais, il faut
la différer d'une Année.

IX. Les Voleurs étoient une troiſieme
Source de Malheurs & de Déſolation. La
Situation de la Judée leur étoit ſouveraine-
ment favorable ; car, outre qu'il y avoit
un grand Nombre de Coteaux, de Montagnes, des Bois, & des Chemins creux,
lors qu'on étoit pourſuivi, on pouvoit aiſement ſe retirer dans les Déſerts. L'Arabie voiſine, & peuplée de Scélérats, fourniſſoit une Retraite encore plus ſure. Cependant, il n'y eut jamais un ſi grand Nombre de Brigands que dans le Siecle que nous
éxaminons. Ce n'étoient pas des Particuliers, qui faiſoient une Troupe, pour dé-
valiſer les Paſſans ; c'étoient des Chefs ex-
périmentez, qui ſe mettoient à la tête de
deux ou trois mille Hommes, qui vivoient
de la petite Guerre, comme Jephté avoit fait
avant qu'il devint Roi. Ils flattoient le
Peuple de la douce Eſpérance de ſecouër
le Joug des Romains, & de leur procurer
la Liberté par les Armes. Tous les Dé-
bauchés, & ceux qui haïſſoient le Travail,
ſe rangeoient ſous leurs Enſeignes. Il ne
faut donc pas s'étonner ſi leur Nombre ſe

mul-

multiplioit, malgré les Soins desGouverneurs intéreffés à leur faire une Guerre fans Quartier, afin d'affurer la Tranquillité publique. Ils étoient quelquefois fi heureux, que plufieurs Années s'écouloient avant qu'ils puffent être pris. Eléazar *, un des Chefs rédoutables, avoit fait ce Métier pendant vint Ans, lors qu'on l'envoia à Rome; & ce fut en violant la Foi, qu'on lui avoit donnée, plutot que par la Force ouverte, qu'on s'en faifit. Albinus, après s'être laiffé corrompre par tous ceux qui vouloient acheter leur Vie, & avoir pardonné à un grand Nombre de ces Voleurs, ne laiffa pas de trouver encore dans les Prifons quatorze cens Coupables, dont il fit deux Brigades, qu'il contraignit de s'entre-tuër, en Préfence du Peuple, pour le divertir. Ils portérent leur Violence jufqu'à tuër † dans Jérufalem le Souverain Sacrificateur Ananias, qui s'étoit caché avec fon Frere, pour fe dérober à leur Fureur. Jéan de Gifcala, l'un de ces infignes Voleurs, après avoir fait long-tems le Métier, à la tête de quatre cens Hommes d'Elite, fe joignit aux Mutins de Galilée; &, après s'être enrichi par l'Intendance des Travaux qu'on lui avoit confiés, il arma

X 4

jufqu'à

* *Jofeph. de Bello, Lib. II, Cap. 12, pag. 796.*
† *Id. Cap. XVIII, pag. 812.*

jufqu'à cent mille Hommes contre Jofeph, qu'il accufa d'Intelligence avec les Enne- mis, afin de fe mettre en Poffeffion du Gouvernement, lors qu'il l'auroit chaffé. Simon, autre Chef de Voleurs, après avoir pillé les Maifons riches, fe fentant pour- fuivi, fe retira dans l'Idumée, où il caufa de nouveaux Defordres, en obligeant les Peuples à s'armer contre lui, & contre les autres Juifs. Il y avoit un fecond Ordre de ces Scélérats, qu'on appelloit *Affaffins*: ils marchoient dans les Ruës de Jérufalem, armez de Poignards, qu'ils cachoient fous leur Robe, & tuoient avec d'autant plus d'Impunité, qu'ils étoient les prémiers à fe plaindre du Meurtre qu'on avoit com- mis. Ce fut de ces Gens-là que Félix fe fervit, pour affaffiner le Souverain Sacrifi- cateur Jonathan. Que de Meurtres! Que de Crimes! Reconnoit-on là la Nation Sainte; le Peuple Elu? On s'apperçoit ai- fément qu'il avoit ceffé de l'être, & qu'il fe préparoit, par les derniers Crimes, la Voie aux Châtimens de Dieu, & à la Vengean- ce la plus rédoutable qu'on ait jamais ef- fuiée.

X. Les Impofteurs faifoient un quatrie- me Ordre de Gens, qui achevérent de pré- cipiter la Nation dans fa Ruïne. Comme on étoit perfuadé que le Meffie devoit pa- roître

ʼroître en ce tems-là; ou bien qu'il étoit aifé de tromper des Peuples émus, échaufez, impatiens, par les Maux qu'ils souffroient, on vit paroitre un grand Nombre de Fourbes, qui fe firent fuivre par la Multitude crédule. L'un les affembloit, fous Promeffe de découvrir les Vafes facrez, que Moïfe avoit cachés fous le Garizim. Theudas, différent de celui dont il eft parlé dans l'Hiftoire des Actes, fe difoit Prophête, & vouloit * faire paffer le Jordain au Peuple, par un Miracle auffi éclatant que celui de Jofué, fous lequel les Eaux de ce Fleuve s'étoient féparées. Dix Ans après, un Egyptien, Juif de Religion, fe glorifiant auffi du Don de Prophétie, mena trente mille Hommes fur la Montagne des Oliviers, pour y voir tomber les Murailles de Jérufalem, afin que cette Ville demeurant ouverte, il put y entrer, en chaffer les Romains, & gouverner la Nation †. Jofeph en fait un Magicien: je ne fai pourquoi, fi ce n'eft parce qu'il venoit d'Egypte; car, il ne paroit point qu'il ait fait des Prodiges: &, s'il en feignoit, il y faifoit intervenir le Nom de Dieu; puis qu'il fe difoit un de fes Prophêtes. Un ‡ Magicien

X 5

* *L'An XLV.*

† *L'An LV.*

‡ *Jofeph. de Bello, Lib. II, Cap. 12, pag. 779.*

gicien entraina dans le Defert * un grand
Nombre de Peuple, auquel il promit une
Délivrance générale de tous Maux. Si ces
Impofteurs n'avoient fait que fe jouër de la
Crédulité des Peuples, le Mal n'auroit pas
été grand. Les Juifs ne font pas les feuls
qui fe font laiflés tromper par de faux Prophêtes, qui, pour les confoler dans leurs
Maux, leur promettoient une prompte Délivrance. C'eft le Foible de tous les Malheureux, d'aimer jufqu'aux Ombres de la
Profpérité, de s'en laiffer éblouïr, & de
courir après elles ; mais, le Peuple Juif
étoit dans une Situation, où fa Crédulité
étoit punie comme un Crime énorme. Les
Gouverneurs regardoient les Attroupemens,
non feulement comme des Soupirs innocens pour la Liberté ; mais, comme autant de Conjurations & de Deffeins de fe
foulever contre les Romains. C'eft pourquoi, ils ne manquoient pas à faire de gros
Détachemens, qui couroient fur ces Troupes affemblées ; & non feulement les Impofteurs y perdoient la Tête ; mais, on
maffacroit jufqu'à ce que la Fureur du Soldat fut affouvie. C'eft pourquoi St. Paul,
qui comparut devant Félix, fous lequel
l'Impofteur Egyptien avoit été furpris &
tué, prit un Soin particulier de fe juftifier

fur

* *L'An LX.*

fur les Attroupemens, & de prouver à ce Gouverneur qu'il avoit enfeigné paifiblement, & que le Tumulte n'avoit été caufé que par des Etrangers venus d'Afie. Jéfus-Chrift fut heureux de ce qu'on ne lui fit point d'Accufation, fur ces Milliers de Perfonnes qu'il avoit enfeignées & nourries dans le Defert, & qu'on n'envoia pas de Soldats à fa Suite, pour écarter cette Multitude. Il y en avoit deux Raifons : 1, l'une, que Jéfus-Chrift n'étoit ordinairement fuivi que de Douze Pêcheurs & de quelques Femmes; & que les Troupes, qui le fuivoient quelquefois, n'étoient point armées : 11, l'autre, que l'Efprit de Revolte n'étant pas encore auffi général dans la Judée du tems de Jéfus-Chrift, qu'il le fut après fa Mort, lors que Dieu eut abandonné cette Nation, les Gouverneurs n'étoient pas fi ardens, ni fi éxacts contre les Affemblées populaires, qui ne fe faifoient que pour la Doctrine; au lieu que les Impofteurs donnoient Lieu de tout craindre, & faifoient par-là maffacrer leurs Difciples.

X I. Les Zélez formoient un autre Corps encore plus terrible que les précédens. Ils tiroient leur Origine de Judas, dont parle l'Hiftoire des Actes *, & où il

X 6 eft

* *Actes, Chap. V, Verf. 37.*

eſt appellé Galiléen, quoi qu'il fut né à Gamala, au delà du Jordain. Cet Homme, voiant que Quirinius étoit venu régler le Tribut qu'on devoit paier aux Romains, & faire dans cette Vuë l'Eſtimation des Biens qu'on poſſédoit, s'aſſocia avec un Phariſien, nommé Sadoc, pour perſuader au Peuple, qu'il ne devoit reconnoitre que Dieu pour Maitre, & que ce ſeroit un Crime que de paier le Tribut que les Romains vouloient éxiger. Ils formérent bientot un Parti, que Joſeph a regardé comme la quatriéme Secte des Juifs : mais, au fond, ils n'avoient que ce Dogme particulier ; &, du reſte, ils étoient parfaitement conformes aux Phariſiens. Judas périt bientot, & ceux qui l'avoient ſuivi furent diſperſés ; mais, il laiſſa trois Enfans, Héritiers de ſon Eſprit. Jacques & Simon voulurent ranimer ce Parti ſous Claude ; mais, Aléxandre *, Juif renégat, qui gouvernoit alors la Judée, les arrêta, en les crucifiant. Manahem, le troiſieme de ſes Fils, s'étant emparé de Maſſada, prit les Armes qu'Hérode avit miſes dans ce Château ; &, les aiant données à ceux qui le ſuivoient, il alla hardiment aſſiéger Jéruſalem. Il fit tomber une Tour qui l'arrêtoit, & auroit pris la Ville, ſi on n'avoit

fait

* *Joſeph. pag. 690.*

fait une feconde Muraille derriere la Tour qu'on voioit ébranlée. Il faifoit déjà le Roi; & revêtu d'Habits fuperbes, il alloit adorer dans le Temple; mais, quelques-uns de fes Compatriotes réconnurent qu'il ne préchoit la Rebellion contre les Romains, que pour fe faire le Tyran de la Nation, & fe mettre immédiatement au deffous de Dieu: on crut même qu'on pouvoit arréter la Sédition par fa Mort; c'eft pourquoi on l'attaqua dans le Temple: &, quoi qu'il fe fut d'abord dérobé à fes Ennemis, il tomba enfin entre leurs Mains, & il finit fa Vie par de cruels Tourmens. Eléazar, petit-Fils de Judas le Galiléen, fe diftingua auffi entre les Affaffins & les Zélez, en marchant fur les Traces * de fon Oncle & de fon grand-Pere. Il ne faifoit Quartier à aucun de ceux qui n'entroient pas dans fon Parti; ou qui, prévoiant judicieufement la Ruïne entiere de la Nation, vouloient la prévenir, en compofant avec les Romains. Ce fut lui, qui, plus heureux, ou plus habile que les autres Chefs, foutint la Guerre jufqu'après la Prife de Jérufalem; car, s'étant enfermé dans le Château de Maffada, il y effuia le Siege aves fes Complices, l'An LXXII de Jéfus-Chrift. Sylva, qui commandoit les Romains,

X 7

* *Jofeph. de Bello, Lib. II, Cap. 18, pag. 985.*

mains, qu'on avoit laiſſés pour finir la Révolte, fut obligé d'élever des Terraſſes
d'une prodigieuſe Hauteur, afin de faire
Brêche au Château. La Muraille étant tombée par l'Effort de ſes Machines, il trouva derriere une Terraſſe, élevée par les
Rebelles, qu'on ne pouvoit ébranler. Les
Romains étonnez y allérent mettre le Feu
ſi bruſquement, qu'Eléazar perdit Courage,
ou plutot, il entra en Fureur; car, il fit
prendre la Réſolution à neuf cens ſoixante
Perſonnes, qui s'étoient enfermées avec
lui, de s'entre-tuër, afin de ne tomber pas
au Pouvoir des Romains. On commença
par les Femmes & les Enfans; & l'Exécution étant finie, les Romains entrérent,
qui trouvérent deux Femmes & cinq Enfans cachés dans une Cave, qui leur appri-
-rent cette triſte Avanture par laquelle finit
la Guerre. Telle étoit l'Origine des Zélez, & le Caractere de leurs Chefs.

XII. Il n'y eut point de Crime que ces
Gens-là ne commirent, ſous Prétexte de
recouvrer la Liberté, & de la procurer au
Peuple. Veſpaſien s'étant rendu Maître
* de la Galilée, tous les Ordres de Mutins, Voleurs, Aſſaſſins, & Zélez, ſe raſ-
ſemblérent à Jéruſalem, pour la défendre
contre les Romains. Les Zélez ſe ſaiſirent
de

____

* *L'An LXVII.*

de quelques Personnes du Sang Roial,
qu'ils accusérent de vouloir rendre la Ville
à l'Ennemi; &, malgré leur Innocence &
leur Qualité, ils leur ôtérent la Vie. S'ap-
percevant que le Peuple, animé par le Souverain Sacrificateur, se soulevoit contre eux,
ils s'emparérent du Temple; & le Lieu
Saint devint alors un Théatre de Guerre
civile, jusqu'à ce qu'il fut réduit en Cendres. Jéan de Giscala alla se joindre à
eux, afin d'avoir le Plaisir d'être le Maître, & leur persuada de faire venir des Iduméens à leur Secours. En effet, un jour
que la Tempête étoit affreuse, les Zélez
sortirent du Temple, à la Faveur des Eclairs
& du Tonnerre, & ils ouvrirent les Portes de la Ville aux Iduméens, qui rempli-
rent tout de Sang & de Carnage. Ils enfermérent les Personnes de Qualité, & la
Jeunesse propre à porter les Armes; &, sur
le Refus de se joindre avec eux, ils en firent une prompte & cruelle Exécution.
Douze mille Hommes périrent de leurs
Mains. Zacharie, Fils de Baruc, fut un
de ceux qu'ils firent mourir avec plus d'E-
clat, parce qu'il étoit distingué par son Mérite, aussi bien que par sa Naissance. Je ne
sai comment Jansénius a voulu dire, que
ce Zacharie est celui dont Jésus-Christ a
parlé dans l'Evangile; comme si les Juifs
de-

.devoient rendre un jour compte de fon
Sang; car, le Zacharie, nommé par Jéfus-Chrift, devoit être mort; puis qu'il
ne parle que des Saints qui avoient précédé fon Economie. C'eft mal à-propos
qu'on veut faire ici de Jéfus-Chrift un
Prophête qui prédit l'Avenir; au lieu de
rapporter un Evénement paffé: car, cela
n'eft point apparent. D'ailleurs, ce Zacharie, tué à la Veille du Siege de Jérufalem, étoit un des Incrédules qui avoient
rejetté le Meffie; & pourquoi rendront-ils
plutot compte de fon Sang, que de celui
d'Antipas, de Sophas, ou de Levias, qui
étoient de la Maifon Roiale, & que les
Zélez maffacrérent auffi? Faire de ce Zacharie un Chrétien converti, c'eft deviner
fans aucune Apparence; car, outre que
les Chrétiens, qui avoient prévu le Siege
de Jérufalem, s'étoient déjà retirez à Pella; Jofeph, qui a rapporté ce Meurtre, ne
laiffe pas foupçonner que les Zélez y fif-
fent intervenir l'Amour de leur Religion,
& la Haine du Chriftianifme. Mais, ils
avoient Envie de piller fes Biens; ils craignoient qu'il ne fe mît à la *Tête du Peuple, pour les chaffer.* Un Chrétien n'étoit
pas en état de faire cette Entreprife. Enfin, ils l'accufoient d'Intelligence avec les
Romains, & on lui avoit donné LXX Juges,

ges, à l'Imitation du grand Sanhédrim, lesquels eurent aſſez de Vigueur pour l'abſoudre; mais, les Zélez tuérent l'Accuſé, & chaſſérent les Juges à Coups de Plat d'Epée. Joſeph remarque que la Cruauté de ces Zélez étoit ſi grande, qu'il n'étoit pas même permis de pleurer, ni d'enterrer les Morts.

XIII. La Diviſion ſe mit dans ce Parti. Jéan de Giſcala, Chef de Voleurs, & en ſuite des Zélez, étoit dans le Temple à la tête de ſix mille Galiléens, auſquels il laiſſoit une entiere Liberté de faire ce qu'ils vouloient, afin de dominer plus aiſément ſur eux. Eléazar *, qui avoit été autrefois Chef de ces mêmes Zélez, ennuié d'avoir un Maître, ou un égal, s'empara de la Partie ſupérieure du Temple avec deux mille quatre cens Hommes, & fit de là la Guerre à ſon Compétiteur. Il avoit pour lui l'Avantage du Lieu; car, il combatoit de haut en bas ſon Ennemi, qui ne pouvoit réſiſter que par des Machines d'une Invention nouvelle, faites de Poutres de Cédres, qu'on avoit fait venir du Liban avant la Guerre, pour la Réparation du Temple. D'ailleurs, il nourriſſoit ſes
Trou-

* *Voiez Joſeph. de Bello Judaico, Libro II, Cap.* 12.

Troupes des Prémices qu'on continuoit
d'apporter, & des Dons qu'on confacroit
à Dieu. Jéan de Gifcala avoit un fecond
Defavantage; car, il étoit affiégé du côté
de la Ville par Simon, autre Chef de Voleurs, dont nous avons déjà parlé. Cependant, il fe défendoit avec Vigueur. Quand
Eléazar, qui avoit peu de monde, venoit
fondre fur lui du haut du Temple, il laiffoit la Ville en Repos: mais, lors que cet
Ennemi lui donnoit quelque Relâche, il
defcendoit avec fes Troupes fur Simon,
& faifoit fi bien qu'il emportoit des Vivres
pour fe nourrir. Quelle affreufe Situation
que celle du Peuple & de la Ville de Jérufalem, déchirée par toutes ces Factions,
dans le tems que Tite marchoit pour l'affiéger !

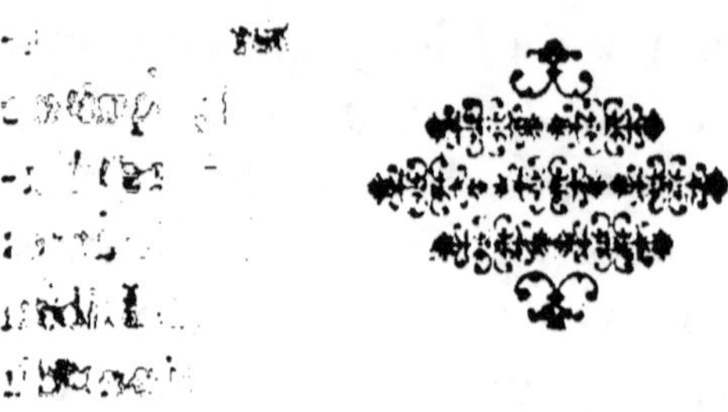

CHA-

CHAPITRE XVIII.

S'il eſt vrai qu'Abgarus, Roi d'Edeſſe,
cut Deſſein de déclarer la Guerre aux
Juifs, & de prendre Jéruſalem,
pour vanger la Mort de
Jéſus - Chriſt.

I. Récit d'Euſebe. II. Néceſſité de l'éxami-
ner. III. Idée d'Edeſſe & de ſes Rois.
IV. Preuves de la Vérité du Récit d'Eu-
febe. V. Eloges qu'on donne à cet Hiſtorien,
inutiles. VI. La Lettre de Jéſus - Chriſt
devroit être Canonique. VII. Remarques
de Mr. de Tillemont ſur cette Lettre, réfu-
tées. VIII. Sentiment de Mr. Grabe, ſur
le Decret de Gélaſe & les Lettres d'Abga-
rus. IX. Teſtament de St. Ephrem, qui
les autoriſe. X. Examen critique de ce
Teſtament. XI. Témoignage de Procope,
réfuté. XII. Celui de Conſtantin Por-
phyrogénete. XIII. Remarques ſur le Dé-
cret de Gélaſe. XIV. Edeſſe, ſujette des
Romains. Médailles qui le prouvent. XV.
Comment on appelloit ſes Princes des Rois.
XVI. Erreur des Actes publics ſur les
Noms de Thomas & de Thaddée. XVII.
Ere des Edeſſéniens, éxaminée. XVIII.

Ob-

Objection contre cette Ere. XIX. Correction du Passage d'Eusebe sur cet Evénement. XX. Difficulté, tirée de la Vocation des Gentils. XXI. Projet de Guerre contre les Juifs, plein de Fanfaronnade. XXII. Ce Projet, faux.

I. ON prétend que les Juifs, en crucifiant Jésus-Christ, s'étoient fait un Ennemi mortel & puissant dans la Personne d'un Roi de l'Osrhoëne, qui vouloit fondre sur eux avec toutes ses Troupes, pour les exterminer. Abgarus, Roi d'Edesse, étoit ce Prince, qui * forma le *Projet de déclarer la Guerre aux Juifs, & de détruire Jérusalem & la Nation, pour les punir d'avoir crucifié le Fils de Dieu; mais, la Crainte qu'il eut des Romains, l'empêcha d'exécuter ce Dessein.* Ce Prince avoit écrit au Fils de Dieu, pour le prier de se retirer dans sa Ville, & de s'y mettre à couvert de la Persécution que lui faisoient les Juifs. Selon toutes les Apparences, il lui offroit de l'associer à l'Empire; puis qu'il l'assuroit que sa Ville *seroit assez grande pour deux.* En effet, il ne concevoit pas que Jésus-Christ, persécuté par la Populace des Juifs, eut un assez grand Train pour remplir la Ville de sa Suite. Il lui promettoit

* *Euseb. Hist. Lib. I, pag. 32.*

:oit donc de l'élever au deſſus du Rang
qu'il tenoit en Judée, & de partager avec
ui le Trône & l'Empire, quoi qu'il fut
léjà fort petit. Mais, le Deſſein que Jéſus-Chriſt avoit d'accomplir la Volonté de
ſon Pere, & la Rédemption des Hommes,
'empêcha de ſe retirer dans un Lieu de
Sureté. Il falloit qu'il demeurât expoſé à
a Perſécution des Juifs, afin qu'ils con-
ſommaſſent leur Crime en le crucifiant.

II. Il y a long-tems que les Critiques
ont conteſté ce Projet du Roi d'Edeſſe,
auſſi bien que la Vérité des Lettres qu'il
écrivit à Jéſus-Chriſt. Cependant, comme Euſebe aſſure qu'il avoit tiré cette Hiſtoire des Archives de l'Egliſe d'Edeſſe,
pluſieurs * Savans ne laiſſent pas de ſoutenir ſon Témoignage. Si le Fait eſt véritable, nous devons ajouter ce Supplément
à Joſeph, qui n'en a point parlé; & s'il
eſt faux, nous ſommes obligés de le réfuter. Les Juifs y ont intérêt; puis que ce
Projet d'un Roi Païen, & plus éclairé
qu'eux, leur feroit Honte; & puis qu'on
† nous a ſoupçonnez de croire cette Hiſtoire

____

* *Cave, Hiſtoria Litterar. Abgar. pag.* 1. *Tillemont, Mémoires pour ſervir à l'Hiſt. de
l'Egliſe.*
† *Faydit, Supplement aux Eſſais de Litterature,
An.* 1704, *pag.* 26.

toire véritable, il est juste d'expliquer ici nôtre Pensée.

III. Edesse est une Ville de la Mesopotamie, bâtie sur les Bords d'un Fleuve, qu'on voit encore dans les Médailles. On s'est * imaginé que ce Fleuve est l'Euphrate ; mais, Edesse en est éloignée d'une Journée de Chemin, & cette Riviere est le Scyrtus, dont les Débordemens sont fréquens & dangereux. En effet, une Partie des Eglises fut abatuë, & un grand Nombre de ses Habitans furent submergés sous l'Empire de Justin, qui la rétablit, & qui lui donna le Nom de Justinopolis. Elle en a changé depuis. On l'appelle aujourd'hui Ourfa ; mais, nous lui laisserons son ancien Nom d'Edesse. Cette Ville avoit son Roi, depuis que les Arabes, profitant de la Division allumée entre les Séleucides, pour la Succession d'Antiochus leur Pere, s'en emparérent, & y fondérent un nouveau Roiaume, dont les Princes portoient ordinairement le Nom d'Abgarus. L'un d'eux fit Alliance avec les Romains, du tems de Pompée ; mais, il les trahit, & livra leurs Légions aux Parthes, sous Crassus, ce qui le fit regarder comme la principale Cause de ce Malheur.

IV. Un

____

* *Noris, Epocha Syro-Maced. Dissertat. II.*

IV. Un de ſes Deſcendans écrivit à Jéſus-Chriſt, & ſe convertit pleinement dans la ſuite. Mr. Vaillant a même donné une ſuite de ces Rois d'Edeſſe, portans tous *le Nom d'Abgarus, qui étoient tous Chrétiens dès le prémier Siecle.* Leurs Sujets embraſſérent auſſi le Chriſtianiſme. On inſéra la Lettre d'Abgarus, & la Réponſe de Jéſus-Chriſt, dans les Archives de la Ville, comme un Monument de la Piété du Prince, & comme un Gage aſſuré de la Protection du Ciel. Euſebe, qui avoit tiré ces Monumens de là, les traduiſit du Syriaque en Grec : „ Car, quoi qu'on „ parlât Grec à Céſarée, & même dans „ toute la Méſopotamie ; cependant, le „ Commerce qu'on étoit obligé d'avoir avec „ le Vulgaire, & les Juifs naturels du Païs, „ faiſoit qu'on ne pouvoit pas ignorer une „ Langue qui rétentiſſoit toujours aux „ Oreilles, & que tant de Gens parloient. „ C'eſt pourquoi la Traduction qu'Euſebe „ en fit faire en ſa Préſence, devoit être „ conforme à l'Original ; & Perſonne ne „ peut douter de l'Exactitude & de la Fidé- „ lité d'Euſebe, qui avoit recueilli avec „ tant de Diligence tous les anciens Monu- „ mens de l'Egliſe. Il n'y a rien qu'on ne „ puiſſe révoquer en doute, ſi on ſe don- „ ne la Liberté, ſur de *frivoles Conjectures,*

„ de

,, de s'inscrire en faux contre une Piece ,, compulsée sur des Archives, & Regî-,, tres, publiez par un grand Evêque très-,, éclairé, & de grand Crédit à la Cour. ,, C'est ainsi qu'on établit la Vérité de cette Histoire, qu'il faut éxaminer.

V. Je ne prétends pas donner aucune Atteinte au Mérite d'Eusebe. Il étoit savant; il avoit déterré un grand Nombre de Monumens, & l'Eglise lui est obligée d'en avoir conservé plusieurs Morceaux. Mais, les Eloges qu'on donne à cet Auteur, n'empéchent pas qu'il n'y ait dans son Histoire plusieurs Récits, qu'on est obligé de compter au Rang des Fables; parce que la Fausseté en est évidente. Il est donc inutile de louër cet Historien, afin de faire passer un Fait à la Faveur des Louanges vagues & générales qu'on lui donne; car, on est toujours obligé d'éxaminer la Vérité des Evénemens qu'il rapporte. Il s'est trompé souvent; d'ailleurs, il n'avoit point compulsé les Lettres d'Abgarus sur les Regîtres publics. Il n'avoit point éxaminé les Archives d'Edesse, pour voir si on n'y avoit point inféré ce Monument honorable à l'Eglise du Lieu. Combien y a-t-il d'Histoires fabuleuses dans la plupart des Villes, des Eglises, & des Monasteres, sur leur Origine & sur leur Fondation, qui sont fausses?

fauſſes ? Cependant, elles ſont couchées dans les Regîtres, & conſervées dans les Archives. On produit d'anciens Manuſcrits & des Parchemins enfumez, pour les rendre plus authentiques. La même choſe ſe faiſoit peut - être du tems d'Euſebe chez les Orientaux. Ce n'eſt là qu'une Conjecture ; mais, elle ne laiſſe pas d'affoiblir l'Autorité des Regîtres publics d'Edeſſe, parce que de ſemblables Fraudes ſont ordinaires.

VI. Si Jéſus - Chriſt avoit écrit au Roi d'Edeſſe, & que ſa Lettre ſe fut conſervée, on l'auroit inſerée dans le Canon de l'Ecriture. Jéſus-Chriſt étoit le Chef & le Maître de tous les Auteurs divinement inſpirez. Sa Lettre devoit tenir le même Rang dans les Livres Sacrez, que la Loi écrite du Doigt de Dieu dans les Ouvrages de Moïſe & des Prophêtes. On doutoit de quelques-uns des Livres Canoniques; mais, perſonne chez les Juifs ne rejettoit la Loi. On devoit rendre la même Juſtice à JéſusChriſt ; recevoir ſa Lettre, & la faire entrer dans le Canon. Tout le Monde l'auroit reconnuë pour divine ; mais, au contraire, un Concile, tenu à Rome, la mit au Rang des Pieces ſuppoſées. Cette Raiſon, que j'avois produite, a paru *foible* ; j'ignore pourtant encore ce qu'on y peut

Y

répon-

répondre, & l'Argument est doublement embarrassant pour ceux qui croient que ce Concile fut tenu par le Pape Gélase, & qui attribuent à l'Eglise & à ses Conciles le Pouvoir de juger des Livres Sacrez, & d'en fixer le Nombre.

VII. Mr. (*a*) de Tillemont * dit qu'on ne reçut point la Lettre de Jésus-Christ, parce qu'elle ne venoit pas d'une Main sure, *ni par la Voie ordinaire.* On eut peur qu'on n'eut inseré de *fausses Pieces dans les Archives d'Edesse* ; ainsi, on mit cette Lettre

(*a*) Mr. du Pin, dans l'Edition qu'il a fait faire de mon *Histoire des Juifs*, à Paris chez Roulland, en 1710, a rétranché mes Réponses aux Remarques de Mr. de Tillemont : mais, il falloit effacer tout ce qui regarde le Roi Abgare, ou n'en rien effacer ; car, si ma prémiere Réfléxion est bonne, & que l'Histoire d'Abgarus & de la Lettre de Jésus-Christ soit fabuleuse, il ne falloit pas dérober au Public ma Réponse aux Objections de Mr. de Tillemont, dont l'Autorité peut embarrasser les Sçavans ; &, si cette Histoire est véritable, il ne falloit pas la rejetter comme un Roman. Cependant, Mr. du Pin en a trop dit dans son *Bibliotheque des Autenrs Ecclésiastiques*, pour contester ce Fait. Quoi qu'il en soit, il falloit laisser toutes mes Remarques, ou les effacer toutes ; afin que le Public put juger plus surement si j'avois tort ou raison.

* *Tillemont, Mémoires pour l'Histoire de l'Eglise,* Tom. I, pag. 993.

tre au Rang des Ecrits Apocryphes. C'étoit là ce que ce favant Homme avoit appris de Mr. de Ste. Beuve, pour réfoudre une Difficulté *affurement très confidérable*. Mais, cela détruit l'Autorité d'Eufebe; car, fi on doutoit, dès la Naiffance de l'Eglife, de la Vérité de la *Lettre de* J. Chriſt, & de la Fidélité des Archives d'Edeffe, comment peut-on s'en affurer préfentement? Et fi on n'avoit eu aucun Doute fur cette Lettre, on l'auroit inférée dans le Canon. On doutoit de la Fidélité des *Regîtres d'Edeffe*, dans lefquels on pouvoit avoir *inferé de fauffes Pieces*; & comment ceux qui avoient de femblables Doutes, pouvoient-ils, d'un côté, croire la Converfion d'Abgarus véritable, & la Lettre de Jéfus-Chriſt fauffe? Tout fe trouvoit également dans les Regîtres d'Edeffe. La Lettre étoit attachée à l'Evénement qui en dépendoit: il falloit donc regarder toute la Narration comme fauffe, inferée par la Main d'un Impofteur dans les Regîtres d'Edeffe; ou bien, recevoir avec Refpect la Lettre de J. Chriſt, comme Canonique. D'ailleurs, on n'y penfe pas quand on dit, que l'Eglife n'avoit point reçu cette Lettre *par la Voie ordinaire*; car, il n'y a point d'Ecrit mieux autorifé que celui-là. Les Lettres des Apôtres étoient envoiées à des

Egli-

Eglifes perfécutées, dont les Membres fe cachoient ; elles n'avoient ni Archives, ni Regîtres publics , comme cela paroit évidemment par la Confufion qu'on trouve dans le Catalogue des Evêques des plus grandes Eglifes. Mais, la Lettre de Jéfus-Chrift étoit addreffée à un Roi : ce Roi la fit coucher dans les Regîtres de fa Capitale ; il la conferva prétieufement dans les Archives, & c'eft de là qu'elle fut tirée. Cette Lettre eft courte, & pouvoit fe conferver plus aifément fans Alteration. Les Apôtres ne paffoient pas toujours dans les Eglifes , aufquelles ils avoient addreffé leurs Lettres, pour voir fi on en confervoit les Originaux ; & en effet, ces Originaux fe perdirent affez promptement. Mais , Thaddée & Saint Thomas, deux des *Apôtres*, allérent à Edeffe ; ils devoient reconnoître ce Monument figné de la Main de leur Maître. Le Chriftianifme s'établit promptement dans ce Roiaume ; toutes les Eglifes durent proclamer la Lettre de Jéfus-Chrift, & prouver la Validité par l'Original qu'on avoit entre les Mains, & par la Copie authentique qu'on en confervoit dans les Archives d'Edeffe. Il faut l'avouër, on ne fauroit trouver de plus fortes Preuves qu'un Ecrit eft Canonique, que celles qu'on avoit pour la Lettre de Jéfus-Chrift. Cepen-

Cependant, on l'a rejettée; Eufebe même, qui l'a inferée dans fes Ecrits, ne dit point qu'on la reçut de fon tems dans le Canon: elle n'y étoit pas effectivement. Les Eglifes ne la lurent point, comme elles faifoient fouvent certains Ecrits Apocryphes; & c'eſt en vain qu'on dit, qu'on ne *la rejettoit pas comme fauffe*; *mais*, *comme n'étant pas fuffifamment autorifée pour faire Partie de l'Ecriture*: car, il n'y a point de milieu; il falloit la croire véritable; puis qu'on avoit l'Original, & une Copie authentique dans les Archives d'Edeffe: ou bien, on la croioit fauffe; puis que perfonne ne la mettoit au Rang des Ecrits Sacrez. Enfin, pourquoi le Pape Gélafe rejetta-t-il cette Lettre avec un grand Nombre d'Ecrits fabuleux? Du moins, aujourd'hui ces Meffieurs, qui font fi furs de fa Vérité, & qui voient qu'on ne la combat que par de *frivoles Conjectures*, devroient la recevoir, & préfenter Requête, afin qu'elle foit inferée dans le Canon.

VIII. Mr. Grabe s'imagine que c'eſt l'Autorité du Pape Gélafe, qui a entrainé les Auteurs Catholiques Romains dans la Perfuafion que la Converfion & les Lettres d'Abgare font fauffes; parce que ce Pontife, avec fon Concile, a décidé qu'elles font Apocriphes; & il ajoute qu'au lieu

de se soumettre aveuglement au Decret de
Gélase, on doit suivre le Testament de St.
Ephrem. En effet, il vivoit sur les Lieux;
puis qu'il étoit Diacre dans l'Eglise d'E-
desse. Il n'y a point d'Apparence qu'il ait
appuié les Fondemens de l'Eglise & de la
Ville sur une Chimere ; puis qu'il pouvoit s'assurer de la Vérité du Fait par ses
propres Yeux, en consultant les Originaux de ces Lettres, qu'on conservoit dans
les Archives. D'ailleurs, il rapporte la
Bénédiction que Jésus-Christ a accordée à
la Ville par ses Anges. Enfin, il se plaint
de ce qu'on n'a pas fait assez d'Attention
à ce Testament, parce qu'on ne connoissoit que la Version Latine. C'est pourquoi
il produit ce Passage en Grec, qui lui paroit plus décisif & plus authentique, d'autant plus que Procope * rend aussi Témoignage aux Lettres dont nous parlons. On
peut même y ajouter *l'Histoire de l'Image de
Jésus-Christ*, qu'on prétend avoir été composée par Constantin Porphyrogénete : car,
on y lit qu'Abgarus envoia Ananias à Jésus-Christ, & que cet Envoié rapporta au
Prince non seulement la Réponse; mais,
l'Image que le Redempteur du Monde avoit

impri-

---

* *Procop. de Bello Persic. Lib.* II, *Const. Por-*
phyr. de Christi Imagine Edessenâ, apud Com-
befis, Origines Constant. pag. 79.

imprimée fur un Linge.   Il faut s'arrêter
un Moment à ces nouvelles Autoritez qu'on
produit.

IX. Le Teſtament de Saint Ephrem,
qu'on cite avec tant de Confiance, comme une Autorité nouvelle, eſt plus ſuppor-
table en Latin qu'en Grec; &, en quelque
Langue qu'on le liſe, on y voit des Ab-
ſurdités inſoutenables.   Voici le Paſſage
traduit fidélement ſur le Grec. ,, Que vo-
,, tre Ville d'Edeſſe, & votre Mere, ſoit
,, benite; puis qu'elle a été benite *publi-*
,, *quement de la Bouche* du Seigneur; par ſes
,, Diſciples, *qui ſont nos Apôtres:* car, le
,, Roi Abgarus, qui l'a rétablie, a envoié
,, & daigné recevoir le Chriſt, Maitre &
,, Sauveur de tous: &, Jéſus-Chriſt admi-
,, rant ſa Foi, beuit cette Ville *par les*
,, *Anges* (a) *éternels* qu'il avoit envoiés ;
,, affermiſſant par là les Fondemens de cet-
,, te Ville, qui doit durer éternellement.
,, Que cette Bénédiction ſubſiſte donc, juſ-
,, qu'à ce que Jéſus-Chriſt paroiſſe! ,,

X. Prémiérement, Jéſus-Chriſt a pleu-
rér ſur la Ruïne de Jéruſalem, qui avoit
tué les Prophêtes, & qui devoit le crucifier: mais, on ne l'a jamais entendu benir
Y 4   publi-

____

(a) Πέμψας δι' ἀγγέλων ἀιωνίων ἰυλόγησε τὴν πόλιν.
Ephræmi Syri Teſtament. ex Cod. MS. Bodleian.
Cap. 97.

publiquement aucune Ville, fans en excepter celle de fa Naiſſance, réelle, ou
putative : fur tout, il n'a jamais prétendu
affermir les Fondemens d'aucune Ville,
tellement qu'elle durât juſqu'à fa feconde
Venuë. Ce font là des Imaginations creu-
fes, qu'on attribue mal à-propos au Fils de
Dieu, lequel n'avoit aucune Raifon de
s'intéreſſer à la Conſervation d'une petite
Ville d'Orient, comme étoit Edeſſe.

Secondement, je ne ſçai où S. Ephrem
avoit pris les *Anges éternels* que J. Chriſt.
envoia à Abgarus : car, l'Eternité des Anges eſt contraire à la bonne Théologie &
au Chriſtianiſme. On a tâché de corriger
une Erreur ſi groſſiere, en changeant le
Nom d'*Aionion* * en celui *Ananias* : mais, ce
Meſſager inconnu ne paroit que dans *l'His-*
toire fabuleuſe de *l'Image de Jéſus - Chriſt* :.
&, en ſuivant les Actes les plus authentiques, on doit dire que ce fut Thaddée, qui
alla à Edeſſe, & qui porta le Portrait & les
Lettres de Jéſus - Chriſt après fa Mort ; au
lieu qu'Ananias avoit fait fa Commiſſion,
& guéri le Roi, pendant que Jéſus - Chriſt.
vivoit encore. D'ailleurs, la prémiere
Correction ne ſuffit pas : il faut en faire
une feconde, & ſubſtituer un Meſſager à
ce Nombre *d'Anges* que Jéſus - Chriſt doit
avoir.

* *Eternel.*

avoir envoiés à Edesse : & ce seul Article
donne une violente Atteinte, ou à la Théologie, ou au Testament Grec de St. Ephrem.

Enfin, cette Ville, qui doit avoir reçu
trois Bénédictions : l'une, *publique par la
Bouche* de Jésus - Christ : l'autre, par ses
Disciples, qui sont nos Apôtres : & la troi-
siéme, par *les Anges éternels* ; devoit avoir
par là des Fondemens *assez fermes pour durer éternellement.* Cependant, les Bénédictions n'ont point été données par *nos Apôtres, par les Anges éternels, ni par Jésus-
Christ :* ou bien, elles sont fausses & sans
Effet ; puisqu'il y a long - tems que cette
Ville ne subsiste plus.

XI. Procope, qu'on cite, pour confirmer le Testament de St. Ephrem, lui donne une violente Atteinte : car, il rapporte qu'Abgarus, qui étoit fort gouteux,
aiant épuisé l'Art des Médecins, pria Jésus-Christ, dont il avoit entendu parler à
quelques Etrangers qui étoient venus dans
sa Capitale, de quitter l'ingrate Judée,
pour se retirer chez lui. Jésus-Christ refusa
une Retraite si sure ; mais, il guérit le
Malade. *On ajoute,* dit Procope *, *que la
Ville ne pourroit jamais être prise par les Barbares. Mais,* ceux qui ont écrit *l'Histoire de
ce tems-là,* ont ignoré cette *Circonstance. Mais,*

Y 5

les

______

* *Procop. de Bello Persico, Lib. I I, pag.* 118.

les Bourgeois d'Edeſſe publient que cela eſt contenu dans les Lettres de Jéſus-Chriſt, & ils ont affiché ces Lettres aux Portes de la Ville, au lieu de toute autre Fortification. Prémiérement, cet Hiſtorien ne parle plus d'une Bénédiction donnée à la Ville d'Edeſſe par *la Bouche de Jéſus-Chriſt, par nos Apôtres, & par les Anges éternels.* Ainſi, ſa Narration eſt très différente de celle de Saint Ephrem. Secondement, les *Hiſtoriens du Tems* n'avoient point entendu parler de cette Bénédiction chimérique. Leur Silence en fait voir la Fauſſeté. En troiſieme Lieu, on découvre l'Origine de la Fraude. Ce furent les Bourgeois d'Edeſſe, qui, dans la ſuite des tems, imaginérent cette Fable : & , ſur ce Fondement *ils diſoient* que cela étoit dans les Lettres de Jéſus-Chriſt. L'Evénement prouva le contraire : car, cette Ville tomba bientot après entre les Mains des Medes, & elle a été détruite.

XII. La Relation de Conſtantin * Porphyrogénete eſt encore très différente de celle de Procope. Il racontoit même la choſe de deux manieres très oppoſées : car, dans l'une, Abgarus, gouteux, & tellement lépreux, qu'il n'ôſoit ſe montrer, avoit un Officier, nommé Ananias,

qu'il

* *Combeſis, Orig. Conſt. pag. 85, &c.*

qu'il envoia en Egypte. En paſſant par la Judée, il vit Jéſus - Chriſt faiſant des Miracles ; &, à ſon Retour, il en fit le Récit à ſon Maître. Abgarus écrivit à J. Chriſt. Ananias, Porteur des Lettres, le trouvant environné de Peuple, monta ſur une Pierre, d'où il regardoit le Fils de Dieu ; &, comme il avoit l'Art de peindre, il traça ſon Portrait, Jéſus, qui l'apperçut, envoia Thomas demander la Lettre qui lui étoit deſtinée, & renvoia Ananias avec ſon Image, imprimée ſur un Linge. Cet Officier, paſſant proche d'une Ville des Sarraſins, cacha l'Image ſous un Amas de Tuiles. Elle fit là deux Miracles : car, une Flamme éclatante, qui ſortoit des Tuiles, fit ſortir les Sarraſins, parce qu'ils craignoient un Incendie, & ils s'apperçurent que l'Image empreinte ſur la Toile s'étoit gravée ſur une Tuile, qu'ils conſervérent prétieuſement, pendant qu'on portoit l'Original au Roi, lequel fut guéri.

La ſeconde Relation de Conſtantin porte, que ce fut ſur le St. Suaire, que Jéſus-Chriſt crucifié imprima ſa Face ; & qu'il ordonna à Thomas de porter cette Image au Roi d'Edeſſe, lequel y envoia Thaddée. On la mit à la Porte de la Ville, ſur un Piédeſtal, où on adoroit auparavant l'Image des Idoles. Choſroës éprouva l'Effet de

la

la Promesse de Jésus-Christ : car, ses Machines furent consumées par le Feu que cette Image miraculeuse produisit, pour l'obliger à lever le Siege : & ensuite on la donna à un Empereur Chrétien, qui assiegeoit la même Ville, & qui, aimant mieux une Image sur du Linge, qu'une Place si importante, la fit transporter à Constantinople.

Il suffit de rapporter de semblables Contes, pour en découvrir la Fausseté. Mon Admiration ne roule pas sur la folle Imagination des prémiers Auteurs d'un semblable Roman ; car, les Peuples tirent souvent leur Gloire de pareilles Fables, qu'ils inventent pour rendre leur Origine ou leur Conservation plus éclatante : mais, j'admire la Crédulité d'Auteurs graves, qui soutiennent ces Fables, après les avoir examinées de Sang froid, après en avoir connu les Variations & les Contradictions évidentes, & qui rebatissent sur un Fondement si fragile des Systêmes insoutenables.

XIII. Enfin, je ne sçai comment on peut dire que c'est le Concile de Rome, sous Gélase, qui a entrainé les Auteurs Catholiques Romains à soutenir le Sentiment que nous défendons. Car, au contraire, il y a des Auteurs célébres, qui res-
pectent

pectent si peu le Pape & son Concile, qu'ils font des Efforts d'Imagination pour rétablir la Conversion & les Lettres d'Abgarus. Messieurs de Tillemont, de Ste. Beuve, le P. Combefis, & depuis peu le Pere Ste. Marie *, habîle Critique, a défendu ce Systême contre les Remarques d'un autre Religieux. Au contraire, il y a des Protestans qui suivent la Décision du Pape, & du Concile, en rejettant cette Histoire, & les Pieces qui l'appuient, comme apocryphes.

XIV. Ce fut sous l'Empire de Tibere, qu'Abgarus dut offrir à Jésus-Christ sa Ville & son Roiaume pour Retraite, & qu'il forma le Dessein de vanger sa Mort, en déclarant la Guerre aux Juifs. Cependant, le Roi d'Edesse n'étoit point alors Souverain ; mais, il dépendoit des Romains: car, ces Conquérans avoient vangé sur ce petit Roi l'Affront qu'ils avoient essuié sous Crassus, & ne lui avoient laissé que le Titre de *Commandant du Lieu*, ou de Toparque. Cette Ville dépendoit tellement de l'Empire, qu'on voit une de ses Médailles, avec cette Inscription, † *Tibe-*

re

____

* *Sainte Marie, Carme, Réfléxions sur les Regles & l'Usage de la Critique, Dissert. seconde, pag.* 106, 118.

† *Noris, Epocha Syro-Macedonum.*

re, *Céfar Augufte*; *Augufte, Dieu des Edef-*
féniens.

ΤΙΒΕΡΙΟΣ ΚΑΙΣΑΡ ΣΕΒΑΣΤΟΣ.
Tiberius Cæsar Augustus.

Et, fur le Revers :

ΣΕΒΑΣΤΟΣ ΘΕΟΣ ΕΔΕΣΣΕΩΝ.
Augustus Deus Edessenorum.

La Ville d'Edeffe auroit-elle fait battre une
Médaille à l'Honneur de Tibere, & l'auroit-
elle mis au Rang de fes Dieux, fi elle n'a-
voit été foumife à fes Loix? Edeffe étoit
donc dans la Dépendance des Romains,
pendant qu'Abgarus vouloit partager fon
Roiaume avec Jéfus-Chrift, faire la Guerre aux Juifs, & les exterminer. Et en effet, Conftantin Porphyrogénete commence fon Hiftoire de l'Image de Jéfus-Chrift
par cette Réfléxion, que l'Empire Romain
tenoit tout l'Univers enfermé dans une
Ecriture, & qu'un feul Maitre gouvernoit tout & tenoit tout foumis là fon Pouvoir *. On voit une autre Médaille, dans
laquelle cette Ville s'appelle la Metropole
de la Colonie Romaine.

M H.

* *Conft. Porph. de Imag. Edeffená, pag.* 77.

ΜΗ. ΚΟ.. ΕΔΕΣΣΗΝΩΝ.

Metropolis Coloniæ Edessenorum.

Comment, Edeſſe étoit - elle Colonie des Romains, ſi elle n'avoit pas été ſoumiſe à l'Empire ? En effet, les Parthes avoient plié ſous Auguſte, & on voit encore dans les Médailles de ce Prince, Phraätes, leur Roi, le Genou en Terre, qui lui reſtituë les Etendars qu'on avoit pris à Craſſus.

*Parthe, * refers Aquilas, victos quoque por-*
> *rigis Arcus :*
> *Pignora jam noſtri nulla Pudoris habent, (a)*

diſoit Ovide, en parlant de cette Reſtitution, dans laquelle il faut lire *victus quoque*, ou *captos quoque porrigis Arcus*; car,
Phraä-

(a) Mr. Maſſon, dans la Vie d'Horace, a cité ce Vers d'Ovide, & ſoutient que la Correction que j'ai faite, en liſant *victus*, ou plutot *captos*, n'eſt point néceſſaire. Il croit même que je me ſuis trompé, en diſant que les Parthes vaincus rendoient aux Romains les Arcs qu'ils avoient pris à la Défaite de Craſſus; 1, parcequ'il n'eſt pas vrai que Phraätes eut été vaincu par Auguſte, l'An 734 de Rome: 2, parce qu'on n'avoit garde de rendre aux Romains des Arcs; puiſqu'ils
ne

* *Ovid. Faſtor. Lib. V.*

Phraätes vaincu reſtituoit les Armes qu'il
avoit priſes aux Romains. Auguſtè l'obli-
geα

ne s'en ſervoient pas ; & qu'au contraire, c'étoient
là des Armes des Parthes. Properce l'aſſure : &,
de plus, on voit un grand Nombre de Médailles , ſur leſquelles les Parthes ſont repréſentez
avec un Arc & des Flêches ; *Sagittarii*. Il faut rendre Juſtice à Mr. Maſſon ſur l'Erudition qu'il a
répandue dans tous les Ouvrages qu'il a donnez
au Public.   Il ſeroit à ſouhaiter qu'on travaillât
avec la même Exactitude à la Vie de tous les
anciens Auteurs : car, on y démêleroit avec plus
de Plaiſir l'Hiſtoire du tems où ils ont vécu ;
& cette Connoiſſance ſeroit plus utile à l'Intelligence des Poëtes & des Hiſtoriens, que beaucoup
de Commentaires.   Cependant, je ne ſçai s'il ne
s'eſt pas trompé dans l'Explication de ce Vers
d'Ovide.

Car , prémiérement , il n'eſt pas néceſſaire
d'éxaminer ſi Auguſte a vaincu le Roi des Parthes
en Bataille rangée : il ſuffit qu'il ait obligé ce
Prince à s'humilier devant lui, à reſtituer les Dépouilles de Craſſus ; & à recevoir le Roiaume
comme une Grace.   En effet, de quelque maniere qu'on liſe le Vers d'Ovide, on y voit égal-
lement une Victoire attribuée à Auguſte ſur les
Parthes, & les Monumens de la Défaite de Craſſus reſtituez aux Romains.

Pignorà jam noſtri nulla Pudoris habent.

Horace a porté la Louange d'Auguſte plus loin
qu'Ovide ; puis qu'il met Phraätes à Genoux devant cet Empereur, afin de pouvoir obtenir de
lui la Couronne comme un Vaſſal.

gea encore de rendre l'Arménie, & de lui
envoier quatre de ſes Enfans en Otage.
Le

Jus Imperiumque Phraätes
Cæſaris accepit Genibus minor.

Il importe peu que les Poëtes aient flatté Auguſte par des Éloges outrez ; il eſt toujours certain
qu'il y avoit quelque Fondement à ce qu'ils diſoient, parce qu'Auguſte avoit réduit Phraätes à
cette dure Néceſſité , ſoit par la Force des Armes, ſoit par ſa Politique. Dion, qui parle plus
éxactement que les Poëtes, dit que le Roi des
Parthes fut obligé de rendre à Auguſte les Enſeignes & les Etendarts, comme s'il avoit été
vaincu dans une Guerre. Voilà *le victus* que nous
voulons replacer dans le Texte d'Ovide , parce
que les Poëtes ne s'expriment pas avec autant de
Préciſion que les Hiſtoriens. Enfin , dans un
Monument d'Ancyre, Auguſte ſe vante d'avoir
obligé des Parthes à lui renvoier les Drapeaux
& les Dépouilles des trois Armées Romaines, &
de demander l'Amitié des Romains en Supplians. Il
ne reſte donc aucune Difficulté ſur le prémier Article ; puis qu'Auguſte tiroit ſa Gloire de ce qu'il
avoit obligé les Parthes à lui rendre les Armes
qu'il avoit priſes aux Romains dans les Guerres
précédentes.

Captos quoque porrigis Arcus.

La ſeconde Remarque, qui regarde les Arcs &
les Flêches, dont les Romains ne ſe ſervoient
point, ſe détruit aiſement : car, dans les Armées
nombreuſes de l'Empire, on faiſoit entrer toute
ſorte de Nations qui s'armoient ſelon l'Uſage du
Païs

Le Sort du Roi d'Edeſſe, qui avoit été lié
à celui des Parthes, dans la Défaite de Craſſus,

Païs d'où ils ſortoient *. Il n'eſt pas Queſtion de
prouver que les Parthes ſe ſervoient de Javelots
& d'Arcs ; Perſonne ne l'ignore. La Mere, la
Femme, & les Filles de Darius pleurérent ſa
Mort, lors qu'elles eurent appris qu'on avoit vu
ſon Arc & ſon Bouclier dans la Tente l'Aléxandre ; parce que c'étoit l'Arme des Rois auſſi bien
la celle des Soldats. Denis le Voiageur repréſen-
te les Parthes avec des Arcs courbez.

Πάρθοι ναιετάουσιν ἄρήιοι ἀγκυλότοξοι.

Parthi degunt Martii, curvis Arcubus utentes.

Mais, il y avoit auſſi d'autres Nations alliées de
l'Empire, qui emploioient l'Arc & les Flêches. Jules Céſar ne laiſſoit pas paſſer un ſeul jour, ſans
éxercer ſa Cavalerie, en mettant dans les Files
des Tireurs de Fleches ; *interjeƈtis Sagittariis* ; afin
d'éprouver le Courage & l'Addreſſe de chaque
Soldat. Voilà donc des Soldats, armez d'Arcs
& de Flêches, dans les Troupes Romaines, qui
pouvoient avoir abandonné leurs Armes dans la
Défaite de Craſſus. Végece avoue qu'il s'étoit
gliſſé ſouvent du Deſordre dans les Armées Romaines, parce qu'on y faiſoit un Aſſemblage de
Soldats de Nation, d'Inclination, d'Intérêt, &
d'Armes différentes. *Auxiliares conducuntur ad
Pralium ex diverſis Locis, ex diverſis Numeris ve-
nientes, nec Diſciplinâ inter ſe, nec Natione, nec
Affeƈtione convenientes. Alia Inſtituta, alius inter
eos eſt Uſus Armorum* †.

* *Vide Spanhem. Numiſm. pag.* 287, 289.
† *Vide Gravii Theſaur. Antiquitat. Tom.* X,
pag. 1106.

fus, le fut encore alors ; & il eut part au Châtiment, comme il en avoit eu à cette Victoire, à laquelle il avoit contribué plus que perfonne. Ainfi, dix, ou douze Ans, avant la Naiffance de Jéfus-Chrift, ce Roi devint Vaffal ; &, comme Augufte ôta à Phraätes le Titre de *Rois des Rois*, qu'il prenoit ordinairement, il ne laiffa au Roi d'Edeffe que celui de *Commandant du Lieu*.

Procope * dit, à la vérité, que les Rois de ce Païs-là s'appelloient ordinairement *Toparques* : mais, l'Erreur en eft fenfible ; car, les Rois d'Edeffe avoient un Nom Syrien, qui marquoit leur Dignité ; & celui de Toparque, ou de Gouverneur du Païs, eft donné à Abgarus par Eufebe, qui fuivit le Style des Grecs & des Romains, lefquels avoient diminué le Titre & la Grandeur de ce Prince ; & c'eft ainfi qu'on donne aux Enfans d'Hérode le Nom de Tétrarque. Cependant, Procope ne laiffe pas de confirmer ce que nous avançons ; car, il nous apprend qu'Augufte mena avec lui à Rome ce même Abgarus, Roi d'E-deffe, qui écrivit à Jéfus-Chrift, & qu'il ne voulut point le laiffer retourner dans fa Capitale : mais, ce Prince lui fit voir que les Bêtes, par un Inftinct naturel, aimoient

la

* *Procop. de Bello Perfico, Lib. II, Cap. 12, Tom. I, pag. 117.*

la Terre de leur Taniere & de leur Caverne ; & , pour cet effet, il fit mettre
dans l'Amphithéatre des Bêtes farouches ,
qu'il avoit prifes à la Chaffe, & de la
Terre de chaque Lieu, où ces Bêtes étoient
nées. Chacune, dit Procope, courut à fa
Terre ; &, Abgarus aiant fait connoître par
là à Augufte que chacun aimoit fa Patrie ,
il obtint la Permiffion d'y retourner. Ne
nous arrêtons pas à ce que l'Hiftoire dit de
l'Amour des Bêtes pour la Terre de leur
Taniere ; car, ce Prodige eft faux. Mais,
on voit Abgarus à Rome, dans la Dépendance d'Augufte, obligé d'emploier toute
la Subtilité de fon Efprit, pour obtenir fon
Congé. Abgarus , en partant, demanda
encore à Augufte la Liberté de bâtir un
Cirque à Edeffe. Il falloit donc que fon
Roiaume & fa Ville dépendiffent abfolument des Romains. Enfin, il affure, qu'aiant
laiffé un Succeffeur indigne de lui, quoi-
qu'on en faffe un Prince Chrétien ; ce Fils,
qui avoit maltraité fes Sujets , eut peur
d'en être *puni par les Romains* , & paffa dans
le Parti des Perfes ; ce qui confirme que
le Roi d'Edeffe étoit dans une fi grande
Dépendance des Romains, qu'il étoit châ-
tié, lorfqu'il ne faifoit pas Juftice à fes Sujets ; & cette Dépendance , commencée
fous Augufte, duroit encore fous Tibere,

que

que le Peuple d'Edeſſe mit alors Auguſte plus certainement au Rang des Dieux que Jéſus - Chriſt.

XV. Dans la Suite des Tems, on donnoit encore le Titre de Roi aux Abgares; & Saint * Epiphane louë la Piété d'un de ces Princes qui regnoit à Edeſſe, lors que Bardeſanes ſortit de l'Egliſe, pour ſemer ſes Erreurs. Il ſemble que ce ſoit *ce même Abgarus que Sévere ſubjuga.* D'ailleurs, ce fut ſous l'Empire de Sévere que ce Roiaume tomba ſous la Puiſſance des Romains; car, Sévere dompta Abgarus. On ne peut donc pas ſoutenir qu'il fut ſoumis dès le Tems de Jéſus-Chriſt.

Mais, on peut remarquer quatre Choſes. 1, L'une, que les Princes tributaires & dépendans de l'Empire Romain, ne laiſſoient pas de porter ſouvent le Titre de Rois; & les Ecrivains Sacrez l'ont même donné à Hérode, qui n'étoit que le Tétrarque de Galilée; ainſi, quoi que Tacite & Capitolin appellent Rois les Abgares, ils ne laiſſoient pas d'être ſoumis, & Tributaires des Romains. D'ailleurs, Euſebe ne donne que celui de Toparque, ou *Commandant du Lieu*, au Roi dont nous parlons ; ce qui marque que tous les Ecrivains n'avoient pas le même Style ; les uns

don-

* *Epiphan. Hareſ. pag.* 476.

donnoient un Nom commun à ceux que leur Naiſſance & leur Dignité élevent au deſſus du Peuple; & les autres, comme Euſebe, quoi qu'il eut Intérêt à relever la Dignité d'Abgare, parlant plus éxacte-ment, l'appellent Toparque. 2, 'Ce petit Roiaume, enfermé dans le Meſopotamie, a pu recouvrer en certains Tems la Li-berté qu'il avoit perduë ſous Auguſte, ſous Tibere, & ſous quelques-uns de leurs Suc-ceſſeurs. 3, Il ne faut pas même s'imagi-ner, que tous ceux qui portoient le Nom d'Abgare, fuſſent Rois d'Edeſſe. L'un eſt appellé par * Capitolin, Roi de l'Orient; & celui, que † Sévere mit ſous le Joug, *étoit Roi des Perſes.* Si par les Perſes & par l'Orient, on veut entendre la petite Ville d'Edeſſe, ſituée de ce côté-là, je ne m'y oppoſe pas. Mais, 4, ſans entrer dans le Détail de tout ce qui peut être arrivé aux Rois de ce Païs-là, il ſuffit que la Ville d'Edeſſe ait reconnu Auguſte pour ſon Dieu, & Tibere pour ſon Prince; car, je con-clus toujours qu'Abgare n'étoit pas alors en état de faire le Souverain, ni de décla-rer la Guerre aux Juifs, ſoumis aux Ro-mains comme lui.

XVI.

---

* *Capitolin. in Anton. Pio, pag.* 20.
† *Spartianus in Severo, pag.* 71.

XVI. D'ailleurs, ce fut la prémiere Année de la Mort de Jéfus - Chrift qu'Abgare forma ce Deffein, & qu'il embraffa le Chriftianifme avec fes Sujets, par *la Prédication de Thaddée, envoié * par Judas, qu'on appelloit auffi quelquefois Thomas.* On ne s'embarraffe pas de certains Défauts qui font dans cette Narration ; car, on n'y touche pas : cependant, elle porte que Thomas étoit appellé *Judas* ; ce qui eft évidemment faux. Ce n'eft pas l'unique Faute qu'on y remarque ; car, Thaddée y eft appellé *Apôtre*, l'un des lxx Difciples. L'Erreur eft plus confidérable qu'on ne penfe. Saint Jerôme s'y eft laiffé tromper, & a dit de Bonne-Foi, que Thaddée étoit un des douze Apôtres ; cependant, cela eft faux. Cet Evénement devoit être gravé dans les Regîtres publics, dès le tems que Thaddée prêchoit à Edeffe ; car, fi on en a laiffé échapper la Mémoire, & qu'on le faffe dépendre de la Tradition, il deviendra plus fufpect. Thaddée devoit favoir fa Qualité, & la Différence qu'on mettoit en ce temslà entre le Titre d'Apôtre & celui de Difciple. Comment donc a-t-il fouffert qu'on l'appellât Apôtre, & qu'on lui donnât cette Qualité à Edeffe ? Que St. Jerôme ait remarqué long-tems après qu'on donnoit

le

* *Eufeb. pag.* 33.

le Titre d’Apôtre à quelques Miniſtres envoiés dans les Provinces, & que les Menées
des Grecs le prodiguent à St. Luc, à St.
Tite, à Timothée : cela ne prouve rien ;
parce que l’Uſage des Termes change ſelon
les Siecles ; & dans les prémieres Années
de l’Egliſe, on ne comptoit que douze
Apôtres, auſquels Saint Paul fut ajouté miraculeuſement. Les Sécrétaires d’E-
deſſe, qui écrivoient par Ordre d’un Prince Chrétien, & qui étoient peut-être Chrétiens eux - mêmes, devoient le ſavoir.
D’ailleurs, ceux qui ont dreſſé les Monumens d’Edeſſe, diſent que Thomas *envoia
l’Envoié Thaddée*. La Repetition ſeroit ridicule ſi *l’Envoié*, ou le Nom *d’Apôtre*,
n’étoit là un Titre de Diſtinction & d’Honneur. On l’appelle même dans la Suite
Apôtre de Jéſus-Chriſt. Il falloit donc que
Thaddée eut pris à Edeſſe le Titre d’Apôtre, ou que des Ignorans, qui ne con-
noiſſoient pas l’Excellence de cette Charge
au deſſus de celle de Diſciple, les aient
confondus, en diſant que Thaddée étoit à
même tems *Diſciple & Apôtre* ; *l’un des
LXX Diſciples*, & l’un des douze Apôtres
de Jéſus-Chriſt ; ce qu’il faut remarquer,
parce que des Monumens, dreſſés par des
Perſonnes ſi ignorantes, deviennent fort
ſuſpects.

XVII.

XVII. Si cette Remarque n'eſt pas aſſez importante, ajoutons-y celle de l'Ere
des Edeſſéniens. C'étoit celle des Séleucides, qui commençoit au tems auquel Sé-
leucus avoit régné à Babylone ; la prémiere Année de la cxvii Olympiade, &
l'An 4402 de la Période Julienne.. Euſebe aſſure, que non ſeulement Abgare avoit
réſolu de porter la Guerre dans la Judée,
pour vanger la Mort de Jéſus - Chriſt ;
mais, que la Converſion de ſon Roiaume
ſe fit par Thaddée, l'An *trois cens quarante*.
Cette Année étoit préciſement la xxix,
ou xxx de Jéſus-Chriſt ; car, en comptant
depuis la cxvii Olympiade juſques à la
ccii, qui étoit l'An vingt - neuvieme ou
trentieme de l'Ere Chrétienne, on trouve les trois cens quarante Ans, marqués
par Euſebe.

On répond „ que l'Epoque des Edeſſé-
„ niens commençoit, auſſi bien que celle
„ des Séleucides & des Egyptiens , à la
„ Mort d'Aléxandre le Grand; ce qui ar-
„ riva l'An du Monde 3872, ſelon Ma-
„ rianus Scotus; & Jéſus-Chriſt mourut
„ l'An 4227, ſelon le même Auteur, en
„ ajoutant 430 du Regne des Edeſſéniens à
„ l'An 3872, auquel ce Regne commença.
„ Il s'enſuivroit que le Roi Abgare écrivit
„ ſa Lettre à J. Chriſt, l'An 4302 ; c'eſt-à-
„ dire,

,, dire, LXXIX Ans après sa Mort: ,, ce qui est ridicule.

XVIII. J'avouë, que je n'entens pas bien une Réponse, qui fortifie l'Objection, au lieu de la résoudre ; car, quand il seroit vrai que la Lettre d'Abgarus seroit écrite LXXIX Ans après la Mort de Jésus-Christ, le Ridicule ne feroit que mieux sentir sa Supposition ; car, les Dates & les Fautes de Chronologie la font ordinairement reconnoître. Il y pas de Difficulté que l'Ere des Séleucides étoit la même que celle des Edesséniens : Eusebe le dit ; Mr. du Pin l'avoit aussi posé. Cette Ere des Séleucides commençoit à la cent dix-septieme Olympiade. Le Cardinal de Noris l'a prouvé d'une maniere sensible. Il faut donc commencer à compter de là les trois cens quarante Ans, dont parle Eusebe. Mr. l'Abbé Faydit assure qu'il faut ajouter quatre cens trente Ans à l'Ere des Edesséniens, & qu'alors l'Evénement tombera sur la soixante dix-neuvieme Année de Jésus-Christ. Mais, ne s'est-il point trompé ? N'a-t-il point pris 430, pour 340 ? En effet, Eusebe ne compte que trois cens quarante Ans du Regne des Edesséniens ; pourquoi veut-il donc qu'on en compte 430, pour faire un Calcul *ridicule* ? Pourquoi changer le Texte d'Eusebe, qui a été fi heureufement corrigé par Mr. de Valois? Mais, quand on avanceroit l'Ere d'Edef-fe d'une Douzaine d'Années, en la fai-fant commencer à la Mort d'Aléxandre, on n'en feroit pas mieux ; puis qu'en ce tems-là Jéfus-Chrift n'avoit fait aucun Mi-racle, & n'étoit point entré dans les Fonc-tions de fon Miniftere. Il n'avoit alors que dix - fept Ans ; & on ne peut fuppofer que ce fut en ce tems-là qu'Abgare lui écri-vit, pour lui offrir une Retraite, puis qu'il n'avoit rien fait, ni rien fouffert.

XIX. De quelque côté qu'on fe tour-ne, l'Embarras eft grand. Mr. de Tille-mont * corrige le Texte d'Eufebe, & met trois cens quarante-fept Ans, au lieu de quarante : mais, il le fait fans le Secours d'aucun Manufcrit ; uniquement, parce qu'il le veut, & que ne pouvant accommo-der cet Evénement avec l'Hiftoire des Ac-tes , il eft forcé de le renvoier à l'An xxxvi de Jéfus - Chrift : *Tel eft fon Bon-Plaifir.* Mais, il faut avouër, que lors qu'il s'agit d'éxaminer la Suppofition d'un Ou-vrage , on n'eft pas Maître de faire des Corrections fans Preuve, afin de lever par là des Difficultez infurmontables ; car, on laiffe alors fubfifter l'Objection dans toute fa Force. Eufebe renverfe cette Correc-

Z 2

tion,

* *Notes fur St. Thomas, pag.* IIII.

tion, en marquant que cette Conversion arriva immédiatement après l'Ascension de Jésus-Christ.

En laissant la Date d'Eusebe, on soupçonne qu'elle marque seulement celle des Lettres de Jésus-Christ; mais, on ne pouvoit pas alors savoir à Edesse les Miracles de Jésus-Christ, qui ne faisoit que d'entrer dans son Ministere; & la Violence des Juifs contre lui n'avoit pas assez éclaté, pour obliger ce Roi Paien à lui offrir une Retraite dans son Roiaume. Ce sera bien pis, si l'An cccxl des Edesséniens tombe sur le xxix de l'Ere Chrétienne; car, alors Jésus-Christ n'avoit pas seulement commencé à prêcher.

On dit, que si l'An cccxl est la Date *de l'Envoi de Thaddée, comme l'Acte, rapporté par Eusebe, semble obliger de le croire, il faudra nécessairement avoüer que Jésus-Christ est mort dès la xxix Année de l'Ere commune; cependant, Eusebe ne l'a point cru, & n'a pas laissé de recevoir cette Date, quoi qu'il connut l'Ere des Edesséniens.* Mr. de Tillemont a raison: en suivant l'Acte d'Eusebe, on est obligé de croire que les Lettres de Jésus-Christ & de Thaddée ont été envoiées la même Année. Personne ne croit aujourd'hui que Jésus-Christ soit mort l'An xxix de l'Ere commune; &, par conséquent,

quent, la Date eſt fauſſe.   Mais, quand il
feroit vrai que la Mort de Jéſus-Chriſt fut
arrivée cette Année-là; peut-on croire que
Thaddée alla à Edeſſe immédiatement après
la Mort de Jéſus-Chriſt? Du moins, cela
eſt directement oppoſé à l'Hiſtoire des Actes; & pourquoi ne ſe tirer pas de toutes
ces Difficultez, dont le Poids eſt ſi accablant?
Faut-il *néceſſairement* changer toute la Chronologie, renverſer les Tems, dire que Jéſus-Chriſt eſt mort l'An xxix? Que la
Vocation des Gentils s'eſt faite dans le même tems, à cauſe des Lettres d'Abgare,
ne voit-on pas par toutes ces Difficultez,
& par la *Néceſſité* de changer la Vie & la
Mort de Jéſus-Chriſt, qu'elles ſont inſoutenables?

Le Pere Hardouïn a imaginé une Epoque, qui paroit d'abord avantageuſe à ces
Meſſieurs; car, il commence l'Ere des
Edeſſéniens deux, ou trois Ans plus tard
que celle des Séleucides: mais, on ne ga-
gnera ſa Cauſe, que juſqu'à ce qu'on ait
trouvé le Livre, où le feu Cardinal de
Noris, ſi profond & ſi éxact dans ces Matieres, a découvert le Défaut de ce Calcul.
J'aime mieux dire, en Faveur de ces Meſſieurs, que la Correction que Mr. de Valois a faite au Texte d'Euſebe, n'eſt pas
entiere.   Comme il ne s'agit que de cher-
Z 3   cher

cher la Vérité , je ne diffimulerai point qu'on peut retenir la Leçon de Rufin, avec celle des Manufcrits que ce favant Homme avoit confultez ; & qu'il faut lire ccc x l i i i Ans, au lieu de c c c x l. Car, 1 , il eft certain que le Nombre de quarante-trois fe trouvoit dans les anciens Manufcrits ; puis que Rufin l'avoit lu ainfi. 2 , Eufebe, qui connoiffoit l'Ere des Séleucides, ne laiffe pas de dire que la Converfion d'Abgarus fe fit *après l'Afcenfion de* Jéfus-Chrift : il le repête même deux fois ; il ne peut pas s'être trompé fi groffiérement. Il faut donc qu'il ait cru que l'Envoi de Thaddée s'étoit fait l'An ccc x l i i i (*a*) des Edeffeniens , qui combine avec la xxx i i i de Jéfus-Chrift, lors que ce divin Redempteur étoit mort, & monté au Ciel. Ma Correction eft plus jufte que celle de Mr. de Valois ; mais, elle ne leve pas toute la Difficulté, parce qu'il n'eft pas poffible que la Miffion de Thaddée & la Converfion d'Abgarus fe foit faite l'Année de la Mort de Jéfus-Chrift. On conçoit feulement

---

(*a*) Mr. de Valois lit ainfi Eufebe, page 35 : Ἐπράχθη ταῦτα τεσσαρακοςῷ κỳ τριακοσιοςῷ ἔτει : *Acta hac funt Anno quadragefimo ac trecentefimo;* & je croi qu'on doit lire, Ἐπράχθη ταῦτα τεσσαρακοςῷ τρίτῳ κỳ τριακοσιοςῷ ἔτει : *Acta funt hac Anno quadragefimo tertio ac trecentefimo.*

lement que le Fourbe, qui coucha cet Evénement dans les Regitres d'Edeſſe, préféra cette Année à toutes les autres, parce
qu'elle lui étoit plus connuë, & plus mémo-
rable dans l'Egliſe; & de là eſt venu auſſi,
qu'aiant peu de Connoiſſance, il a confondu les Noms de Thomas, & la Charge de Thaddée.

XX. La Date de cette Année fait naî-
tre une autre Difficulté qu'on tire de la Vocation des Gentils. Les Païens ne commencérent à entrer dans l'Egliſe, que l'An
xxxix de Jéſus-Chriſt, ſous Caligula. St.
Pierre eut beſoin d'un Miracle & d'une
Révélation * particuliere, pour entreprendre
ce grand Ouvrage, & pour aller prêcher
à Corneille, qui fut les Prémices des Gentils. Cependant, on remarque trois choſes: l'une, qu'Abgarus appelloit J. Chriſt,
Dieu, & *Fils de Dieu*, avant ſa Mort. Ce
n'étoit là qu'une *Converſion commencée*; je
le veux. Mais, au moins, faut-il avouër
qu'Abgarus, quoi que Paien, étoit plus
éclairé que tous les Apôtres, ſans excepter St. Pierre? Car, les Apôtres diſoient,
avec les Troupes, que Jéſus-Chriſt étoit
Elie, ou Saint Jéan: & Saint Pierre fut
le ſeul, à qui le Saint Eſprit révéla qu'il

Z 4 étoit

---

* *Actes, Chap. X, Verſ. 9, & ſuiv. juſqu'au
Verſ. 16.*

étoit *le Fils de Dieu.* La Foi d'Abgarus, éloigné de la Judée, étoit plus grande & plus miraculeuse que celle de Saint Pierre; puis qu'il écrivoit à Jésus-Christ, qu'il étoit *Dieu, Fils de Dieu*; & le Roi Païen précédoit le Prince des Apôtres au Roiaume de Dieu. Jésus-Christ répondant à ce Prince, pour le remercier de ses Offres obligeantes, lui promit d'envoier des Gens pour l'instruire. Les Apôtres ne pouvoient donc plus ignorer que les Gentils devoient être appellez & convertis; puis que leur Maître l'écrivit de sa Main au Roi d'Edesse: d'où venoit donc l'Ignorance de Saint Pierre, quand il fut obligé de travailler à la Conversion de Corneille ? Ne devoit-il pas être instruit par la Lettre de son Maître ? Thomas, en Exécution de ses Ordres, envoia Thaddée à Edesse. Il fit d'abord une Faute; car, au lieu de remplir sa Mission, & d'aller droit à la Cour se présenter au Prince, auquel on l'envoioit, & à qui Jésus-Christ l'avoit promis, il s'arrêta chez son Hôte, *Tobie, Fils de Tobie*, à faire des Miracles; & ce ne fut que par Hasard, que le Bruit de ses Miracles, perçant à la Cour, Abgare, toujours attentif au Mystere du Salut, s'informa, & apprit que c'étoit l'Envoié de Jésus-Christ. Cette Conduite de Thaddée ne répondoit pas à la Mission,

Miffion, qui étoit faite pour le Roi. Mais,
fans juger à la Rigueur ce Miffionnaire,
qui pouvoit avoir des Raifons d'agir ainfi,
il n'eut pas plutot prêché, qu'il convertit
pleinement le Roi & fes Sujets. Cette Converfion générale fe fit la même Année que
Jéfus-Chrift mourut, l'An cccxliii de
l'Ere des Séleucides.   On ne peut en douter; puis que les Regitres publics d'Edeffe
portoient cette Date. Voilà donc un Roiaume de Païens, aufquels on · avoit prêché
l'Evangile avant Corneille, que l'Hiftoire Sainte regarde comme les Prémices des
Gentils, quoi qu'il ne foit entré dans l'E-
glife, que près de fix Ans après le Roi &
le Peuple d'Edeffe. Il ne s'agit plus de diftinguer entre une Converfion parfaite, ou
commencée; car, celle-ci étoit pleine &
entiere. Le Roi étoit batifé, guéri miraculeufement, en vertu de fa Foi; & le Peuple, à l'Exemple de fon Prince, écouta
les Prédications de Thaddée.   Il eft difficile de concilier cet Evénement avec l'Hiftoire des Actes des Apôtres, beaucoup plus
éxacte que celle d'Eufebe.

XXI. Abgare dit à Thaddée, que fa
Foi en Jéfus-Chrift avoit été toujours fi
grande, que *pour punir les Juifs qui l'avoient
crucifié, il avoit eu le Deffein de leur faire la
Guerre, & de détruire le Pais; mais, qu'il*

Z 5

avoit

avoit eu peur des Romains. On ne fait d'où venoit un Zêle fi grand, fans Connoiffance. Il falloit non feulement croire; mais, aimer Jéfus-Chrift, pour lever des Armées, & hazarder des Batailles, contre un Ennemi fupérieur, afin de vanger la Mort d'un Inconnu. On avouë que ce Deffein d'exterminer la Judée, étoit une pure *Fanfaronnade,* que le petit Roi d'Edeffe faifoit; car, *les moindres petits Rois de ce Pais-là fe croient égaux à Dieu en Puiffance. Le Soleil eft leur Frere, & la Lune eft leur Seur. Ils font femblables à des Arbres, dont les Branches s'élevent jufqu'au Ciel, & couvrent tout l'Univers* de leur *Ombre,* comme le dit Daniel d'un de ces *petits Princes.* Cependant, il eft fâcheux de regarder un Prince fi dévot comme un Fanfaron, & d'avouër que fon Zêle aboutiffoit à dire une Gafconnade. L'Exemple des Rois de l'Orient, fouverainement fiers, ne le difculpe pas. D'ailleurs, il n'y a rien de plus ridicule, que ce Projet de Guerre contre les Juifs, dont on fe fait Honneur auprès du Difciple de Jéfus-Chrift. Comment paffer de l'Ofrhoëne, dans la Judée, pour la detruire? Ce n'étoit rien que de traverfer l'Euphrate. Il falloit trouver Vivres, Munitions, Paffage libre dans toute la Syrie; ou fe perfuader, que tous les Princes voifins auroient donné Paf

fage

fage au petit Roi d'Edeffe, pour aller dans la Judée, la defoler & la ruïner, afin de vanger la Mort d'un Inconnu. Je ne fuis point étonné qu'après la prémiere Fougade, ce Prince fe foit calmé.

*Quos ego ? Sed, motos præftat componere Fluctus ***. .

XXII Ne vaudroit-il pas mieux abandonner ce Projet de faire la Guerre, de ruïner Jérufalem, & d'exterminer fes Habitans, que de foutenir un Deffein fi chimérique? N'eft-il pas honteux pour le Chriftianifme, que la prémiere Impreffion qu'on en fent faffe tourner la Tête, & infpire des Deffeins extravagans ? Dieu, qui vouloit vanger la Mort de fon Fils, avoit en fa Main d'autres Inftrumens que le Roi d'Edeffe.   Il avoit prédit, que là où feroit *le Corps mort, là s'affembleroient les Aigles* †; &, en effet, les Romains affiégérent Jérufalem, & ravagérent toute la Judée; mais, Dieu permit auparavant que toute la Nation, qui devoit participer à la Peine, s'affemblât à Jérufalem, afin qu'elle y périt. C'eft ce que nous allons repréfenter dans le Chapitre fuivant.

Z 6   CHA-

---

* *Virgilius, Lib. I, Verf.* 139.
† *Evang. de St. Mathieu, Chap.* XXIV, *Verf.* 28.

CHAPITRE XIX.

De la Ruïne de Jérusalem, & de son Temple.

I. Abregé des Chapitres précédens. II. Année de la Guerre. III. Présages de la Ruine de Jérusalem, selon les Juifs. IV. Prédiction de cette Ruine par Saint Paul, & par un Ange faux. V. Massacre des Juifs en Syrie. VI. Marche de Cestius contre Jérusalem. VII. Résolution prise de faire la Guerre. Partage des Charges. VIII. Prédiction de Joseph à Vespasien sur l'Empire, éxaminée. IX. Vespasien soumet la Galilée. X. Siege de Gadara. Remarques sur cette Place. XI. Projets de Confédération avec les Juifs d'Orient. XII. Jérusalem, investie par Tite. Situation avantageuse de cette Place. XIII. Sorties des Habitans de Jérusalem sur les Romains. XIV. Prémiere & seconde Murailles emportées. XV. Effets de la Famine. Défaite d'Antiochus. XVI. Prise de la Citadelle. XVII. Attaque du Temple. Réduit en Cendres. XVIII. Attaque & Prise de la Montagne de Sion. Mort des Chefs d'Assassins. XIX. Tite donne cours

*à l'Hiſtoire de la Guerre des Juifs, par Jo-
ſeph.   XX. Médailles & Inſcriptions à
l'Honneur de Tite, ſur la Priſe de la Judée.
Faute de Triſtan. XXI. Inſcription de-
terrée à Rome, remplie de Fauſſetez. XXII.
Le Pere Hardouin la rejette comme ſuppo-
ſée.   XXIII. Flatteries gravées ſur les
Médailles de Gallus. XXIV. Raiſons de
Mr. Cuper contre l'Inſcription & Corrections du Pere Hardouin. XXV. Arc de
Triomphe de Tite. Si on y voit l'Arche.
XXVI. Jéruſalem ne fut point détruite,
ſelon les Peres. XXVII. Examen de ce
Fait. Conciliation des Peres avec Joſeph,
tentée. XXVIII. En quel Sens les Peres ont dit, que Jéruſalem ne ſubſiſtoit plus
de leur tems.*

I. **T**Out avoit péché dans la Nation Judaïque : car, ſans parler du Crime qu'elle avoit commis, en crucifiant le
Meſſie, après l'avoir deſiré ſi long-tems ;
les Rois, pour plaire aux Romains, avoient
introduit les Coutumes des Païens. D'ailleurs, ils abuſérent de leur Autorité, &
donnérent lieu aux Romains de réduire la
Judée en Province, qui, ſoumiſe à la Haine des Légions, & à l'Avarice des Gouverneurs, ſouffrit beaucoup. L'Egliſe, qui
devoit donner des Exemples d'Obéiſſance

Z 7   pour

pour ſes Souverains, de Pieté pour Dieu,
& de Reſpect pour ſon Temple, le pro-
phana par des Sacrileges énormes & pour-
ſuivis. Le Souverain Sacrificateur ne penſoit qu'à ſatisfaire ſon Ambition, en ache-
tant ſa Charge. L'Ambition n'étoit pas plutot ſatisfaite, qu'il cherchoit à ſe dédommager, en volant ſes Inférieurs. Il négli-
geoit le Service de Dieu, & ne conſervoit
les Apparences de la Religion, qu'afin de
tenir les Peuples enchainez & dépendans
de ſon Tribunal. Là régnoit l'Eſprit de
Schiſme, qui avoit banni la Charité. L'Hé-
réſie la plus groſſiere non ſeulement levoit
la Tête; mais, donnoit des Chefs & des
Souverains Sacrificateurs. Les Sectes différentes, qui s'étoient réünies contre Jéſus-Chriſt, s'entre-déchiroient impitoiablement, & ne cherchoient qu'à s'anéantir.
Le Peuple impatient ne reſpiroit que la Sédition & la Guerre: dès qu'on l'eut commencée, il tomba dans tous les Deſordres que la Révolte traine après elle. On
eſt toujours malheureux, lors qu'on n'é-
coute, ni l'Equité, ni ſon Devoir. Les
Zélez, ou plutot cette Société de Furieux,
rempliſſoit tout de Sang & de Carnage;
on s'entretuoit juſques au Pied des Autels,
dans le Lieu Saint. Quand Dieu n'auroit
pas eu de plus preſſans Motifs de Vengeance,

ce, il étoit naturellement impoſſible qu'un Corps ſi mal compoſé, & une Egliſe diviſée contre elle-même, ſubſiſtât plus long-tems. Dieu, juſtement irrité, avoit permis le Péché, & le Péché enfanta la Déſolation. Joſeph a été contraint de faire ce triſte Aveu contre ſa Nation, * *qu'il n'avoit jamais entendu parler d'un Peuple auſſi méchant; & que ſi les Romains avoient différé le Siege, la Terre ſe ſeroit ouverte pour les engloutir, ou le Feu ſeroit tombé du Ciel, comme à Sodome, pour le réduire en Cendres.* Dieu préféra les Romains aux Foudres du Ciel, qui les auroient écraſez en un Inſtant; & leur envoia des Gouverneurs, ſous leſquels une Génération entiére ſoufrît cruellement. Un Eſclave, devenu Roi, eſt ordinairement le plus farouche & le plus cruel de tous les Hommes. C'eſt là l'Idée que Tacite nous donne de Félix: † *Il éxerça l'Autorité Roiale en Eſclave; il aſſouvit ſa Cruauté & ſes Paſſions impures.* Cependant, les Juifs eurent Patience juſqu'à la Venuë de Geſſius Florus, qui fut encore plus cruel que ſon Prédéceſſeur, & qui, pouſſant les Peuples au Déſeſpoir, les engagea dans la Guerre.

II. Il importe peu de fixer l'Année, dans laquelle commença la Guerre ouverte

contre

---

* *Joſeph. de Bello, Lib. VI, Cap. 11, & 16.*
† *Tacit. Hiſtoriar. Lib. V, Cap. 13.*

contre les Romains; puis que les Critiques ne différent que d'un An. Ils conviennent tous, que la Révolte éclata l'An XII de Néron; mais, ils commencent différemment les Années de son Empire. Quoi que Capel fut habile, & qu'il eut éxaminé fcrupuleufement cette Hiftoire, il eft pourtant plus fur de commencer la Guerre en LXVI, parce que Jéfus, Fils d'Ananus, ce Prophête Juif, qui cria fi long-tems, *Malheur fur la Ville, Malheur fur le Temple*, avoit commencé à faire fes triftes Prédictions, fept Ans, & quelques Mois, avant le Siege de Jérufalem, qui fe fit l'An LXX de Jéfus-Chrift. Il avoit donc commencé l'An LXII, quatre Ans avant la Guerre: ainfi, l'on eft obligé de le fixer comme nous avons fait. D'ailleurs, les Prodiges que Jofeph * a rapportez, comme autant de Préfages de la Ruïne de Jérufalem & du Temple, arrivérent à la Fête des Azymes, qui étoit cette Année-là, c'eft-à-dire, en LXV, le 8 d'Avril. Ce fut alors que les Prêtres, qui alloient officier, entendirent un Bruit confus de Perfonnes en Mouvement, & une Voix qui cria, *Sortons d'ici*. Ils continuérent jufqu'à la Pentécôte, qui étoit à la Fin de Mai; car, les Préfages doivent toujours précé-

der

* *Jofeph. de Bello, Lib. VII, Cap. 12, p. 960.*

der les Evénemens. Cependant, ceux-ci
feroient arrivez après la Déclaration de la
Guerre, ou plutot, après les Hoſtilitez,
qui commencérent le 16 Jour du Mois de
Mai. Il faut néceſſairement rejetter le
Commencement de la Guerre à l'Année
ſuivante, comme nous faiſons.

III. On dira peut-être que ces Préſages ne ſont jamais arrivez, & qu'il y a de
la Crédulité à les alléguer comme des Preuves d'un Fait Chronologique; puis qu'ils
ſont faux. Je ſuis moins crédule qu'un
autre en Matiere de Préſages; mais, que
ceux-ci ſoient faux, ou véritables, il ne
m'importe : car, je ne bâtis pas ſur leur
Autorité; mais, ſur le Témoignage de
celui qui les rapporte, qui doit avoir cal-
culé éxactement les Années de la Guerre;
puis qu'il étoit un des Chefs.

Horum Pars magna fuit.

D'ailleurs, l'Illuſion étoit facile ſur pluſieurs Faits qu'il rapporte. Cette Lumiere
éclatante, qu'on doit avoir vuë la Nuit autour de l'Autel; ce Bœuf, qui en ſe *faiſant*
traîner à l'Autel, *jetta un Agneau*; ces Cha-
riots de Feu, qui paroiſſoient en l'Air, &
qui paſſoient ſur la Ville avec un Bruit
épouvantable, ſont fort ſuſpects. Il y en
avoit

avoit d'incertains ; car , l'Ouverture du
Temple, qui paroit un peu mieux attestée
que les autres, parce qu'on assure que le
Magistrat alla le refermer , paroissoit aux
uns une Assurance que Dieu vouloit ouvrir
tous les Trésors de sa Bénédiction ; pendant que les autres concluoient qu'il aban-
donnoit la Protection de son Temple.
Mais, on ne peut s'inscrire en faux contre
l'Action de cet Homme, qui crioit, *Voix
d'Orient, Voix d'Occident*, & qui prédisoit
toutes les Nuits la Ruïne de la Ville ; car,
cet Homme fut conduit devant Albinus,
qui l'éxamina. Il reçut des Coups de Fouët,
il fut battu en mille Occasions par le Peuple, qui ne pouvoit souffrir la Voix d'un
Homme, qui les préparoit à de si grands
Malheurs, sans qu'on put ébranler sa Con-
stance : ses Cris se firent entendre dans
toutes les Ruës, l'espace de sept Ans. Enfin, il fut tué sur les Murailles de la Ville, au Commencement du Siege. Ce n'est
point là une de ces choses sur lesquelles
on puisse se faire Illusion, ou la souffrir
pendant quelques momens : Joseph, qui la
rapporte , étoit à Jérusalem, lors que ce
Prédicateur , qu'on traitoit de Fou, an-
nonçoit la Désolation : il étoit au Siege,
lors qu'il fut tué ; il pouvoit s'instruire de
sa Mort. Ainsi, s'il y a quelque Cir-
constan-

conſtance, à laquelle on ſoit obligé de faire Attention, c'eſt uniquement celle-ci, dans laquelle on ne peut s'empêcher de reconnoître quelque choſe d'extraordinaire.

IV. Les Chrétiens n'ont pas voulu le céder aux Juifs en Matiere de Prédictions; car, Lactance fait prêcher Saint Paul & Saint Pierre à Rome; & ſoutient que dans un de leurs Sermons, dont on ſe ſouvenoit encore, ils avoient dit, que * *Dieu envoieroit bientot un Prince, qui détruiroit les Juifs, raferoit leurs Villes, les aſſiégeroit, les feroit mourir de Faim & de Soif, & les réduiroit à la Néceſſité de ſe manger eux-mêmes.* Euſebe † ne nomme point les Prophêtes; mais, il les place à Jéruſalem, & ſoutient, „que les Chrétiens devoient ſor-„ tir de cette Ville, pour ſe retirer à Pel-„ la; & que, quand ils eurent tranſporté „ là tous leurs Effets, la Vengeance divi-„ ne extermina cette Race impie. „ Saint Epiphane ‡ aſſure que ce fut un Ange, qui avertit les Diſciples des Malheurs dont Jéruſalem étoit menacée, & de la Néceſſité de chercher une Retraite. Enfin, on croit que ce fut pour ménager la Retraite des Fideles, que Dieu ménagea la Fuite

de

---

* *Lactant. Lib. IV, Cap. 21, pag. 423.*

† *Euſeb. Lib. III, Cap. 5.*

‡ *Epiph. de Ponder. n. 14. pag. 171, Tom. II.*

de Ceſtius, qui auroit fini la Guerre, dès
ſon Commencement, par la Priſe de Jéruſalem ; car, Joſeph avouë qu'il auroit
pu la prendre, s'il en avoit continué le Siege ; mais, Dieu ne le voulut pas, afin de
garentir ſes Enfans de la Déſolation. Voilà bien des Prédicateurs & des Avertiſſe-
mens donnez aux Chrétiens. Mais, Lactance eſt-il un Auteur qu'on puiſſe croire
ſur ſa Bonne-Foi, lors qu'il ne cite aucun
Témoin de ce qu'il avance ; qu'il rapporte un Fait arrivé pluſieurs Siecles avant lui,
dont on ne trouvoit de Trace que dans la
Mémoire de ceux qui vivoient alors ? Euſebe ne ſe fonde auſſi que ſur la Tradition;
car, un Hiſtorien, qui étoit ſur les Lieux,
auroit déterré infailliblement les Preuves
de la Révélation, s'il en avoit eu d'autres
qu'un *Oui-dire* ; & de toutes les Choſes du
monde, la plus incertaine eſt la Tradition.
Enfin, Saint Epiphane, qui vivoit long-
tems après, ſpécifie pourtant plus particuliérement les choſes ; car, il indique un
Ange, qui deſcendit du Ciel, pour faire
ſortir les Chrétiens de Jéruſalem ; comme
un Ange avoit tiré Loth de Sodome. Mais,
il ne s'accorde pas avec lui-même ; car,
* il donne ailleurs à Jéſus-Chriſt la Commiſſion d'aller avertir ſes Diſciples, qui
s'en-

* *Epiph. Hæreſ. XXIX, pag.* 123, *Tom. I.*

s'endormoient à Jérufalem. Jéfus-Chrift faifoit là beaucoup de Miracles inutiles ; car, fans avoir des Vifions céleftes, il étoit aifé de voir que Jérufalem, déchirée par des Factions différentes de Scélérats, n'étoit pas un Séjour où l'on put tenir, ni pour foi-même, ni contre les Romains. Jofeph, fans être Prophete, le repréfenta fouvent à fes Compatriotes ; fur tout, lors que le Sacrifice perpétuel eut ceffé ; & long-tems auparavant, les Perfonnes fages & judicieufes avoient abandonné ce Pofte, où il n'y avoit plus aucune Sureté, pour fe retirer ailleurs. Ce fut là le véritable Préfage, qui frappa les Chrétiens plus fages & moins rebelles que les autres, qui fe retirérent tous dans la petite Ville de Pella. (*a*)

V. Ce-

(*a*) Un Auteur moderne foutient que tous les Malheurs, qui arrivérent à Jérufalem, étoient renfermez dans l'Apocalypfe, & que Jofeph eft le meilleur de tous les Commentateurs fur ce Livre Sacré, parce qu'on trouve l'Accompliffement de tous les Oracles, dans les Evénemens qu'il rapporte. Il fuppofe que l'Ante-Chrift étoit le Souverain Sacrificateur & le Sanhédrim des Juifs. Les Apôtres lui donnérent ce Nom, parce qu'ils s'apperçurent que les Juifs, entêtez de la *Philofophie* de Platon, croioient que le Meffie établiroit une République Platonicienne : mais, qu'un *Anti-Meffie*, qu'ils appelloient en Grec l'*Anti-Chrift*, s'y oppoferoit. C'eft pourquoi ils diftinguoient le Fils

de

V. Cependant, les Troubles, dont nous avons déjà parlé, augmentoient en tous Lieux. Les Syriens, Habitans de Céfarée, qui s'étoient * déjà fouvent émus contre les Juifs, reprirent encore une fois les Armes, & en maffacrérent vingt mille. Ceux, que Dieu garentit de ce Maffacre, furent envoiés aux Galeres par Florus, qui leur donna le Tort. Les Juifs fouverainement irritez de cette Cruauté, & de l'Injuftice qu'on y avoit ajoutée, fe firent un Devoir de tuer & de piller les Syriens, dans toutes les Villes où ils étoient affez nombreux pour le faire. On fe fit par tout une Guerre fans Quartier; on s'entre-tuoit le jour & la nuit; on veilloit contre les Surprifes; les Rues fe trouvoient jonchées de Corps morts, & les Juifs y fouffroient plus que les autres. Cette Fureur paffa jufqu'en Egypte, & on compta plus de foixante mille

de Jofeph & le Fils de David. Les Apôtres, afin d'amener plus facilement les Juifs au Chriftianifme, declarérent que le Souverain Sacrificateur étoit cet Ante-Chrift, qui s'oppofoit à l'Etabliffement d'un Gouvernement parfait du Meffie, lequel devoit triompher, après avoir beaucoup fouffert de la part de ce Perfécuteur. Mais, ce font là des Paradoxes mal foutenus, dont cet Ouvrage, *Hiftoria Bileami*, eft tout rempli.

* *L'An LXVI.*

mille Juifs tuez à Alexandrie, ou dans le reſte du Païs. Antioche, plus humaine, avoit d'abord épargné ſes Habitans ; mais, un Juif dénaturé aiant accuſé ſon propre Pere, & pluſieurs de ſes Confreres, d'avoir voulu mettre le Feu à la Ville, pendant une nuit, on crut que ç'étoit pourvoir à ſa Conſervation, que de tuer tous ceux qui avoient formé un Projet ſi barbare. On voulut d'abord ne condamner que les Accuſez & les Coupables ; mais, ce Miſérable, qui avoit abandonné ſa Religion, aiant ſacrifié publiquement aux Idoles, & prié qu'on ordonnât aux Juifs de faire la même choſe, afin de les connoître, l'Ordre fut général. Quelques-uns ſacrifiérent, & les autres furent égorgés. Le Rénégat, qui crut que ſes Compatriotes diſſimuloient, demanda en ſuite des Soldats, afin de les obliger à travailler le Samedi. A Scythople, Ville Grecque *, ſituée ſur les Bords du Jordain, & compriſe dans les Villes de la Judée, un Juif, voiant le Maſſacre qu'on faiſoit de ſa Nation, ſans pouvoir échaper aux Ennemis qui l'environnoient, tua ſous leurs Yeux ſon Pere, ſa Mere, ſa Femme, & ſes Enfans, & en ſuite ſe tua lui-même d'un Coup d'Epée. Quel affreux Deſeſpoir !

VI.

* L'Ecriture l'appelle Bethſan.

VI. Cestius, Gouverneur de Syrie, & dont l'Autorité s'étendoit jusques dans la Judée, auroit pu remédier à ces Desordres; mais, au contraire, il étoit en Marche, à la Tête d'une Armée, pour vanger sur les Habitans de Jérusalem la Mort des Troupes Romaines, qu'on y avoit égorgées peu de tems auparavant. Il brula plusieurs Villes dans son Passage, & s'arrêta en Gabaön, où les Juifs, oubliant qu'il étoit Sabbat, fondirent sur son Armée, la mirent en Desordre, & l'auroient batuë, si les Promesses de Pardon qu'on leur envoia faire, ne les avoient divisés. Cestius alla se camper de là à un Quart de Lieuë de Jérusalem, & y jetta tellement la Fraieur, que les Séditieux abandonnérent la Basse Ville, & se retirérent dans la Haute. Les Romains l'auroient prise, s'ils avoient profité de cette Fraieur. Quelques-uns même appelloient Cestius, & offroient de lui ouvrir les Portes; mais, il ne voulut pas les écouter; soit qu'il craignit d'être trahi; ou bien, qu'il eut quelque raison cachée de ne finir pas si promptement cette Affaire. Il donna l'Assaut le cinquieme de Novembre, & n'aiant pas forcé la Porte du Temple qu'il attaquoit, il se retira. Les Assiégés, qui s'en aperçurent, le chargérent en queuë, le poursuivirent jusqu'à Gabaon,

Gabaon, où il avoit laiſſé ſon Camp. Il ſe remit en Marche, deux jours après, parce qu'il eut peur d'être environné de toutes Parts. Les Juifs le ſuivirent, & profitant d'une Deſcente fort étroite, ils le combatirent avec tant de Succès, que la Nuit ſeule ſauva le Reſte de ſon Armée, dont il avoit perdu une Partie avec les Bagages.

VII. Cet Avantage échauffa les plus tranquilles : on ne balança plus à faire la Guerre. On partagea les Commandemens. Joſeph, l'Hiſtorien, fut envoié dans la Haute & la Baſſe Galilée; Eléazar, Fils d'Ananias, en Idumée; & le Souverain Sacrificateur Anne prit la Garde de Jéruſalem, du Temple, & des Citadelles voiſines. D'un autre côté, Ceſtius, honteux & irrité, avertit Néron de ce qui lui étoit arrivé. L'Empereur détacha Veſpaſien avec des Troupes, pour arrêter les Suites d'une Révolte, qui devenoit importante. Ce Général, qui avoit aſſemblé ſon Armée dans la Syrie, entra par la Galilée. Joſeph y avoit cent mille Hommes de Milices; mais, elles ne parurent que peu en Campagne. Sur les Avis qu'il reçut que Veſpaſien, après s'être rendu Maitre de Séphoris & de quelques autres Villes, vouloit aſſiéger Jotapata, il s'y jetta. Ce n'é-

A a

toit

toit qu'un * gros Bourg, qu'il avoit fait fortifier, pour arrêter quelque tems l'Ennemi. Il y avoit une grande Quantité de Provisions ; mais, le Sel & l'Eau y manquoient. Joseph la menagea, en donnant à boire par Mesure ; &, faisant pendre aux Murailles des Habits mouillés & trempez dans de l'Eau, il ôta par cet Artifice aux Romains l'Espérance de la réduire par la Soif. On y livra divers Combats violens : les Romains perdirent beaucoup de Monde, pendant sept Semaines qu'elle se défendit. Vespasien même y fut blessé, & fut en Péril de sa Vie ; mais enfin, un Transfuge aiant averti ce Général, que les Assiégés, réduits aux Abois & à un très petit Nombre, dormoient la Nuit, pour reprendre des Forces & soutenir le Travail pendant le jour, fit attaquer la Place, de bon Matin, par Tite, son Fils, & l'un de ses Lieutenans, & s'en rendit le Maitre avec une Facilité surprenante. L'Armée étoit † déjà dans la Citadelle, qu'on ne se reveilloit pas. Le Carnage commença lors qu'on fut entré : on n'épargna que les Femmes & les Enfans, & quarante mille Juifs périrent dans le Siege, ou à sa Prise. Joseph, trouvé dans une Caverne, reçut la Vie

* *Joseph. de Bello, Lib. III, Cap. 8, &c. p. 842.*
† *L'An LXVII.*

Vie de Vespasien, auquel il prédit l'Empire.

VIII. Il faut avouer que Joseph rapporte sa Prise d'une Manicre fastueuse, & qu'il y eut beaucoup d'Artifice & d'Imposture dans sa Prédiction. Il dit que Nicanor, le conduisant à Vespasien, toute la Multitude s'assembla autour de lui : les uns, par Curiosité, pour avoir le Plaisir de le voir ; les autres demandoient sa Mort. Enfin, on comptoit ses belles Actions, & on admiroit la Révolution des Choses humaines. Ceux, qui étoient les plus irritez, s'adoucirent en le voiant. Tite, sur tout, qui avoit été le Témoin de ses Combats, étoit surpris du Pouvoir & du Changement de la Fortune. On voit aisement que Joseph se représente là comme un Objet, digne d'Admiration, & dont le Soldat le plus farouche respectoit la Valeur & l'Habileté. Cependant, il avoit abandonné promptement la Campagne, quoi qu'il eut cent mille Hommes à ses Ordres ; & toutes ses belles Actions aboutissoient à avoir tenu sept Semaines dans Jotapata contre l'Armée Impériale *.

Joseph ne laissa pas d'avoir peur qu'on ne l'envoiât à Néron , qui l'auroit fait

A a 2

mou-

* *Joseph. de Bello, Lib. III, Cap.* 14, *pag.* 851, 854.

mourir comme un Chef de Rebelles. Afin d'éviter une Mort honteuse, il prédit à Vespasien qu'il deviendroit le Maître du Monde. *Ce n'est pas si peu de chose que vous le pensez*, disoit-il à Vespasien, *que d'avoir pris Joseph. J'ai assez étudié la Loi, pour sçavoir comment un Général d'Armée doit mourir : mais, je suis un Ange envoié de Dieu, pour vous apprendre de plus grandes choses. César, tu n'es pas seulement Maître de moi ; mais, de la Mer, de la Terre, & de tout le Genre Humain. Gardes moi, & me reserves un Supplice plus cruel, si ce que je te dis, n'est pas véritable.* Il ne faut pas s'étonner de ce que Joseph parloit ainsi : car, il se croioit à demi Prophête, parce qu'il étoit sorti d'une Famille Sacerdotale, & qu'il avoit étudié les Prophêtes. Il disoit qu'il avoit eu des Songes divins, qui lui apprenoient le Sort des Juifs, & qu'il avoit l'Art de les interpréter, & d'expliquer ce qui étoit douteux. Il se vantoit même d'avoir été *plein de Dieu*, & que c'étoit par son Impulsion qu'il s'étoit remis entre les Mains de Nicanor : mais, tout cela n'étoit qu'Artifice, ou une Imposture sensible.

Joseph ne se souvint des Songes, qui lui apprenoient la Ruïne des Juifs, que lorsqu'il commença à capituler avec Nicanor : c'est-

c'eſt-à-dire, lorſque ſon Intérêt & le Deſſein d'abandonner ſes Freres, pour ſe re-
mettre entre les Mains du Vainqueur, l'y
engagea. Cette Circonſtance le rend ſuſ-
pect : car, ſi Dieu l'avoit averti de la Ruïne prochaine des Juifs, cet Avertiſſement
devoit faire aſſez d'Impreſſion ſur lui, pour
n'être pas oublié, & pour ne s'en ſouvenir que
lors qu'il falloit penſer à ſa Sureté per-
ſonnelle, ou faire ſon Apologie de la Tra-
hiſon, dont ſes Freres l'accuſoient, parce
qu'il vouloit les abandonner, & cherchoit,
comme une infinité d'autres, à ſe de-
charger ſur Dieu de la Lacheté qu'on lui
imputoit, quoi qu'il fut naturel de ſauver
ſa Vie dans cette Circonſtance ; cependant, il avoit de la peine à ſe mettre au
deſſus du Préjugé de ceux qu'il avoit engagés ou animez à une ſi vigoureuſe Défenſe, & qui le regardoient comme un
Traitre.

Il a voulu impoſer à la Poſtérité, en ſe
faiſant Prophête : car, il avoit beau être
ſorti d'une Famille Sacerdotale, être lui-
même Prêtre, & avoir étudié les Prophêtes : ſa Naiſſance, ni ſon Etude ne le rendoient pas Prophête : car, ce Don extraordinaire & miraculeux n'étoit point attaché à la Tribu de Lévi, ni à la Lecture
des anciens Prophêtes. Joſeph ſe contente

A a 3

de dire, * *que depuis Artaxerxes , la Succession des Prophétes n'étoit pas aussi certaine qu'auparavant.* C'est pourquoi , on n'ajoutoit pas la même Foi aux Ecrits qui avoient paru depuis ce tems-là. Il ne faut donc pas outrer son Sentiment , comme s'il avoit cru qu'il n'y avoit point eu de Prophétes depuis la Captivité. Il pouvoit se mettre lui-même au Rang de ceux qu'il indique. Cependant , c'est le Sentiment ancien & ordinaire des Juifs , qu'il n'y a point eu d'Ecrivains divinement inspirez depuis Malachie ; & le Fait est véritable. C'est pourquoi , ils n'ont mis , ni les Auteurs de l'Histoire des Machabées , ni d'autres Ecrivains , dans le Canon des Ecritures. Joseph choquoit donc la Tradition & le Préjugé de sa Nation , en se faisant Prophête.

Il étoit aisé de prévoir , ou de prédire au Hazard † , que Vespasien deviendroit le Maitre de l'Empire , ou du Monde : car , Néron étoit alors sur le Trône ; & ce Prince tomboit dans de si grands Excès de Cruauté & de Violence , qu'il n'étoit pas même vraisemblable que les Romains , qui n'étoient point encore parfaitement accoutumez à l'Esclavage , le laissassent longtems

---

* *Joseph. Vita, Lib. I, pag.* 1036.
† *Vide Georg. Olearium , de Vaticinio Josephi.*

tems fur le Trône. On avoit déjà vu plu-
ficurs Conjurations contre lui ; & quoi-
que le mauvais Succès dut avoir dégouté
de pareilles Entreprifes, il eft rare que les
Princes, qui excitent fi fouvent la Rage
des Confpirateurs, leur échappent toujours.
La Famille des Céfars s'éteignoit en la Perfonne de Néron, qui n'avoit point d'Enfans. Il pouvoit en efpérer : mais, quand
même fes Efpérances n'auroient pas été
trompées, auroit-on élevé à l'Empire un
Enfant Mineur de Néron ? De tous les
Généraux d'Armée, il n'y en avoit point
de plus diftingué que Vefpafien. Ses Sie-
ges, fes Batailles, fes Victoires fréquem-
ment remportées contre les Barbares de la
Grande Brétagne ; la Guerre de la Judée,
que Néron lui-même lui avoit confiée par
Diftinction, & dont les prémiers Evénemens heureux promettoient une Fin encore plus glorieufe ; enfin, les Vertus de
Tite, fon Fils, qui, par une Politeffe
égale à fa Valeur, gagnoit l'Affection des
Troupes, conduifoient Vefpafien à l'Empire, & le lui promettoient avec une Efpece de Certitude. Il ne falloit donc pas
être fort habile, pour deviner ; & l'Artifice de Jofeph étoit fi groffier, que Vefpafien, & quelques-uns de ces Courtifans
s'en défiérent. Il dit qu'il les trompa, en

A a 4

pro-

produifant des Témoins d'une Prédiction qu'il avoit faite, que Jotapata feroit
prife après quarante jours de Siege. Il y
avoit peut-être quelque chofe de vrai & de
faux dans cette Prédiction. Jofeph pouvoit avoir prédit la Prife d'une petite Place, attaquée avec beaucoup de Vigueur :
car, l'Evénement étoit prefque infaillible :
mais, les Témoins, ou lui - même, ajoutoient le Nombre des jours à la Prédiction. En effet, Vefpafien ne fut pas encore la Duppe de cette feconde Prédiction ; mais, il avoit Intérêt à n'envoier
pas à Néron un Homme qui lui promet-
tois l'Empire, de peur de détourner fur fa
propre Tête la Cruauté du Prince régnant,
comme cela eft arrivé fouvent. Nous avons
cru devoir éxaminer cet Endroit de Jofeph,
& faire voir que nous ne le fuivons pas
aveuglement, fur tout, lorfqu'il veut im-
pofer à fes Lecteurs.

IX. Vefpafien attaqua en fuite Tibérias & Tarichée. Les Mutins s'étoient raf-
femblez dans cette derniere Place, & firent d'abord une Sortie contre Tite, qui
venoit les affiéger ; mais, aiant été repouf-
fez, & Tite profitant de leur Déroute,
entra dans la Ville, dont les Habitansfu-
rent paffez au Fil d'Epée. Gamala, que
Jofeph avoit munie, fit encore quelque
Ré-

Résistance. Cette Ville * étoit située au delà du Jordain; cependant, on ne laissoit pas de la compter entre les Villes de Galilée. En effet, quoi que le Jordain séparât cette Province de la Pérée, on ne laissoit pas quelquefois de donner le Nom de Galilée à certains Lieux qui étoient au delà de ce Fleuve. Judas, ce Séditieux, dont il est parlé dans l'Histoire des Actes, y est appellé Galiléen; cependant, il étoit né à Gaulon, ou à Gamala, qui étoit au delà du Jordain. La Galilée s'étendoit donc au delà de ce Fleuve; &, je ne vois pas comment on peut le contester, contre le Témoignage de Gamaliel dans Saint Luc. Les Romains, qui vouloient se rendre Maîtres de toute cette Province, qui avoit été sous le Commandement de Joseph, passérent le Fleuve, & assiégérent Gamala. Elle fit une vigoureuse Défense; & même, les Romains, après y être entrez, en furent chassés avec une grosse Perte. Vespasien y reçut un Coup de Fronde: mais enfin, le Ciel se déclara pour lui. Le Vent, soufflant avec Impétuosité, poussa les Traits des Romains avec Violence contre les Assiégés, pendant que quelques Soldats faisoient tomber une Tour, qui leur ouvroit le Passage. La Ville fut prise: le Vain-

A a 5

queur

* *Vide Lightfoot. Chorogr. pauca ad Luc. pag. 681.*

queur n'épargna plus les Enfans : quatre mille Juifs furent tuez, & cinq mille autres, animez d'un Defefpoir affreux, fe précipitérent du haut des Rochers. On faiſoit une ſi grande Boucherie de cette Nation en tous Lieux, & avec des Circonſtances ſi particulieres, qu'on avoit lieu de croire que Dieu vouloit l'exterminer, ſans pardonner l'Age le plus tendre. Enfin, toute la Galilée fut ſoumiſe dans cette ſeconde Campagne ; & Veſpaſien, après avoir fait quelques Expéditions moins importantes, mit ſes Troupes en Quartier d'Hiver à Céſarée, où il y avoit toujours eu Garniſon Romaine, & qui étoit le Séjour ordinaire des Gouverneurs de la Judée.

X. La troiſieme Campagne s'ouvrit par le Siege de Gadara. Il y avoit deux Villes de ce Nom : l'une, ſur les Bords de la Mer Méditerranée, que l'un des Machabées prit avec Jamnia ; l'autre, fameuſe par la Mort des Pourceaux, précipitez dans la Mer par les Démons, que Jéſus-Chriſt avoit chaſſés d'un Homme qu'ils tourmentoient. Gergéza étoit voiſine, & le Territoire de cette Ville étoit beaucoup plus grand que celui de Gadara, qui n'étoit qu'une petite Ville. Ainſi, il ne faut pas s'étonner de ce que quelques Evangéliſtes parlent du Territoire des Gergézéniens,

niens, & l'autre de celui des Gadaréniens; car, l'un de ces Territoires étoit enfermé dans l'autre. Il n'est pas étonnant qu'il y eut des Pourceaux dans cette Ville, qui appartenoit aux Paiens, & que Pompée avoit jointe à celles de la Syrie : on la trancha même de la Juridiction des Hérodes. On dit qu'il y avoit proche de là un Lac extrémement puant, & que cela venoit de ce que les Démons, qui exhalent une mauvaise Odeur, s'y étoient jettez avec les Pourceaux, par l'Ordre de Jésus-Christ : mais, l'Erreur est d'autant plus sensible, que les Pourceaux & les Démons se jettérent dans la Mer de Tibérias. Les Romains surprirent cette Place, qui étoit la Métropole de la Pérée ; c'est-à-dire, de la Province qui étoit au delà du Jordain, & que les Tribus de Ruben & de Gad avoient eue en Partage. Dolese, l'un des Bourgeois de cette Ville, y fit * entrer l'Ennemi, sans qu'on s'en apperçut. Les Habitans s'en vengérent, en le tuant avant que de quitter la Ville, & prirent en suite la Fuite. Placide, qui commandoit alors, les força dans un Village ; & en tua quinze mille au Passage du Jordain, sans compter le grand Nombre de ceux qui se noiérent, en voulant traverser ce Fleuve grossi par les Pluies.

A a 6

* *L'An LXVIII.*

Il pouffa fa Victoire & fes Conquêtes jufqu'à la Mer Morte, & fe rendit Maître de
tout le Païs.

XI. Cependant, Vefpafien marchoit
vers Jérufalem, qu'il avoit commencé de
bloquer. Il prit Lydde, Jamnia; fit le
Dégât dans l'Idumée; mit Garnifon à Jé-
richo, que les Habitans avoient abandon-
née, & fit camper une Légion à Emmaüs,
qui n'étoit éloignée de Jérufalem que de
trois Lieuës : mais, fes Deffeins furent
fufpendus par la Nouvelle de la Mort de
Néron. Il crut devoir attendre de nouveaux
Ordres du Prince * qui s'empareroit de
l'Empire, ou plutot qu'il devoit faire Attention à cette Révolution, à laquelle il
prenoit un grand Intérêt, comme l'Evénement le fit voir. Les Juifs profitérent de
ce Délai que Dieu leur accordoit, & me-
nagérent des Alliances au delà de l'Euphrate. C'eft ce qui a fans doute trompé Dion,
& lui a fait dire que les Juifs de ces Provinces avoient envoié de nombreufes Troupes; 1, parce qu'en effet les Juifs s'étoient
flattez qu'il leur viendroit un puiffant Secours de ce côté-là; 2, parce que Jérufalem, aiant été affiegée au tems de la Fête
de Pâque, on y trouva un prodigieux Nombre d'Etrangers, qui s'y étoient renfermez.
Mais,

* *L'An LXIX.*

Mais, les Juifs n'eurent aucun Secours de l'Orient, & ceux qu'on trouva en si grand Nombre à Jérusalem, s'y étoient assemblez pour la Fête.   Ces Projets de Traité avec les Ennemis de l'Etat achevérent d'irriter Vespasien, qui, étant Maître de l'Empire, donna les Ordres à son Fils Tite de conduire ses Légions à Jérusalem, d'en faire le Siege, & de traiter les Rebelles avec la derniere Sévérité.   Ils ne s'épargnoient pas eux-mêmes ; &, nous avons déjà parlé des Cruautez qu'ils éxercérent les uns contre les autres, pendant qu'on les laissa respirer.

XII. Enfin, Tite investit Jérusalem l'An ʟxx, au commencement d'Avril, lors qu'on se préparoit à célébrer la Fête de Pâque.   Son Armée étoit composée de quatre (*a*) Légions, dont la *douzieme* brûloit du Désir de vanger l'Affront qu'elle avoit essuié sous Cestius, où les Juifs l'avoient batue. Cela ne faisoit que vingt-quatre mille Fantassins, & deux mille quatre cens Chevaux ; mais, on avoit tiré cinq mille Hommes de deux autres Légions. D'ailleurs, les Alliés, c'est-à-dire, les Peu-

A a 7

ples

______

(*a*) Chaque Légion étoit de six mille Hommes, & de six cens Chevaux. Chaque Cohorte étoit de six cens Hommes, & il y avoit soixante Centeniers dans chaque Légion.

ples qui n'avoient pas Droit de Bourgeoifie à Rome, avoient fourni vingt Régi-
mens d'Infanterie, & huit de Cavalerie.
Deux Rois, Agrippa & Soëme, avoient
joint à la Tête de leurs Troupes; Antiochus, autre Roi, y avoit envoié les fien-
nes. Enfin, une Troupe d'Arabes accou-
rus, dans le Deſſein de s'enrichir du Pillage, groſſiſſoient conſidérablement cette
Armée.

Jéruſalem ſe trouva munie de tout ce
qui étoit néceſſaire pour ſoutenir un Siege.
La Fête de Pâque, qui y aſſembloit quelquefois juſqu'à deux millions & ſept cens
mille Perſonnes, ſe célébroit alors, & multiplia prodigieuſement le Nombre des Soldats. Ceux qui avoient été chaſſés d'autres Endroits de la Judée par les Conquêtes des Romains, s'y étoient déjà renfermez depuis pluſieurs Mois. Le Peuple & les
Femmes mêmes, qui ſe faiſoient un Honneur de demeurer écraſez ſous les Ruïnes
de leur Temple, ou de contribuër à ſa
Conſervation, combatirent avec un Courage ſurprenant. Pluſieurs Perſonnes ſages
ſouhaitoient la Paix, & vouloient rentrer
dans l'Obéïſſance; mais, ſoit qu'on les
veillât de trop près, ſoit qu'ils cruſſent
que c'étoit trahir leur Religion, que de
trahir des Scélérats, dont ils étoient la Vic-
time,

time, ils ne tramérent jamais rien contre leur Patrie. Ils avoient des Armes, & même des Machines, qu'ils avoient pris à Ceſtius. Enfin, il y avoit Abondance de Munitions; &, s'il y eut de la Famine, elle fut cauſée par le Nombre prodigieux d'Etrangers, qui étoient entrez d'une Maniere imprévuë. Les Citernes, & la Fontaine du Temple, leur fournirent ſuffiſamment de l'Eau, quoi que quelques Anciens aient inſinué qu'elle leur manqua.

La Ville étoit dans une Situation très avantageuſe; mais, ſoit qu'on eut médité la Révolte, & prévu la Guerre, on n'avoit rien oublié de ce qui pouvoit la rendre plus forte. Elle faiſoit une eſpece de Cercle autour du Temple, élevé ſur la Montagne de Morija. Ce Temple étoit une Place très forte : à côté étoit la Citadelle Antonia, qui étoit fort élevée, & où les Romains logeoient ordinairement la Garniſon, afin de veiller ſur ce qui ſe paſſoit dans le Temple : mais, n'en étant plus alors les Maîtres, c'étoit une ſeconde Fortereſſe, qui défendoit les Approches du Temple. Le Palais élevé ſur la Montagne de Sion, étoit encore un Lieu très fort. Les Montagnes, ſur leſquelles la Ville étoit bâtie, étoient ceintes d'une triple Muraille, ſur leſquelles on voioit cent

ſoixan-

soixante quatre Tours. Il y avoit plusieurs Endroits inaccessibles, par les Vallées profondes qui la coupoient. Enfin, il y avoit des Canaux souterrains, par lesquels on pouvoit passer, & on y passa souvent avec Succès; les Assiegés sortant par là fort loin dans la Campagne, & surprenans ceux qui alloient au Fourrage, qu'ils défaisoient avec d'autant plus de facilité qu'on ne les attendoit pas. Tacite & Joseph ont donné un Plan plus éxact de cette Place, dans l'état où elle étoit lors que Tite l'investit: mais, comme ces Auteurs, & le Siege même, sont assez connus, nous nous contentons d'en donner une Idée générale, afin de n'oublier pas ce qui paroit essentiel à une Histoire, que nous avons fait remonter jusqu'à Jésus-Christ.

XIII. Tite aiant donné le Rendez-vous général à une Lieuë & demie de Jérusalem, s'y rendit promptement. Il voulut aller reconnoitre lui-même la Place sans Casque & sans Cuirasse; mais, les Juifs l'aiant remarqué, firent une vigoureuse Sortie, & l'enveloppérent, de maniere qu'il devoit périr mille fois. Echappé de ce Péril, il fit avancer l'Armée jusqu'à un Quart de Lieuë de la Ville, & envoia une Légion prendre Poste sur la Montagne des Oliviers, séparée de la Ville par le Torrent de Cédron,

dron, dont les Evangéliſtes ont parlé ſouvent. Les Aſſiégés réſolurent de leur diſputer le Terrain; ils renverſérent la Légion, qui remuoit déjà la Terre pour ſe couvrir; & ſi Tite n'étoit venu la ſoutenir, à
la tête d'un gros Détachement, elle alloit être défaite. Il ordonna qu'on recom-
mençât l'Ouvrage, & cela fit renouveller
le Combat avec plus de Chaleur. Tite y
fut une ſeconde fois en Péril. On fit de
ſemblables Sorties, le jour ſuivant; mais,
ſoit que les Romains ſe fuſſent mis à couvert derriere les Lignes, ou que les Aſſiégés, que ces Combats ſanglans afoibliſ-
ſoient, vouluſſent ménager leurs Forces,
ils réſolurent de ſe renfermer dans la Ville, où ils célébrérent la Fête de Pâques,
qui étoit le xɪv d'Avril.

XIV. Les Juifs étant renfermez dans
leurs Murailles, Joſeph fut chargé de leur
faire quelques Propoſitions de Paix. Ils
parurent les accepter, & un grand Nombre de Soldats s'étant avancés ſur cette
Eſpérance, reconnurent à leurs Dépens
qu'on les avoit trompez; car, ils ne firent
leur Retraite qu'avec beaucoup de Peine:
&, à leur Retour, on voulut les punir de
ce qu'ils avoient marché ſans Ordre. La
véritable Attaque ſe faiſoit du côté du Nord;
& Tite aiant élevé ſes Plattes-formes, &

fait

fait jouër de là ſes Machines, fit bientot Brêche à la prémiere Muraille, que les Romains emportérent, ſans trouver beaucoup de Réſiſtance. Les Auteurs Païens, Dion & Suétone, rapportent deux Circonſtances de cette prémiere Attaque: l'une, que les Juifs étant ſur le Point de mettre le Feu aux Machines, dont on les battoit, Tite y arriva à-propos pour les chaſſer, & en tua quatorze, de quatorze Flêches qu'il tira; l'autre, qu'il fut bleſſé au Bras gauche, qui fut toujours foible du Coup qu'il avoit reçu; cependant, Joſeph a tu cette Circonſtance.

La prémiere Muraille étant emportée, on dreſſa les Batteries contre la ſeconde, qui couta beaucoup plus de Sang. Les Juifs reſſerrez firent de violens Efforts, pour empêcher l'Approche de l'Ennemi; mais, une Tour étant tombée par l'Ebranlement d'un Bélier, on y entra par là. Les Aſſiégés, au lieu de perdre Courage, ſortirent dans la Ville, où Tite s'étoit logé depuis quelques jours, & firent un grand Carnage de ſes Troupes. On fut obligé d'abandonner la ſeconde Muraille, qui ne fut repriſe que quatre jours après, pendant leſquels on avoit eſſuié de continuels Combats.

XV. La Famine commença à ſe faire ſentir dans la Ville dès les prémiers jours de
Mai,

Mai, & y caufa d'étranges Defordres; mais, elle ne fit pas perdre Courage aux Affiégés. Au contraire, ils redoublérent leurs Efforts avec beaucoup de Succès; car, Tite aiant deffein de fe rendre Maitre de la Citadelle, pour attaquer en fuite le Temple avec plus de Facilité, fit dreffer avec beaucoup de Peine quatre Terraffes, d'où il prétendoit y faire Brêche par fes Machines. Pendant qu'on y travailloit, Antiochus, Fils du Roi de Comagene, & qui porta le Titre *d'Illuftre*, où d'Epiphane, comme l'ancien Perfécuteur des Juifs, arriva avec fes Troupes, & particuliérement avec des *Macédoniens*. C'eft ainfi qu'il appelloit une efpece de Géans, qu'il avoit à fa fuite, & dont la Valeur lui étoit connue. Il fut étonné de ce que Tite différoit à donner l'Affaut à la Citadelle, qui lui répondit en fouriant qu'il pouvoit le tenter. Il n'y avoit pas Moien de fe retirer, après la Bravade qu'il avoit faite. Les Juifs le reçurent vigoureufement, & renvoiérent prefque tous ces Macédoniens percés de leurs Traits. Jean trouva le moien de bruler deux Terraffes, en y faifant mettre le Feu deffous Terre; & Simon, faifant une Sortie fort à-propos, pendant que trois Juifs mettoient le Feu aux Machines des deux autres Terraffes, non feulement les Terraffes raſſes furent réduites en Cendres; mais, on pouſſa les Romains juſques dans leur Camp. Ces Avantages firent perdre Courage aux Aſſiégeans, qui étoient déjà bien las d'un Siege, qui avoit duré près de deux mois, & couté beaucoup de Sang. Tite eut peur de ne pouvoir ſe rendre Maitre d'une Place, qu'une Armée plus nombreuſe que la ſienne défendoit avec beaucoup de Courage. C'eſt pourquoi il prit le Parti de faire autour de la Ville une Muraille, qui avoit deux Lieuës de Circuit, avec douze Forts qui la couvroient, afin que les Aſſiégés ne puſſent, ni ſortir pour avoir des Vivres, ni recevoir de Secours du reſte de la Nation.

XVI. On ne laiſſoit pas de travailler à relever les Terraſſes & les Machines qui avoient été brulées. Dès le Moment que les Aſſiégés eurent découvert qu'elles étoient achevées, ils ſortirent pour les bruler, & de là dépendoit la Levée du Siege; mais, Dieu ne le permit pas. Les Romains, qui étoient ſur leurs Gardes, repouſſérent les Juifs; les Machines furent placées, & on commença à les faire jouër contre la Citadelle Antonia. Comme elle n'en étoit point ébranlée, on eut Recours à la Sappe; &, en effet, comme Jean avoit miné de ce côté-là, lors qu'il étoit allé

la

la prémiere fois bruler les Machines des
Affiégeans, la Muraille tomba la nuit. On
fut étonné d'en voir une autre qu'on avoît
élevée derriere celle-là. Tite voulut y
donner l'Affaut; mais, il n'y eut que douze Soldats qui voulurent éxécuter fes Ordres. Ils avoient déjà 'reüffi, lors qu'on
s'apperçut de leur petit Nombre, & qu'on
vint les chaffer de là. Au lieu de garder
ce Pofte avec la derniere Exactitude, on
le laiffa furprendre, deux jours après, par
vingt-quatre Soldats, que Tite vint foutenir dès le moment qu'il en eut Avis, &
par là il devint Maitre de la Citadelle,
dont il fit abbatre une Partie, afin de pouvoir faire attaquer le Temple par toutes
fes Troupes. Cependant, la Famine aug-
mentoit: une Mere mangea fon Enfant;
on enterra en peu de tems cent quinze
mille huit cens quatre-vingt Morts de Faim.
On affure qu'on jetta hors des Portes fix
cens mille Pauvres. Ceux, qui pouvoient
fortir, fe jettoient dans le Camp des Romains, où l'Abondance leur caufa la Mort,
auffi bien que la Famine dans le Temple,
parce qu'ils mangeoient trop. Un autre
Defordre augmenta leur Mifere; ceux qui
fortoient, avaloient leur Or, pour n'être
pas abfolument deftituez. On s'apperçut
de cet Artifice, & les Syriens leur ou-
vroient

vroient. le Ventre, pour tirer ce Métail enfermé dans leurs Entrailles ; jufqu'à ce
que Tite, aiant Horreur de cette Barbarie,
voulut la punir par la Mort de tous les
Coupables ; mais, le Nombre s'en trouva
trop grand.

XVII. Après la Prife d'Antonia, on
attaqua le Temple ; &, pour le faire avec
plus de Succès, on éleva quatre Terraffes ;
on fe fervit de la Sappe. Tite fit attaquer les Juifs qu'il croioit endormis ; mais,
s'étant trompé, le Combat fut fanglant,
dura huit Heures, & il ne put fe glorifier
d'avoir vaincu. Cependant, après plufieurs
Combats defavantageux aux Affiégés , &
après avoir mis le Feu à plufieurs Galéries, comme les Juifs faifoient avec Succès de leur côté, pour bruler les Romains,
on fe rendit maitre du Parvis des Gentils.
Il fallut paffer à celui des Juifs ; on y demeura long-tems, fans pouvoir faire de
Brêche. Les Romains, impatiens, voulurent monter à l'Efcalade. On les laiffa
faire, & planter leurs Drapeaux fur la Muraille ; mais, les Affiégés fondant en fuite
fur eux avec la derniere Valeur, on renverfa leurs Echelles encore chargées de
Monde ; on précipita ceux qui étoient déjà montez, & on emporta les Drapeaux
qu'ils avoient arborez. Les Romains les
atta-

attaquérent par une autre Voie; car, ils mirent le Feu aux Portes. Les Lames d'Argent, dont elles étoient couvertes, se fondirent, & la Flâme passa aux Galéries. Les Juifs, consternez de cet Embrasement imprévu, ne pensérent, ni à l'éteindre, ni à se défendre, comme ils avoient fait auparavant. Tite fit éteindre le Feu, qui avoit duré long-tems, & résolut dans un Conseil de Guerre, de donner un Assaut général au Temple, l'onziéme d'Août; mais, les Assiégés ne lui donnérent pas ce tems-là : dès le dixiéme, ils recommencérent un violent Combat. La Victoire pencha d'abord de leur côté; mais enfin, ils se retirérent. L'Assaut devoit se donner le lendemain; mais, un Soldat, qui agissoit sans Ordre, s'étant fait soulever par un de ses Camarades, jetta un Tison allumé par une Fenêtre. Il embrasa le Lieu où il tomba : le Feu gagna en peu d'Heures. L'Armée, réveillée à ce Bruit, & par l'Espérance du Pillage, y accourut en Desordre. Tite, qui s'apperçut qu'il n'y avoit que les Dehors du Temple qui bruloient, voulut en conserver le Corps. Il parla; il fit Signe de la main; il envoia son Capitaine des Gardes porter ses Ordres d'arrêter le Feu; mais, rien ne fut capable de réprimer la Fureur du Soldat, qui tuoit impitoiablement

ment tout ce qui tomboit fous fa main. .
Tite eut le Loifir de vifiter le Lieu Saint,
& en admira les Richeffes ; mais, un Soldat mit le Feu * derriere la Porte, par laquelle il étoit forti, & empêcha que le Defir, que ce Prince avoit de le garder comme un riche Monument de fa Victoire,
n'eut fon Effet. Le Carnage fut horrible.
On le conçoit aifément lors qu'on confi-
dere l'Acharnement des Troupes, irritées
d'une fi longue Réfiftance, & le Nombre
de ceux qui s'étoient renfermez dans cet
Edifice Sacré. Les Séditieux fe firent jour
au Travers des Flâmes & des Vainqueurs,
& fe retirérent dans une Partie de la haute
Ville, qui pouvoit encore fe défendre.

XVIII. Cette Partie de la Ville étoit
la Montagne de Sion, & le Palais, qu'on
y avoit bâti. Ce fut dans ce Palais, que
Jean & Simon cherchérent une Retraite,
après avoir égorgé ceux qui s'en étoient
emparez avant eux. Ils envoiérent demander de là une Conférence à Tite, qui devoit être horriblement fatigué du Siege. Il
leur offrit la Vie, s'ils vouloient fe rendre ; mais, ajant juré qu'ils ne le feroient
jamais, & demandant pour Condition de
fe retirer dans le Défert avec leurs Femmes

* *Voiez Jofeph. de Bello Judaico , Lib. VII,*
Cap. 10.

mes & leurs Enfans, on résolut de les attaquer à Force ouverte. Obligés à se défendre, ils pillérent tout ce qu'ils purent rassembler d'Or, d'Argent, & de Provisions, parce qu'ils espéroient se cacher dans les Egouts de la Ville, se dérober à la Poursuite des Romains, & jouïr de leur Butin. Cependant, un grand Nombre de Personnes se rendit au Camp de Tite; &, entre autres, deux Prêtres lui portérent la Robe Sacerdotale, avec les Pierreries de l'Ephod. Ce Prince donnoit la Liberté aux uns, & vendoit les autres à vil Prix. Il emploïa depuis le vingtiéme d'Aout jusqu'au septiéme de Septembre, à faire de nouvelles Terrasses contre le Palais, ou le Château; il le fit battre, & y trouva peu de Résistance. Le Vainqueur fit main basse sur tout ce qu'il trouva; & enfin, le lendemain, qui étoit un jour de Sabbat, Tite se rendit Maître de cette grande Ville. Les Séditieux, Simon & Jean, avoient encore trois Tours, où ils pouvoient se défendre; mais, épouvantez & abandonnez par leurs Troupes, ils ne penférent qu'à s'enfuïr, & s'allérent cacher dans des Trous, après avoir fait une Tentative inutile pour forcer la Muraille des Romains du côté de Siloé. Ces deux Scélérats s'enfermérent dans les Egouts; Jean en sortit le prémier, parce que les Vivres lui manquérent, & obtint des Romains la Vie, à condition qu'il n'en jouïroit que dans une Prifon, où il fut enfermé le reste de fes jours. Simon demeura caché jufqu'à la fin d'Octobre; il croioit échappér à la Vigilance des Romains, parce qu'il s'étoit déguifé, en prenant un Habit blanc & un Manteau d'Ecarlate: mais, on l'arrêta; & Tite, après l'avoir mené en Triomphe à Rome, le fit condamner au Supplice. Cependant, fa Sortie des Egouts reveilla la Cruauté & l'Avarice des Romains, perfuadez qu'il y avoit encore des Tréfors & des Perfonnes cachées dans ces Lieux fouterrains: ils les vifitérent avec plus d'Exactitude. Ils ne fe trompérent pas; & ceux, qui fe croioient fauver, étant pris, effuiérent toute la Violence du Soldat.

Ainfi périt Jérufalem la Sainte. Ses Habitans demandoient la Mort de Jéfus-Chrift, de peur que les Romains ne ruïnaffent leur Ville; mais, au contraire, * *les Aigles volérent où étoit le Corps mort.* Tite reconnut qu'il avoit été le Miniftre de la Vengeance divine contre ce Peuple criminel,

* *Voiez l'Evangile de St. Mathieu, Chap. XXIV, Verf. 28.*

nel, & pleura * fur lés Ruïnes de cette
B b 2   grande

Lifte des Morts & des Prifonniers, qui périrent dans cette Guerre, dans l'efpace de fept Ans.

A Jérufalem, tuez par Florus,	3600
A Céfarée,	20000
A Scythopolis, Ville de Galilée,	13000
A Afcalon, aujourd'hui Scalona,	2500
A Ptolomaïs,	2000
A Aléxandrie,	50000
A Damas,	10000
A Joppe, ou Jaffa,	8400
Sur une Montagne,	2000
Dans un Combat à Afcalon,	10000
Dans les Embufcades,	8000
A Aphec,	15000
Sur le Garizim,	11600
A Jotapata,	40000
A Joppe,	4200
A Tarikée, aujourd'hui Jefferkin, dans la Galilée,	6500
A Gamala,	9000
A Gifcala morts,	6000
- - - - Prifonniers,	2200
Dans l'Idumée,	10000
A Geraze, voifine des Gadaréniens,	1000
A Gadara,	15000
A Macherunte,	1700
A Jardes,	3000
Au Château de Maffada,	960
A Cyrene,	3000
A Jérufalem morts,	110000
- - - - - Prifonniers,	97000

Nombre	Morts,	1338460
	Prifonniers,	99200

grande Ville, lors qu'il y repaſſa à ſon Retour de Syrie, où il avoit laiſſé couler l'Hiver.

XIX. Cependant, Joſeph aiant écrit l'Hiſtoire de cette Guerre, il prit un ſi grand Plaiſir à la lire, & la trouva ſi glorieuſe pour lui, qu'il y mit ſon Approbation (*a*) de ſa propre Main, & voulut qu'on la publiât, comme un Récit véritable de ſa Victoire; Nicéphore fait plus d'Honneur à Joſeph : car, il aſſure que l'Empereur écrivit de ſa propre Main l'Hiſtoire du Juif, & Mr. de Valois l'a ſuivi. Un Critique moderne le nie; &, au lieu de charger l'Empereur de la Fatigue de copier l'Hiſtoire de la Guerre des Juifs, il ſoutient qu'il ſe contenta de donner un Ordre qu'il ſigna de ſa Main, afin que ces Livres devinſſent publics & autentiques. On s'apperçoit aiſement que nous ſuivons un troiſieme Parti, parce qu'il nous a paru le plus naturel & le plus raiſonnable. En effet, il ne convenoit point à un Empereur, chargé des Affaires

de

(*a*) Joſeph. de Vitâ ſuâ, pag. 1026: ὥτως ἐκ μόνων αὐτῶν περὶ ἁλώσεως Βιβλίων ἐβουλήθη τὴν γνῶσιν τοῖς Ἀνθρώποις παραδοῦναι τῶν πράξεων ἧστε χαράξας τῇ ἑαυτοῦ χειρὶ τὰ Βιβλία δημοσιεῦσαι προσέταξεν: *Titus adeò ſolis illis Libris Cognitionem earum Rerum Homines petere voluit, ut ſuâ Manu ſubſcriptos publicari juſſerit.*

de l'Univers, d'emploier son tems à écrire un Livre. Il avoit assez d'Esclaves Copistes, pour se décharger sur eux de cette pénible Occupation. D'ailleurs, Nicéphore, ni Mr. de Valois, n'ont pas pris garde qu'une Copie, faite par l'Empereur, auroit été fort inutile ; puis que son dessein étoit *de rendre ces Livres publics*. Il faudroit donc charger Tite d'avoir donné plusieurs Exemplaires écrits de sa Main, afin de faciliter à Joseph la Publication de son Ouvrage: ce qui n'a pas même de vraisemblance.

D'un autre côté, Joseph assure que Tite écrivit ou marqua les *Livres* *. On ne peut pas appeller ainsi une Ordonnance que l'Empereur auroit signée ou écrite de sa propre Main. Il faut donc changer le Texte & la Suite du Discours, pour autoriser cette Interprétation.

Il est donc beaucoup plus naturel de dire que Tite donna son Approbation aux Livres de Joseph, & qu'il écrivit de sa propre Main cette Approbation, afin que les Livres devinssent publics, & qu'on y ajoutât Foi. En effet, le Récit des belles Actions que Tite & Vespasien avoient faites, pendant la Durée de cette Guerre, flattoit agréablement la Vanité de ce Prince,

B b 3 &

* *Olear. de Vaticinio Josephi.* Βίβλια.

& il donnoit une grande Autorité à l'Hiſtoire que Joſeph en avoit faite, en l'ap-
prouvant de ſa Main *.

XX. Outre l'Hiſtoire de cette Guerre,
on dreſſa des Monumens Publics à l'Honneur de Tite. On voit des Médailles, dans
leſquelles un Priſonnier triſte & abbatu eſt
couché aux Pieds d'un Trophée, avec ces
Mots : *La Judée a été priſe* : JUD. CAP.
Comme on voit une autre, battue à l'Honneur de ſon Peré, avec ces Mots : JU-
DAEA DEVICTA: *La Judée vaincue.*
On vit une Inſcription, dans laquelle Tite eſt appellé Dieu : *Divus.*

FELICITATI AUG.
ET PROVIDENTIÆ
DIVI TITI IMP. VESPASIANI
AUG. F.
SUBLATIS POP. ROM. HOST.
PERNICIOSISSIMIS
COELIUS SUCCENSIS
L. COCCEIUS FOELIX.

Triſtan s'eſt imaginé qu'on félicitoit Tite
d'avoir maltraité les Chrétiens, qu'on regardoit comme des Ennemis très pernicieux de l'Empire, & qu'on confondoit
alors avec les Juifs. Mais, les Chrétiens
n'eurent

* Χαράξας.

n'eurent aucune part à la Ruïne de Jérufalem, ni au Soulevement de la Judée.
Ainfi, les Juifs étoient *les Ennemis très pernicieux*, que Tite avoit ruinez.

XXI. On a déterré depuis quelques
Années un Marbre à * Rome, fur lequel
on lit ces Paroles, qui font confidérables :

S. P. Q. R.
IMP. TITO CÆS. DIVI VESPASIANI
FILIO VESPASIANO AUG.
PONT. MAX. TR. POT. X. IMP. XVII. XIII. P. P.
PRINCIPI SUO QUI PRÆCEPTIS PATRIÆ
CONSILIIS Q. E
AUSPICIIS GENTEM JUDÆORUM DOMUIT
ET URBEM
HIEROSOLYMAM OMNIBUS ANTE SE
DUCIBUS REGIBUS
GENTIBUS AUT FRUSTRA PETITAM
AUT OMNINO INTENTATAM DELEVIT.

Ce Monument mérite d'être remarqué, parce qu'il prouve démonftrativement, qu'on
louoit avec Excès les Princes jufques fur
les Marbres, & dans les Infcriptions pu-
bliques. En effet, on affure que Jérufalem n'a jamais été prife que *par Tite*, &

B b 4   *que*

* *Apud Bartholomæum Merhanum, Urbis Romæ
Topograph. Cap. VII, Thefaur. Antiquitat.
Romanar. Grævii, Tom. III, pag. III.*

que tous les Rois & Généraux précédens n'a-
voient ôsé l'attaquer, ou l'avoient fait inuti-
lement.   On n'ignoroit pas aſſez à Rome
l'Hiſtoire de Jéruſalem, pour avancer un
Fait évidemment faux.   On s'y ſouvenoit
de Pompée, dont les Efforts contre cette
Ville n'avoient pas été inutiles, & qui avoit
rendu la Judée tributaire de la République.   Ne ſavoit-on pas les différentes Révolutions qu'elle avoit eſſuiées ſous les Rois
d'Egypte & de Syrie, depuis les Conquêtes d'Aléxandre le Grand? Ce Monument
flatteur nous apprend qu'on débite ſouvent
des Menſonges ſenſibles dans les Inſcriptions, & que les Preuves qu'on en tire,
pour la Vérité de certains Faits, ne ſont
pas toujours inconteſtables, ni ſolides.

XXII. Le Pere Hardouïn a inſéré ce
Monument avec les Médailles des Hérodes ; &, il le trouvoit alors fort beau.   Il
ſouhaitoit ſeulement qu'il fut (*a*) véritable.   Il étoit encore dans ce Sentiment,
lors qu'on a commencé l'Edition de ſes
Ouvrages en Hollande.   C'eſt avoir perſé-
veré long-tems dans le Doute, pour un
Homme ſi déciſif, & qui change ſi ſouvent
de Syſtême & d'Opinions.   Mais, lors qu'il
a remarqué que je le rapportois comme
lui,

____

(*a*) Egregia apud *Gruterum* Inſcriptio, ſi ge-
nuina. *Hard. Op. Fol. pag.* 75.

lui , & qu'il avoit intérêt à nier la Vérité des Inscriptions , parce que j'en avois indiqué une sur Hérode Atticus , qui renversoit son Système ; il a pris promptement son Parti , & a décidé que cette Inscription * *est fausse , quoi que Mr. Basnage la prenne pour véritable.*

XXIII. Prémierement , j'avois indiqué mes Soupçons ; & les Mensonges , par lesquels on releve la Gloire de Tite, & que j'y ai remarqués , me faisoient douter de la Vérité de l'Inscription. Cependant, je n'ôsois m'inscrire en faux , & j'avoue que j'ai encore beaucoup de peine à le faire. L'Autorité du P. Hardouïn ne m'y détermine pas : car, il décide simplement, & ne produit aucune Raison de son Décret. La Flatterie n'est pas une Preuve de Fausseté : car, on en trouve des Exemples jusques sur les Médailles, qui font aujourd'hui une Espece de Démonstration sur les Faits Historiques.   Un seul Exemple, tiré des Médaillons, publiés par Rossi † , suffit pour le prouver. On voit un Médaillon des Empereurs Gallus & Volusianus, montez sur un Char de Triomphe. Il n'y eut

B b 5

ni

---

* *Reponse à Mr. Basnage , pag. 366.*
† *Gemme antiche figurate , date in Luce da Domenico Rossi , coll' Espositione d'Alessandro Maffei , pag. 171.*

ni Victoire, ni Batailles gagnées, sous leur Regne ; & les Malheurs , qui désolérent l'Empire, devoient empêcher qu'on n'érigeât aucun Monument à leur Honneur. Cependant, on voit les Têtes des Princes couronnées de Laurier, avec ces Mots :

IMP. GALLUS AUG.
IMP. VOLUSIANUS AUG.

Et, sur le Revers, on voit ces mêmes Princes couronnez par la Victoire, montez sur un Char de Triomphe , avec quatre Soldats, qui portent des Palmes à la Main, avec ces Mots :

PONTIF. MAX. TR. P. II. COS. II. ET COS.

* On conjecture que Gallus, aiant fait une Paix honteuse avec les Scythes , afin de cacher l'Opprobre de ce Traité , voulut se faire décerner l'Honneur du Triomphe, en revenant à Rome. Il l'obtint, & il le fit graver sur ses Médailles. Mais, de quelque maniere que la chose soit arrivée, on voit que les Monumens Publics de l'Empire étoient chargés d'Impostures & de Faussetez. Car, on fait triompher un Prince, ce,

* *Maffei, ibid. pag. 175. Vide Giornale di Letterasi d'Italia, Tom. IV. 1710, pag. 307.*

ce, qui n'a jamais gagné de Bataille; ou bien, on ensevelit sous les Lauriers & la Gloire du Triomphe une Paix honteuse avec les Scythes. Il ne faut presque plus s'étonner de ce qu'on dit dans l'Inscription, que Jérusalem n'avoit jamais été prise que par Tite ; puis qu'on voit sur la Médaille de Gallus un Fait qui est plus évidemment faux.

XXIV. Ce qui pourroit déterminer plutot à rejetter cette Inscription, ce seroient les Remarques d'un Illustre, qui au lieu de décider en * Maitre, quoi qu'il le soit dans l'Art Critique, m'a fait l'Honneur de me communiquer ses Raisons. L'une de ses Raisons est, qu'on ne devine pas ce que veut indiquer le Nombre de *Treize*, qui précede les deux P. P. dans l'Inscription : XIII. P. P. Ces deux Lettres signifient le *Pere de la Patrie : Patris Patriæ*. Ce n'est point là une Charge, dont on puisse compter les Révolutions & les Années, comme celles des Consulats. C'est pourquoi le Pere Hardouïn, qui vouloit alors faire valoir cette Inscription, l'a corrigée ; & remet ainsi cette Ligne :

Trib. Pot. x. Imp. xvii. Cos. viii. p.p.

* *Cuper, Lettre Manuscrite à l'Auteur.*

Il remet le huitieme Confulat en la Place du Nombre de X I I I ; &, alors le Titre de Pere de la Patrie fubfifte fans aucune Difficulté. Mais, je ne fçai s'il eft permis de corriger les Infcriptions, comme de gratter les Parchemins ; &, fi chaque Critique s'en donne la Liberté, il n'y aura plus de Certitude dans les anciens Monumens. La feconde Raifon de Mr. Cuper eft tirée de ce qu'on parle des *Ordres de la Patrie* ; *Præceptis Patriæ.* Le P. Hardouïn corrige encore des *Ordres du Pere* ; Præceptis Patris : & il eft certain que cela forme un Sens plus raifonnable.

XXV. Quoi que nous nous foions arrêtez long-tems fur les Monumens de la Victoire de Tite, il faut pourtant y ajouter un Mot fur l'Arc de Triomphe, qui fut érigé à Rome par Ordre du Sénat, & qui forme le plus beau Monument de la Ruïne de Jérufalem & de fon Temple.

C'eft une chofe finguliere, que les Idées différentes que les Critiques fe font de cet Arc de Triomphe. Les uns * y voient, & mettent dans leurs Defcriptions, le Chandelier d'Or, & s'imaginent que la Tige du Milieu, qui étoit la plus grande, repréfentoit le Soleil. Ils font voir auffi l'Arche portée par des Soldats couronnez de Laurier.

* *Du Choul, la Religion des Romains, pag. 9.*

rier. Un autre * n'a pu découvrir dans l'Arc
de Triomphe, ni le Chandelier, ni la Table d'Or : mais, il y voit clairement l'Arche ; c'eſt-à-dire, qu'il y a vu ce qui n'y
eſt pas, & qu'il n'a paſ vu ce qui y eſt véritablement.   Villalpand †, au contraire,
dément ces Auteurs, & ſoutient qu'il n'y
a point vu l'Arche gravée ; & il a raiſon.
En effet, il eſt certain que Tite fit tranſ-
porter à Rome la Table & le Chandelier
d'Or, qu'il trouva dans le Temple.   On
n'a donc pas manqué de les mettre entre
les Monumens de la Victoire, qui furent
placés dans le Temple de la Paix ; & ils
doivent auſſi avoir été gravez ſur l'Arc de
Triomphe.   Il faut ſeulement remarquer,
que Du Choul, qui avoit étudié ſi éxactement la Religion des Romains, connoiſſoit peu celle des Juifs, s'il a cru qu'on
eut dans le Temple de Jéruſalem des Sim-
boles du Soleil, & qu'une des Tiges du
Chandelier d'Or repréſentât cet Aſtre.
Mais, s'il eſt vrai qu'on voit manifeſte-
ment le Chandelier & la Table d'Or, il
eſt impoſſible qu'on y trouve *l'Arche cou-*
verte de Lames d'Or fort épaiſſes, & qui
étoit un Vaſe d'Eſtime pour les Loix, où
étoient ſerrez les Commandemens que Dieu

B b 7   avoit

---

* *Marlian. de Arcâ Titi, Lib. III, Cap. 6.*
† *Villalpand. Tom. II, pag. 577.*

avoit donnez. En effet, l'Arche de l'Alliance, & les deux Tables de Pierre, fur lefquelles la Loi étoit écrite, avoient été brifées ou perdues, dès le Tems de la Captivité de Babylone. C'eft l'Autorité du Concile de Trente, qui à féduit les Critiques : mais, les Conciles ne font pas infaillibles en Matiere de Littérature. Il y eft entré auffi un Dégré de Superftition, parce qu'on garde à Rome un vieux Coffre vermoulu, qu'on appelle *l'Arche apportée de Jérufalem par l'Empereur Tite*, à laquelle on rend une efpece de Vénération, en fuivant la Vulgate, qui fait adorer l'Arche ou l'Efcabeau des Pieds de Dieu.

XXVI. Les Juifs, au lieu de fe faire une Honte de la Ruïne de leur Temple, comptérent de là leurs Années ; & c'eft ce qu'ils appellérent *l'Ere de la Défolation.*

Jofeph * affure que cette grande Ville fut rafée jufqu'aux Fondemens, à l'Exception de quelques Tours qu'on y laiffa fubfifter, pour fervir de Monument à la Victoire de Tite. Il ajoute que quelques Vieillards & quelques pauvres Femmes y reftérent auprès des Cendres de leur Temple, & que les Romains y laifférent une Légion en Garnifon, qui acheva de fouiller par tout. Les Hiftoriens, ou plutot, les

Peres

* *Jofeph. de Bello, Lib. VII, Cap.* 18.

Peres Chrétiens, ne s'accordent pas avec Joſeph. Saint Epiphane aſſure, que la Maiſon où les Apôtres ſe retirérent après l'Aſcenſion du Fils de Dieu, & dans laquelle ils reçurent le St. Eſprit, fut conſervée, avec ſept Synagogues, qui étoient auſſi ſur la Montagne de Sion, & voiſine de cette Maiſon, qui fut apparemment changée en Egliſe. On a intérêt à ſoutenir ce Fait, parce qu'on donne un Catalogue de vingt-huit Evêques de Jéruſalem, qui ſe ſuccedérent les uns aux autres, juſqu'à ce qu'Adrien aiant envoié là une Colonie de Païens, on commença à prendre un Evêque tiré des Gentils; au lieu que ceux qui avoient gouverné juſques-là cette Egliſe, étoient ſortis de la Synagogue. Euſebe va encore plus loin que Saint Epiphane; car, il prétend, non ſeulement qu'il y avoit là une Egliſe nombreuſe, gouverné par des Evêques, qui y réſidoient; mais, il ſoutient que Tite avoit conſervé la Moitié de cette Ville conformément à l'Oracle du Prophête Zacharie, qui avoit prédit qu'une Portion de la Ville ſeroit conſervée, & que ce fut ſous Adrien qu'on la raſa juſqu'aux Fondemens. Enfin, Saint Jérôme s'oppoſe encore plus directement à Joſeph; car, il ſoutient que la Montagne de Morija, où étoit le Temple; & celle de Sion, où
étoit

étoit le Palais, furent confervées par Tite;
&, que c'eft ce qui a donné Lieu aux Hiftoriens Païens de dire, que c'étoit Adrien
qui avoît détruit Jérufalem. En effet, Appien, qui étoit Contemporain de ce Prince, dit qu'elle fut ruïnée *de fon tems*. Les
Critiques modernes fe font foulevez contre les Peres; &, foutenant le Témoignage de Jofeph, ils affurent que la Ville de
Jérufalem fut entiérement rafée par Tite,
qui y fit paffer la Charuë, afin d'empêcher
qu'on ne s'y rétablît jamais, & qu'il ne
faut pas renvoier la Ruine entière de cette
Ville au tems d'Adrien. On a cru découvrir la Source de la Faute qu'Eufebe a commife, & qui a fait tomber les autres dans
l'Erreur. Il s'eft imaginé qu'Ælia n'avoit
été bâtie qu'après la Guerre d'Adrien contre les Juifs; parce qu'il n'a pas remarqué
que les Empereurs avoient accoutumé de
donner de nouveaux Noms aux Villes,
dans les Années où ils célébroient la di-
xieme, ou la vingtieme Année de leur
Regne. Adrien avoit bâti Ælia l'An 132,
& avant la Guerre des Juifs; mais, il ne
lui donna fon Nom que quatre Ans après,
lors qu'il célébroit la vingtieme Année de
fon Regne, afin de la rendre par là plus
folemnelle. Eufebe a confondu la Fondation & la Confécration de cette Ville,

faite

faite par le même Prince, dans des tems différens.

XXVII. Il n'est pas impossible de réconcilier des Auteurs, qui paroissent si contraires. Les Peres en ont trop dit ; car, d'où Saint Epiphane avoit-il pu savoir, que la Maison, où les Apôtres avoient reçu le Saint Esprit, subsista après la Ruïne de Jérusalem ? Cela ne vient que d'un Préjugé qu'il avoit, que Dieu devoit garentir de l'Incendie un Lieu, où il avoit fait un si grand Miracle, comme s'il avoit été plus saint que les autres. Il ne faut pas s'imaginer qu'il fut mieux instruit que nous ; puis qu'au contraire, il a placé la Prise de Jérusalem à l'Année seconde de l'Empire de Tite, qui ne régna que plusieurs Années après cette Prise. Il a confondu le Pere avec le Fils, & Vespasien avec Tite. L'Erreur est grossiere. Eusebe a mal à-propos appliqué l'Oracle de Zacharie à la Prise de Jérusalem sous Tite ; car, cette Prédiction regardoit Ptolomée, qui se rendit Maître d'une Partie de la Ville, un Jour de Sabbat ; au lieu que la Prédiction de J. Christ, * *il ne restera Pierre sur Pierre*, est formelle. Saint Jérôme, qui spécifie que les Montagnes de Sion & de Morija furent

rent

* *Voiez l'Evangile de Saint Luc, Chap. XXI, Verf. 6.*

rent confervées, fe trompe encore plus fenfiblement; car, fi cela étoit, les deux plus beaux & les plus forts Quartiers de la Ville auroient fubfifté; ce que Tite, qui craignoit qu'on ne s'y raffemblât, & qu'on ne s'y fortifiât après fon Départ, n'auroit fouffert que par une Imprudence indigne d'un Général auffi fage que lui. Le foin qu'il eut de laiffer une Légion entiere, compofée de fix mille Hommes, pour garder ce Lieu, & fouiller jufques dans les Egouts, fait affez voir qu'il prenoit toutes les Précautions néceffaires, pour prévenir un nouvel Embrafement.

On eft donc obligé de fuivre Jofeph, lequel marque que la Ville fut ruïnée & réduite dans une Défolation extrême, par le Feu, qui la confuma, & par l'Avarice infatiable des Vainqueurs, qui fouillérent jufques dans le Sein de la Terre, pour en tirer les Tréfors qu'on y avoit cachés. Mais, ce même Hiftorien dit deux chofes confidérables : 1, Qu'on y laiffa fix mille Hommes de Garnifon : il falloit donc qu'il reftât là des Cafernes & quelques Bâtimens pour les loger, & que même on y laiffât habiter ce Nombre de Gens, qui vendent, & qui fourniffent aux Troupes ce qui leur eft néceffaire. 2, Jofeph ajoute qu'il y eut quelques Vieillards & quelques Femmes qu'on qu'on laiſſa autour des Ruïnes. Si dans les Commencemens, où tout étoit à craindre, on laiſſa encore quelques Habitans inutiles, il eſt apparent que dans la ſuite on permit à quelques autres de s'y venir rétablir. Il s'écoula plus de ſoixante Ans, depuis la Priſe de Tite, juſqu'à celle d'Adrien; &, dans cet Intervalle de Tems, il eſt plus vraiſemblable que pluſieurs Juifs vagabonds vinrent s'y replacer: car, c'eſt l'Inclination de tous les Peuples de vouloir rétourner dans leur Patrie; &, de toutes les Nations du Monde, il n'y en a aucune, chez qui elle ſoit ſi vive que chez les Juifs, parce que la Religion fortifie, pour ainſi dire, la Nature. Il n'y eut point d'Edit, juſqu'à Adrien, qui leur défendit d'aller demeurer à Jéruſalem; &, on prit ſeulement les Précautions néceſſaires, juſqu'à ce que l'Embraſement fut éteint: on n'y laiſſa d'abord que des Femmes & des Vièillards, & on écarta tout ce qui étoit capable de porter les Armes. Les Artiſans y revinrent en ſuite peu à-peu, & commencérent à former là une Eſpece de Ville, avec la Garniſon.

Domitien fit citer les Parens de Jéſus-Chriſt, Deſcendans de la Maiſon de David, & il apprit d'eux qu'ils étoient pauvres, contens de labourer leur Patrimoine, qui
four-

fourniſſoit à peine dequoi paier les Tributs. On n'avoit donc pas ôté aux Juifs de ce tems-là le Droit d'habiter la Judée, & d'y cultiver leurs Terres, ni de demeurer à Jéruſalem, où les Chrétiens, qui étoient de cette Nation, avoient des Evêques.

Scaliger * s'inſcrit en faux contre ce Fait ; & ſe moque de la Crédulité d'Euſebe, qui ſuivoit ſi aveuglément un Auteur auſſi incertain qu'Hégéſippe. Il en a deux Raiſons : 1, l'une, que cet Hiſtorien fait deſcendre de David les Parens de Jéſus-Chriſt, par Juda, Frere du Seigneur ; & ce Juda lui paroit un Homme imaginaire, dont les Ecrivains Sacrez n'ont jamais parlé. 2, D'ailleurs, il retranche la Famille de David à deux Perſonnes : cependant, le Nombre des Deſcendans de ce Prince a toujours été grand ; car, c'étoit de cette Famille que les Juifs tiroient leurs Chefs de la Captivité, & leurs Princes, avec cette Diſtinction, que les *Princes*, ſortis de Hillel, deſcendoient de David par les Femmes, & les *Chefs de la Captivité* par les Mâles. Mais, Scaliger s'eſt laiſſé emporter par ſes Préjugés. Il eſt étonnant qu'un Homme, qui ne veut croire, ni Hégéſippe, ni Euſebe, s'abandonne ſi aveuglément aux Rabbins, dont le Génie devoit lui être connu.

* *Scaliger in Euſeb. p.* 188.

connu. Il les cite pour ses Garants sur la Maison de David, & les produit comme des Témoins, dont l'Autorité ne peut être contestée. Incrédule pour les uns, il est trop crédule pour les autres. Cela arrive souvent aux Critiques. Ils s'élevent avec Hauteur contre certains Faits, & certains Historiens, qui ne leur plaisent pas; ils en pesent les Expressions, & la moindre Circonstance : ce qui ne s'accorde pas avec leur Idée devient une Preuve de Fausseté; mais, à même tems, ils donnent dans l'Excès contraire, & suivent opiniâtrément un Homme, dont l'Autorité devroit être infiniment moindre que celle qu'ils combatent. Laissons là les Réfléxions, & relevons les Fautes de ce grand Homme sur cet Article, dont on * n'a remarqué qu'une Partie.

Prémiérement, il se trompe, lors qu'il assure, qu'on ne connoissoit point Juda, Frere de Jésus - Christ. Il avoit oublié là son Evangile; car, les Juifs demandoient si Jésus - Christ, † Fils de Marie, n'avoit pas pour Freres *Jacques, Joses, Simon, & Jude*; & Saint ‡ Epiphane a donné ces quatre Enfans à Joseph, prétendant qu'il les avoit

* *Valef. Not. ad Eufeb.*
† *Evang. de St. Matth. Chap. XIII. Verf. 55.*
‡ *Epiph. Haref. LXXVIII.*

avoit eus d'un prémier Mariage. Enfin, la Tradition porte que Judas se maria, & qu'il eut plusieurs Enfans. C'étoient-là sans doute les Descendans de la Race de David par *Juda*, qui excitérent la Jalousie de Domitien. Secondement, on fait dire à Hégésippe ce qu'il ne dit point; car, il ne borne pas la Famille de David aux deux Personnes qui furent citées. Il pouvoit y en avoir d'autres éloignées de Jérusalem, & encore moins connues. Il ne faut pas prêter sa Pensée aux Auteurs, afin d'avoir en suite le Plaisir de la censurer; mais, quand Hégésippe auroit dit que toute la Famille de David étoit réduite à deux Artisans, auroit-il eu tort? Comment prouveroit-on qu'il y avoit d'autres Personnes de cette Famille? Elle dut être ensévelie sous les Ruïnes de Jérusalem, où elle avoit son Domicile; & il est très apparent, qu'il n'en resta que ceux qui avoient embrassé le Christianisme, & qui se réfugiérent de bonne heure à Pella. Si les Rabbins nous indiquoient un seul Homme, avec des Preuves qu'il est sorti de cette Maison, on les croiroit: mais, ils n'alléguent qu'une Tradition incertaine, une Coutume fausse qu'ils défendent par Intérêt, afin de pouvoir dire qu'ils ont toujours à leur Tête un Chef de la Maison de David; & doit-on les

croire

croire fur leur Parole, préférablement à la Conjecture qu'on tire de la Ruïne de Jérufalem, où la plupart des Familles furent éteintes? S'il y avoit eu des Juifs de la Maifon de David après le Siege, on auroit tiré de là le Patriarche de la Judée; au lieu qu'on en prit un, qui ne pouvoit en venir que du çôté des Femmes; & cela même eft très incertain.

En effet, la Diftinction, qu'on met entre les Princes & les Chefs de la Captivité, eft imaginaire. Scaliger, qui a fuivi les Rabbins fur cet Article, n'avoit pas affez pefé leur Sentiment. Le Prince, ou le Patriarche, gouverna toutes les Synagogues de l'Egypte, de la Judée, & de l'Occident, depuis la Ruïne de Jérufalem, & on en créa depuis en Orient un autre, qui prit le Titre de Chef de la Captivité. Ce dernier s'appelloit Prince comme l'autre; & ce Nom devint dans la fuite commun au plus confidérable de la Nation dans chaque Province; car, nous verrons des Princes en Italie, en Efpagne, en Allemagne, & nous en verrons auffi à Babylone; ce qui renverfe la Diftinction des Rabbins.

C'eft un autre Préjugé de Scaliger, que la Race de David a toujours été *en Vigueur,* parce que les Orientaux ont ordinairement plufieurs Femmes. La Généalogie en feroit

roit facile, si cette Postérité étoit nom-
breuse. Du moins, on verroit aisément
quelques Branches, qui sortiroient de la
Tige; mais, on ne voit en Orient, ni le
Tronc de la Famille de David, ni les Branches qui en sortent; & tout ce qu'on remarque dans les Historiens les plus éxacts,
est qu'un tel *étoit de la Race de David*, sans
qu'on indique, ni sa Généalogie, ni la
Preuve de ce qu'on avance.

C'est encore un Préjugé de Scaliger évidemment faux, que cette Race est floris-
sante à Bagded., & que depuis l'An DCC
de Jésus-Christ jusqu'à présent, on en tire les Chefs de la Captivité; car, ces Chefs
furent abolis dans l'onzieme Siecle, & on
n'en voit reparoître qu'un seul cent Ans
après sans Succession: & les Voiageurs sa-
vent, que non seulement il n'y en a plus
aujourd'hui; mais, que les Juifs de Bagded sont peu nombreux & misérables sous
l'Empire des Perses.

Cependant, c'est sur tous ces Fondemens,
que Scaliger a prétendu renverser ce qu'Hégésippe rapporte des Parens de Jésus-Christ,
& des Chrétiens qui demeuroient à Jérusalem, & qui y avoient leurs Evêques. Les
Fondemens étant renversez, nous sommes
en Droit de relever l'Edifice qu'il avoit
renversé: & de soutenir avec les Anciens,
qu'il

qu'il y avoit à Jérusalem des Habitans qui s'y étoient rétablis , comme les Chrétiens revenus de Pella, qui y fondérent plusieurs Eglifes , à la tête defquelles étoient des Evêques.

Je ne faurois concevoir comment on peut s'infcrire en faux contre le Catalogue des Evêques, qu'on trouvoit dans les Archives de Jérusalem, ni foutenir qu'il n'y avoit là, ni Chrétiens , ni Juifs. Ce Catalogue trop nombreux a fes Difficultez ; mais, nous les avons levées * ailleurs.

Enfin, Dion affure que la Ville *avoit été ruinée* ; mais, qu'Adrien y aiant envoié une Colonie, & bâti un Temple à Jupiter dans le même Lieu où étoit celui de Dieu, les Juifs, qui ne purent fouffrir que des Etrangers *vinffent habiter dans leur Ville* , & † „ qu'on y apportât une Religion étran-
„ gere, commencérent à fe mutiner. La
„ Préfence d'Adrien , qui étoit en Egypte
„ & en Syrie, les tint quelque tems dans
„ le Refpect ; mais , comme ils étoient les
„ Armuriers des Romains , ils forgérent
„ des Armes d'une mauvaife Trempe, afin
„ qu'ils ne puffent s'en fervir contre eux.
„ Ils élevérent en fuite de petits Forts avec

C c

„ des

---

* *Dans l'Hift. de l'Eglife , Lib. I.*
† *Xiphilin. pag.* 262.

„ des Murailles, qui leur étoient avanta-
„ geux, & firent des Canaux fouterrains
„ pour fe communiquer par ce Moien , &
„ fe dérober à la Pourfuite de leurs Enne-
„ mis : ce que les Romains mépriférent
„ d'abord. „ L'Abbréviateur de Dion s'accorde parfaitement avec Jofeph & avec nous;
car, il reconnoit prémiérement, que l'ancienne Ville avoit été ruïnée. Secondement, que les Romains ne laifférent pas
d'y fouffrir des Armuriers , & des Habitans, qui devoient être affez nombreux;
puis qu'ils penférent fe revolter. Adrien,
qui ne les aimoit pas , parce qu'il avoit vu
les Troubles arrivez fous Trajan, voulut
les mortifier , en faifant le Plan d'une nouvelle Ville & d'un Temple, où Jupiter feroit adoré. L'Hiftorien dit pofitivement ,
que les Juifs furent irritez de ce que des
étrangers venoient *habiter dans leur Ville:*
ce qui marque qu'ils y étoient , & qu'ils la
regardoient comme leur Domaine; mais,
ils n'en rempliffoient qu'une petite Partie.
Ces Canaux fouterrains ne pouvoient pas
fe faire dans la Campagne. Les Juifs n'é-
toient ni affez nombreux , ni affez puiffans pour une fi grande Entreprife. C'é-
toient les Egouts de Jérufalem & les anciennes Mines qu'ils nettoioient, & dont

ils

ils vouloient fe fervir. Enfin, Appien, Contemporain de l'Empereur Adrien, difant que ce fut ce Prince qui ruïna Jérufalem de fon * tems, &, pour ainfi dire, fous fes Yeux, il falloit néceffairement qu'il y eut là des Habitans, & quelques Maifons qu'on y avoit rétablies.

En fuivant cette Conjecture, je concilie ce qu'il y a de plus effentiel dans les Peres avec Jofeph. La Ville fut rafée jufqu'aux Fondemens par Tite, comme le dit Jofeph; mais, elle ne laiffa pas d'être parfaitement détruite par Adrien, qui renverfa les Tours que Tite y avoit laiffées, les Maifons qu'on avoit relevées; il en changea l'Enceinte & la Situation, & défendit aux Juifs d'y rentrer jamais. Il femble que la Colonie n'y fut envoiée qu'après la Guerre. Eufebe le dit ; mais, fans avoir recours à la Solemnité des Vicennales d'Adrien, & à la Diftinction que le P. Pagi met entre la Fondation & la *Confécration*, ou le Nom donné à cette Ville, il eft plus naturel de dire, qu'Adrien commença à envoier fa Colonie, & à bâtir Jérufalem avant la Guerre; mais, que cette Colonie aiant foulevé les Efprits, & fon Deffein aiant été interrompu, ou même échoué

C c 2

par

* Ε'π' ἐμε̃.

par là, il le conduisit à sa Perfection, lors
qu'il eut appaisé le Trouble. Dion confirme ce que nous disons, & renverse la Conjecture du P. Pagi, en remarquant qu'A-
drien donna le Nom d'Ælia à la nouvel-
velle Ville, dès qu'il entreprit de la bâtir.

XXVIII. Quelques Peres Grecs &
Latins, comme Saint Hilaire & St. Athanase, ont dit que de *leur tems il n'y avoit
point de Jérusalem.* Scaliger * les a démen-
tis, parce que le Fait lui paroissoit faux.
Mr. de Valois est venu à leur Secours,
soutenant qu'ils avoient raison ; puis qu'A-
drien, Ennemi des Juifs, n'avoit pas eu
Dessein de rebâtir leur Ville, & qu'elle porta le Nom d'Ælia, jusqu'à Constantin le
Grand. Pagi réfute à son tour Mr. de Valois, par l'Autorité de Bede & de Zona-
ras, qui assurent qu'Adrien bâtit *Ælia*, au
lieu de Jérusalem. Il est étonnant que les
Critiques se réfutent les uns les autres,
sans s'entendre ; car, il est incontestable
qu'Adrien changea la Situation de l'ancienne Jérusalem. Il ôta de son Enceinte les
Montagnes de Sion & de Bezethâ ; & Sion
est encore aujourd'hui à cinquante, ou
soixan-

---

* *Scaliger in Eusebii Chronicon, pag.* 199. *Vale-
sius in Eusebii Historiam, pag.* 61 ; *& Pagi
Critic. Annal.* CXXXII.

soixante Pas de la Ville. D'ailleurs, il l'étendit d'une autre côté ; puis qu'il y enferma le Calvaire, où Jésus-Christ avoit souffert. Enfin, il lui donna le Nom d'Ælia, qu'elle porta jusqu'à Constantin ; mais, alors elle reprit son ancien Nom de Jérusalem. Comment donc les Peres, qui vivoient alors, pouvoient - ils dire aux Juifs qu'elle n'étoit plus ? Un petit Changement qu'Adrien avoit fait dans son Enceinte, pouvoit-il fournir la Matiere de ce Reproche ? Et, quand même on l'auroit encore appellée Ælia, ce qui n'étoit pas sous Constantin, le Changement de Nom suffisoit-il pour dire que Jérusalem n'étoit plus? Les Chrétiens reconnoissoient qu'elle subsistoit ; puis qu'il y avoit un Evêque. Il est aisé de lever la Difficulté, sur laquelle les plus habiles Critiques se font partagés; car, Saint Hilaire, Saint Athanase, & les autres Peres, qui faisoient ce Reproche aux Juifs, ne s'attachoient pas au Nom d'Ælia, ou de Jérusalem, ni même aux Bâtimens; mais, à une chose qui étoit beaucoup plus importante. Ils demandoient aux Juifs, *où étoit Jérusalem.* Ils remarquoient que si elle avoit été prise par les Babyloniens, Dieu avoit eu soin de la rebâtir; au lieu que depuis sa Désolation par Tite,

C c 3

elle

elle ne l'avoit jamais été; & ils avoient raison, parce que par Jérusalem ils n'entendoient pas simplement le Nom de la Ville; ses Palais; ses Maisons, & son Enceinte; mais, le Siege de la Religion; la Ville avec son Temple; ses Sacrificateurs, & son Culte. En donnant ce Sens naturel & facile aux Paroles des Peres, qui insultoient les Juifs sur leur Dispersion, on fait tomber toutes les Remarques des Critiques, qui font raisonner les Peres avec trop de Subtilité sur une chose qu'ils n'avoient pas en Vue. Ce n'étoit pas une Objection digne de ces grands Théologiens, que de dire, *Jérusalem n'est plus*, parce qu'elle a été appellée Ælia par Adrien; ou bien, *Jérusalem ne subsiste point*, parce qu'on a fait quelque Changement à ses Maisons & à son Enceinte. L'un & l'autre de ces deux Raisonnemens est également foible; mais, en réünissant à la Ville son Temple, son Culte, & la Forme de son Gouvernement, on fait une Objection solide. Jérusalem subsistoit encore; mais, elle n'étoit plus pour les Juifs le Centre de la Religion & le Siege de l'Empire: ainsi, le *Sceptre étoit ôté de Juda, & le Législateur d'entre ses Pieds*. Ce n'étoit point assez que d'avoir des Murailles,

les, où ils demeuroient en petit Nombre ;
puis qu'il n'y avoit plus de Roi, de Temple, ni de Sacrifice pour eux. En oppo-
fant ainfi la nouvelle Jérufalem à l'ancienne, on raifonnoit plus jufte qu'en chica-
nant fur un Nom, ou fur fon Enceinte ,
qu'Adrien avoit changée.

PRIVILEGIE.

DE Staaten van Holland ende West-Vriesland, doen te weten, alzoo Ons vertoont is by Gaspard Fritsch en Michiel Bohm, Boekverkoopers der Stad Rotterdam, dat zy Supplianten zeer gaarne in folio zouden herdrukken het Boek geintituleert *l'Histoire des Juifs, depuis Jésus-Christ jusqu'à present; contenant leurs Antiquitez, leurs Rites, & pour servir de Supplement & de Continuation à l'Histoire de Joseph, par Basnage;* welke Histoire voor dezen in deze Provincie door wylen den Boekverkooper Aernout Leers was gedrukt geworden; die daar van zyn Recht aan de Supplianten hadde getransporteert ende overgegeven, ende naderhand met verscheide veranderingen tot Parys met Privilegie van den Koninck herdrukt was geworden, het gene een nieuw en noodig herdruksel gaf; en alzoo de Supplianten bedugt waren, dat het voorsz. Boek in de Fransche oft andere taalen zoude worden overgezet, en nagedrukt, tot groote schade en prejudicie van de Supplianten, waar in niet anders als door Onze Souveraine Authoriteyt konde werden voorzien, ten welken einde zy Supplianten haar waren keerende tot Ons, verzoekende dat het Onze goedheid mogte wezen aan de Supplianten te verleenen Octroy ende Privilegie, voor den tyd van

* vyftien

PRIVILEGIE.

vyftien achter-een-volgende jaaren, omme
geduerende dien tyd het voorſz. Boek in
alderhande taalen en formaat alleenlyk te
mogen drukken, doen drukken, venten en
verkoopen, met ſpeciaal verbod aan allen
anderen, van het voorſz. Boek, 't zy in
het Franſch, oft eenige andere taalen, in 't
groot oft in het klein, niet uitgezondert,
naar te drukken, doen drukken, ende
verkoopen, op de verbeurte van de naarge-
drukte Exemplaren, en daar en boven nog
zoodanige boete als Wy gewoon waren
te ſtabileren ende te ſtellen; ZOO IS'T,
dat Wy de zaake ende 't verzoek voorſz.
overgemerkt hebbende, ende genegen
wezende ter bede van de Supplianten
uit Onze regte wetenſchape, Souveraine Magt ende Authoriteyt dezelve Supplianten geconſenteert, geaccordeert, ende geoctrooyeert hebben, conſentecren
accordeeren en octrooyeeren haar mits dezen, dat zy geduerende den tyd van vyftien
eerſt achter-een-volgende jaren het voorſz.
Boek genaamt *l'Hiſtoire des Juifs, depuis
Jeſus-Chriſt juſqu'à preſent, contenant leurs
Antiquitcz, leurs Rites, & peur ſervir de
Supplement & de Continuation à l'Hiſtoire de
Joſeph, par Baſnage,* binnen den voorſz.
Onzen Lande zullen mogen drukken, doen
drukken, uitgeven ende verkoopen, 't zy
in het Franſch, oft eenige andere taalen,

en

en formaat, verbiedende daarom allen en
een ygelyken, het voorſz. Boek in 't ge-
heel oft deel in 't Franſch oft eenige andere taalen naar te drukken, oft elders naar-
gedrukt binnen denzelven Onzen Lande
te brengen, uit te geven, ofte te verkoopen, op verbeurte van alle de naargedruk-
te, ingebragte, ofte verkogte Exemplaa-
ren, ende een boete van driehonderd gul-
dens daar en boven te verbeuren: te ap-
pliceeren een derde part voor den Officier,
die de Calange doen zal, een derde part
voor den Armen der plaatſe daar het caſus
voorvallen zal, ende het reſteerende derde part voor de Supplianten: alles in dien
verſtande, dat Wy de Supplianten met deze Onze Octroye alleen willende gratifi-
ceeren, met verhoedinge van hare ſchade
door het nadrukken van het voorſz. Boek,
daar door in geenigen deele verſtaan, den
inhoud van dien te authoriſeeren ofte te
advoüeeren, ende wel het zelve onder Onze protectie ende beſcherming eenig meer-
der credit, aanzien of reputatie te geven,
nemaar de Supplianten, in cas daar inne
iets onbehoorlyks zoude influeeren, al het
zelve tot hare laſten zullen gehouden wezen te verantwoorden; tot dien einde wel
expreſſelyk begerende, dat by aldien zy
dezen Onzen Octroye voor het zelve Boek
zullen willen ſtellen, daar van geen gea-
bre-

PRIVILEGIE.

brevicerde, ofte gecontraheerde mentie
zullen mogen maken, nemaar gehouden
zullen wezen het zelve Octroy in 't ge-
heel, en zonder eenige Omiffie daar voor
te drukken, en dat zy gehouden zullen
wezen een Exemplaar van het voorfz.
Boek gebonden en wel geconditionneeet
te brengen in de Bibliotheecq van Onze
Univerfiteyt tot Leyden, ende daar van
behooren te doen blyken; alles op pœne
van het effect van dien te verliezen; ende
ten einde de Supplianten dezen Onzen
Confente en Octroye mogen genieten, als
naar behooren, laften Wy allen en een
ygelyk die 't aangaan mag, dat zy de Supplianten van den inhoude van dezen doen,
laten en gedoogen, ruftelyk, vredelyk en
volkomentlyk genieten ende gebruiken,
cefferende alle belet ende wederzeggen ter
contrarie. Gedaan in den Hage onder
Onzen grooten Zegele hier aan gehangen
den twintigften December in 't jaar Onzes
Heer en Zaligmakers zeventienhonderd
tien.

A. HEINSIUS, vt.

Ter Ordonnantie van de Staten,

SIMON VAN BEAUMONT.

Ce Privilege a été tranfporté à Henri Scheurleer,
Libraire à la Haye, par l'achat qu'il a fait de ce Livre
à la Vente publique tenuë à Delft l'11 Novembre 1715,
pour en jouir fuivant fa teneur.